한자어의 이해

안희진(安熙珍)

1986년 단국대학교 인문대학 중문과를 졸업하고, 1990년 홍콩 珠海大 문학연구소에서 문학석사, 1996년 北京大學에서 중문고전문학으로 문학박사 학위를 받았다. 현재 단국대학교 인문대학 중국어과 교수로 재직하고 있다. 송대 蘇軾(소식)을 중심으로 시와 산문 및 문학이론을 연구하면서 강의는 주로 중국 고전문학 분야와 중국어 관련 컴퓨터 활용 과목을 맡고 있다.

한자어의 이해

2004년 2월 20 일 1판 1쇄 인쇄 / 2004년 2월 28일 1판 1쇄 발행

지은이 안희진 / 펴낸이 임은주
펴낸곳 도서출판 청동거울 / 출판등록 1998년 5월 14일 제13-532호
주소 (137-070) 서울 서초구 서초동 1359-4 동영빌딩 / 전화 02)584-9886~7
팩스 02)584-9882 / 전자우편 cheong21@freechal.com

주간 조태림 / 편집 곽현주 / 디자인 하은애
영업관리 김형열

필름 출력 (주)딕스 / 표지 인쇄 금성문화사
본문 인쇄 이산문화사 / 제책 광우제책

값 17,000원

ISBN 89-5749-014-0

이 책은 2003학년도 단국대학교 대학연구비의 지원으로 간행되었음.

한자어의 이해

안희진 지음

청동거울

머리말

 언어와 문자는 우리의 사상과 생각을 표현하는 도구이기 이전에 그것을 담는 그릇이다. 그런 의미에서 한자는 한·중·일 세 나라를 중심으로 한 오랜 역사의 문화와 정신을 담아 전해 오는 소중한 그릇이라고 할 수 있다. 사람은 물론 건축물이나 각종 기물은 사라져도 한자는 그 역사와 문화의 정화를 담아 오늘날까지 전하고 있기 때문이다. 그런데 만약 담을 그릇이 적다면 생각하고 표현할 방법도 역시 부족한 법이다. 다행스럽게도 우리말은 소리글자와 뜻글자를 모두 갖추고 있다. 순수한 한글과 풍부한 한자어라는 두 가지는 양쪽의 결함이 상호 보완되는 천혜의 조건을 형성하고 있는 것이다. 그 중 우리말 한자어는 아름다운 한글의 중요한 근간이 되고 있다.

 그럼에도 불구하고 오늘날 우리 사회에서는 한자를 몰라서 한글이 황폐화되는 상황을 맞고 있다. '한글전용'이라는 시대적 과제의 부작용 때문에 수십 년간 우리의 말과 글을 스스로 부정하고 파괴해 온 까닭이다. 이런 교육 정책은 국민들의 기본적인 모국어 사용 능력은 물론 우리말의 전반적인 기틀을 쇠퇴시켰다. 학생들의 한글 파괴를 나무라고 글쓰기 능력의 부족을 탓할 것이 아니다. 학생들이 우리의 말과 글에 서툴다면 그것은 그들을 가르친 사람이 잘못 가르쳤기 때문이다.

이는 학생들의 각종 글을 대할 때뿐만 아니라 대화를 하는 과정에서도 절실하게 느끼는 점이다. 적합하지 않은 어휘를 사용하거나 논리적인 구성이 결여된 데에는 어휘력의 빈곤이 불러온 폐해가 중요한 부분을 차지한다. 한글을 이용한 표현력의 현저한 저하와 망가져 가는 한글의 현실을 통탄하기에 앞서, 바르고 효과적인 교육으로 이를 뒤늦게라도 만회할 수만 있다면 다행스런 일이다.

이 책은 그런 생각 끝에 우리말 한자어의 어원을 살펴보고 그 본뜻이 여전히 살아 있는, 오늘날 우리가 쓰는 일부 한자와 한자어를 정리한 것이다. 이 한자와 한자어는 고문헌에 들어 있는 진부한 유물이 아니라, 우리가 지금도 일상생활에서 사용하고 있는 소중한 우리말이며 우리 글이다.

사실 대다수의 한자를 신문이나 교과서 등에 뒤섞어 다시 사용하는 것은 무리일 뿐만 아니라 불가능한 일이다. 그러나 일정 수량의 한자와 그 구성 원리를 익히며 사고와 표현을 위한 언어로써 잘 사용하도록 하는 일은 분명히 필요하다. 많은 사람들에게 문자로서의 한자보다는 언어로서의 한자를 익히도록 하자는 생각이 이 책을 짓게 된 동기이다.

전체적인 내용은 우리말에 쓰이는 대표적인 한자와 그 한자가 들어간 어휘를 주제별로 묶어서, 각 글자의 어원 풀이를 해가며 기술하였다. 본문 옆의 한자어는 표제어의 의미와 관련이 있거나 그 한자가 쓰인 용례를 모아 놓은 것이다.

대학생 정도의 학습자에 수준을 맞추어 풀이된 이 책의 내용은 북경 中華書局(중화서국)에서 나온 『古代漢語(고대한어)』를 주요 참고문헌으로 하였다. 대체로 한자에 대한 기본적인 이해를 돕기 위해 우리말에 사용되는 어휘를 기준으로 정리한 까닭에 이 책에서 선별된 한자에는 글자수와 해설의 범위에 한계가 있다. 여러 면에서 미흡한 점이 보이더라도 읽는 분에게 다소의 도움이 되기를 바란다.

끝으로, 이 책의 집필 과정에서 정리와 교정에 커다란 도움을 준 박상임 학우에게 감사의 뜻을 표한다.

2004년 2월
저자 안희진

차례

머리말 • 4

제1부 주제로 읽는 한자어

1 우주와 시간

2 삶과 죽음

3 왕과 백성

4 건물과 토지

제2부 구조로 읽는 한자어

1 부수로 이해하는 한자어

주제로 읽는 한자어

제1부

1 우주와 시간

우주
宇宙

'宇(우)'의 원뜻은 집의 '처마'를 가리키던 것이지만 현재는 '집'이라는 뜻으로 확대되었다. '宇宙(우주)'라고 할 경우의 '宇(우)'는 '上下(상하)'와 '四方(사방)'을 포괄하는 공간적인 개념이고, '宙(주)'는 '古今(고금)'이라는 시간적 개념이다. 오늘날 '宇宙(우주)'는 천지 공간을 가리키는 공간 개념으로만 쓰인다.

宇宙船 우주선

천지
天地

초기의 문자를 본다면 '하늘'을 뜻하는 '天(천)'은 '大(대)'자 모양의 사람 형상 위에 점을 찍어 놓은 모습이다. 고대 중국인들에게 하늘은 둥글고 땅은 네모진 것으로 여겨졌던 것이다.

天球 천구
天文學 천문학

'天(천)'은 '天賦的(천부적) 재능'이라고 할 때처럼

天眞 천진
天佑神助 천우신조

‘天然(천연)’·‘自然(자연)’의 뜻으로도 쓰인다.

地球儀 지구의
地圖 지도
地動說 지동설

　‘땅’을 뜻하는 ‘地(지)’는 ‘土(토)’와 ‘也(야)’로 되어 있는데 ‘也(야)’는 뱀 등 땅 위에 사는 갖가지 파충류를 가리키는 글자였다. 이것이 ‘地球(지구)’·‘國土(국토)’·‘土地(토지)’·‘地位(지위)’ 등의 뜻으로 쓰였다.

일월성신
日月星辰

日光浴 일광욕
日沒 일몰
月桂冠 월계관

　‘漢(한)’나라 시기의 ‘畫像石(화상석)’이나 벽돌에 새겨진 그림을 보면, 인류의 조상은 ‘女媧(여왜)’와 ‘伏羲(복희)’이다. 사람의 머리와 뱀의 몸뚱이를 하고 교차되어 꼬여 있는 그림에 여왜는 달을 들고 있고 복희는 해를 들고 있다. 이는 고대 중국의 우주관과 음양 의식을 보여준다. 고대 중국인들은 태양 안에 발이 세 개인 ‘三足鳥(삼족조)’를 그려 넣는 경우가 많은데, 이는 나중에 원 안에 점을 찍어 넣는 형태의 ‘日(일)’로 변하게 된다.

'景(경)'은 '햇볕'이다. '景致(경 치)'의 원뜻은 바람이 불고 햇볕이 내리쬐는 좋은 날씨를 가리키는 것 이지만 나중에 풍경이라는 일반적 의미의 '경치'를 가리키게 되었다.

前景 전경
情景 정경

'曜(요)'는 '햇빛'이다. 『穀梁傳 序(곡량전서)』등 고대 한문에서 '七曜(칠요)'라고 하는 것은 '日 (일)'·'月(월)'과 火星(화성)·水星 (수성)·木星(목성)·金星(금성)·土星(토성)의 '五星(오 성)'을 가리킨다.

曜日 요일

전설에 의하면, 달에는 커다란 월계수 가 있고 오강(吳剛)이라고 불리는 사람에게는 도 끼로 월계수를 찍는 일이 부여되었다. 그러나 도 끼로 찍으면 찍혀진 부분이 다시 아물어서, 오강 은 영원히 베어내지 못할 일을 할 수밖에 없었 다. 예전에는 달을 '廣寒宮(광한궁)'이라고 했는 데 이는 오강처럼 죄를 짓고 달에 귀양 간 신선 이 사는 곳이라는 뜻이다. 고대 중국의 시에 달 을 소재로 한 것이 많은 까닭은 헤어져 있는 사람 사이에 달이 매개 역할을 하는 것으로 여겼기 때문이다.

衛星 위성
占星術 점성술

'星(성)'은 나무 위로 떠 있는 '별' 하나를 그린 글자이다.

'日月星辰(일월성신)'에서의 '星(성)'이란 金星(금성)·木星(목성)·水星(수성)·火星(화성)·土星(토성)을 가리키고, '辰(신)'이란 28宿(숙)을 가리킨다. 고대의 사람들은 해와 달이 지나가는 길을 '黃道(황도)'라고 하고, 그 지역을 중심으로 운행하는 行星(행성)을 28개 星座(성좌)로 나누었다. 이를 '28宿'이라고 한다. 이를 다시 네 가지로 나누어 동쪽의 것은 '靑龍七宿(청룡칠숙)', 남쪽의 것은 '朱雀七宿(주작칠숙)', 서쪽의 것은 '白虎七宿(백호칠숙)', 북쪽의 것은 '玄武七宿(현무칠숙)'으로 불렀다. 여기에서 '청룡'·'주작'·'백호'·'현무'는 네 가지 방향의 神名(신명)이다. 고대 사람들은 그 중 일정한 궤도로 움직이는 다섯 개의 별을 주목했는데, 이것이 금성·목성·수성·화성·토성이다. 이 다섯 개의 별을 '五行(오행)'이라고 했다.

'晶(정)'은 밤하늘에 빛나는 별 세 개를 그린 그림의 한자이다. 이것이 '빛나다'라는 뜻으로 쓰인다.

結晶 결정
水晶 수정

'별'을 의미하는 '辰(신)'을 '진'으로 읽으면 干支(간지)에서 12支(지)의 다섯 번째를 말한다. 별 이름의 하나이다.

生辰 생신
日辰 일진
壬辰倭亂 임진왜란

음양
陰陽

'陰(음)'은 산의 북쪽, 강의 남쪽 지역을 가리킨다. 중국의 지명에서 '華陰(화음)'·'江陰(강음)'이라고 한 것은 모두 '華山(화산)의 북쪽', '長江(장강)의 남쪽'이라는 뜻이다. 대체로 햇볕이 안 드는 곳, 또는 흐린 날씨를 말한다.

陰地 음지
綠陰 녹음

'시간'이라는 의미로 쓰이는 한자어 '光陰(광음)'은 '햇빛과 그림자'를 가리키던 것이다.

부사로 陰은 '몰래'라는 뜻이 있다.

陰謀 음모

'陽(양)'과 대립되는 의미로 쓰였다.

夕陽 석양

'陰'에서처럼 '陽'에도 왼쪽에 '언덕'을 의미하는

'阝(부)'가 붙었다.

陰陽五行說
음양오행설
陽氣 양기

'陽'은 산의 남쪽, 강의 북쪽을 가리킨다. 서울을 '漢陽(한양)'이라고 한 것은 '漢江(한강)의 북쪽'에 자리를 잡은 도읍이기 때문이다. 햇빛이라는 의미의 이 글자는 철학에서 '陰陽'의 개념으로 쓰였다.

고대 중국인들은 우주 자연의 모든 사물과 그 섭리가 균형과 조화를 추구한다고 보았다. '陰(음)'과 '陽(양)'은 현상으로 나타난 상대적인 모든 것을 가리킨다. 吉凶(길흉)·禍福(화복)·甘苦(감고)·興悲(흥비) 등이 모두 상대적인 것이라면 '苦盡甘來(고진감래, 고통이 다하면 기쁨이 온다)'·'興盡悲來(흥진비래, 기쁨이 다하면 슬픔이 온다) 등의 성어에서처럼 '陰陽(음양)'이란 조화를 전제로 부단히 순환한다고 보았다. '禍(화)'에는 '福(복)'이 감추어져 있고, '福(복)'은 '禍(화)'와 함께 한다고 말한 이는 老子(노자)이다. 성어 '塞翁之馬(새옹지마)'는 위와 같은 관점을 잘 보여주는 故事(고사)이다.

역법
曆法

'歲(세)'는 木星(목성)의 이름이었다. 고대 중국인들은 태양이 지나가는 길을 열두 부분으로 나누었는데, 대략 12년을 주기로 하는 목성은 1년에 한 부분을 가기 때문에 목성을 기준으로 한 일년을 '歲(세)'라고 했던 것이다. 이 열두 부분을 중국 東漢(동한) 시기부터 '12支(지)'라고 해서 子(자) · 丑(축) · 寅(인) · 卯(묘)…… 등으로 불렀다. 그러므로 사람이 태어나면 元旦(원단)을 지나기 전에 이미 1歲(세), 원단을 지나자마자 2歲(세)가 되는 나이 계산법을 썼다.

歲月 세월
歲暮 세모

'年(년, 연)'은 한 해의 수확을 가리킨다.

농사를 기준으로 한 네 개의 계절을 합해 '年(년)'이라고 했다. 이것이 한 해를 가리키는 말로 변했다. 나중에는 '나이'와 '수명'을 뜻하게 된다.

豊年 풍년
少年 소년
壯年 장년
老年 노년

'忘年(망년)'이라는 말은 '나이를 잊다'라는 뜻이다.

忘年會 망년회

초기에는 春秋(춘추)의 두 계절을 가리키는 한자만 있었기 때문에 孔子(공자)가 편찬한 역사책도 『春秋』라고 지어진 것이다. '夏(하)'· '冬(동)'이라는 두 글자는 西周(서주) 시기 이후에 나타났다.

芳年十六歲
방년십륙세
享年九十歲
향년구십세

'歲(세)'는 한 해를 주기로 한다는 의미에서 '年(년)'과 같이 쓰였고, 나중에 '세월'이라는 의미로 확대된다. '年齡(연령)'이라는 의미로 쓰일 때에는 '年歲(연세)'가 있다. '歲'에도 역시 '수확'이라는 의미가 있다. '年'과 '歲'는 이런 의미에서 동의어이지만 쓰임에서는 다소 차이가 있다. 나이를 가리킬 때, '年'자는 앞에 놓는다. '歲'는 나이의 뒤에 놓는다. '歲'에 있는 '세월'이라는 의미가 '年'에는 없다. '靑年'·'老年'의 경우처럼 '年'에 있는 '壽命(수명)'이라는 의미는 '歲'에 없다.

曆法 역법
西曆 서력

'曆(력)'. 달의 변화와 주기를 기준으로 한 역법을 '음력'이라 하고, 태양이 움직이는 주기를 기준으로 한 역법을 '양력'이라고 한다. 고대 중국에서는 음력으로 '월'의 기준을 삼았고, 양력으로 '해'의 기준을 삼았다.

이렇게 '陰陽合曆(음양합력)' 방식은 실제와 완전히 일치하지 않기 때문에 '윤달'을 만들어 조정하였다.

시기
時期

'時(시)'는 '春夏秋冬(춘하추동)의 계절'을 가리키는 말이다. '四時(사시)'라는 말은 이렇게 '4계절'을 의미한다. '時期(시기)'·'때'·'機會(기회)'라는 의미로 쓰인다. 이것이 동사로 쓰이면 '때에 맞추다'라는 의미가 된다.

時間 시간
時代 시대
時事 시사
學而時習 학이시습

'期(기)'는 '일정한 시간' 또는 '期限(기한)'을 말한다. 동사로 쓰일 때에는 '약속'이라는 의미가 있다. 이것이 '바라다'라는 의미로 쓰이면 '期待(기대)'가 된다. '一期生(일기생)을 배출하다'에서처럼 '周期(주기)' 또는 '一週年(일주년)'의 의미로 쓰이는 '期'가 있다. '期日(기일)' 등에서처럼 '약속된 날짜'를 가리키기도 한다.

期間 기간
期約 기약

춘하추동
春夏秋冬

立春 입춘	'春(춘)'은 '봄'이다.
靑春 청춘	사람에게는 '젊은 시절'을 가리킨다.
春心 춘심	'남녀간의 정'을 뜻하기도 한다.

'春'의 초기 형태 글자인 '屯(둔)'은 땅에서 싹이 나오는 모양의 글자이다.

夏服 하복	'여름'을 가리키는 '夏(하)'는 중국의 옛 나라 이름이
夏至 하지	다. 이를 빌어 여름을 의미하는 한자로 썼다.

秋穀 추곡	'가을'을 가리키는 '秋(추)'는 곡식이 익은 것을 뜻한
秋收 추수	다. '은근한 정을 나타내는 눈짓'이라는 뜻의 '秋波(추
	파)'는 파생된 의미이다.

冬季 동계	'冬(동)'은 겨울이다. 초기 형태의 글씨를 보면 농기
越冬 월동	구나 수확물을 높이 걸어놓은 모습이다. 이는 '終(종)'
	처럼 '끝나다'라는 뜻이 내포되어 있다.

기후
氣候

'候(후)'는 '安否(안부를 묻다)'라는 뜻으로 쓰이는 경우 '問候(문후)'가 있고 '날씨'의 뜻으로 '氣候(기후)'가 있다. 고대의 기준에는 5日(일)을 1候(후), 3候(후)를 1期(기), 6期(기)를 1時(시), 4時(시)를 1歲(세)라고 했다. 이로 보면 '氣候(기후)'란 '15일 정도의 기간과 그 날씨의 변화'를 가리켰던 것이다.

고대 한문에서는 '망을 보다' 또는 '무엇을 위하여 지켜 서다'라는 뜻도 있다.

斥候兵 척후병
候補 후보

병의 증상을 나타내는 말로 '症候(증후)'가 있다.

症候群 증후군

'寒(한)'은 '춥다'·'차갑다'는 뜻이다.

寒帶 한대

'두렵다'라는 의미로 쓰이기도 한다. '寒心(한심)'은 원래 '두려움을 느끼다'라는 뜻이다. 옷이나 먹을 것이 없어 춥고 배고픈 상황을 표현할 때에는 '飢寒(기한)'이라고 한다.

'寒(한)'은 '차가울 冷(랭, 냉)'자와 같은 의미인데 우리말에서 기후를 나타낼 때 '寒冷前線(한랭전선)'이라고 하는 것은 이런 까닭이다. '冷(랭)'은 西漢(서한) 시기 이후에 나타난 한자로 서한 이전에는 모두 '寒'이라고 했다.

冷溫 냉온   '溫(온)'은 '暖(난)'과 함께 '따뜻하다'는 뜻이다.
溫度 온도
溫室 온실   이것이 '溫和(온화)하다'라고 할 때처럼 추상적으로
溫情 온정   도 쓰였다.
溫故知新 온고지신   학문 등을 '익히다'라는 뜻으로 쓰이기도 한다.

旱魃 한발   '旱(한)'은 '가뭄'을 뜻한다. 하늘 위에 태양이 떠 있는 형태의 글자이다.

降雨 강우   '雨(우)'는 '비' 또는 '비가 내리다'라는 뜻이다.
雨期 우기

冥想 명상   '冥(명)'은 날씨가 컴컴한 상태를 말한다. '깊다' 또
冥福 명복   는 '그윽하다'라는 뜻이 있다. '冥'과 '暝(명)'은 동일한 의미로 쓰인다.

黃昏 황혼   '昏(혼)'은 '해가 진 뒤의 어둠'을 뜻한다. 고대 중국에서는 婚禮(혼례)를 밤에 치렀기 때문에 '婚(혼)'을 썼다.

風俗 풍속   '風(풍)'은 '바람'을 뜻하지만, 바람처럼 흐르면서 전

파되는 것에도 쓰였다.

　'바람과 햇빛' 또는 '경치'를 가리키는 어휘로 '風光
(풍광)'·'風景(풍경)'이 있다.

　『詩經(시경)』의 '國風(국풍)'처럼 '노래'를 뜻하기도
한다.

2 삶과 죽음

출생
出生

'生(생)'의 원뜻은 '식물이 자라나는 것'을 가리킨다.

發生 발생
蘇生 소생
誕生 탄생

'살아 있다'는 의미로 쓰인다.

生命 생명
生死 생사
一生 일생

'익지 않은 것'도 '生(생)'이라고 한다.

生鮮 생선

추상적으로는 '익숙하지 않은 것'을 '生'이라 한다.

生疏 생소

漢(한)나라 때부터는 공부하는 젊은이를 통칭하기도 했다.

儒生 유생
書生 서생
先生 선생
學生 학생

'産(산)'은 '태어나다'·'출생하다'라는 뜻이다.
'財産(재산)'이나 '産業(산업)'의 뜻도 있다.

産出 산출
生産 생산
出産 출산

사망
死亡

死傷 사상
慘死 참사

'死(사)'에서 왼쪽 부분은 죽은 사람의 뼈 '歹(알)'이고, 오른쪽은 그 옆에서 애도하는 사람의 모습이다.

喪失 상실
喪家 상가

'喪(상)'은 원래 '뽕나무'를 가리키는 글자였다. 이것이 나중에 '잃어버리다'라는 뜻으로 쓰이면서 영혼이 떠나가서 다시 돌아오지 않는다는 의미로 '死亡(사망)'의 뜻이 되었다.

예전에 사람이 죽으려고 하면 가족의 한 사람이 그의 코끝에 아주 작은 솜을 갖다놓고 흔들림이 있나 없나를 확인한다. 솜이 흔들리지 않아 숨이 끊어진 것이 확인되면, 친척 중에 한 사람이 지붕 위에 올라가 북쪽 방향을 바라보고 큰 소리로 죽은 사람의 이름을 부른다. 떠나가는 영혼에게 돌아오라고 부르는 이 풍습을 '招魂(초혼)'이라고 한다. 이렇게 해도 죽은 사람이 다시 살아날 기미가 보이지 않으면 장례를 준비하게 된다. 사람이 죽으면 몸을 닦이고 새로운 옷을 입힌 다음 집안의 대청에 사흘 동안을 놓아두는데, 이는 죽은 사람이 다시 소생할 가능성을 염두에 둔 것이다. 또한 이 시간에 장례를 준비할 필요성도 있었기 때문이다.

'訃(부)'. 사람이 죽으면 주변에 사망 통지를 하는 것을 '訃告(부고)'라고 한다. '부고'는 원래 '赴告(부고)'였다. '赴(부)'는 목적지를 향해 '달려가다'라는 뜻인데, 이것이 나중에 '사망 소식'이라는 의미의 '訃(부)'로 바뀌었다.

訃音 부음

사람이 죽은 뒤 3일이 지나면 쌀이나 구슬 등을 입에 넣고 '殮(염)'을 시작한다. 죽은 사람의 영혼이 떠나가고 나면 남은 시신은 그 집의 '客(객)'이 된다. 따라서 '殮'을 하고 나서 장례를 마칠 때까지의 시신을 '殯(빈)'이라고 했다. 중국에서는 장례식장을 '殯儀館(빈의관)'이라고 한다.

殮襲 염습
殮布 염포

殯所 빈소

'葬(장)'. 옛사람들은 사람이 죽으면 귀신이 되어 생전에는 할 수 없는 능력을 갖게 된다고 여겼다. 따라서 성대한 예식으로 죽은 사람을 보내는 행사를 치르는 전통이 오래되었다. 중국의 전통적인 장례는 埋葬(매장)

葬禮 장례
葬事 장사
火葬 화장

이기 때문에 '葬(장)'에는 글자 위에 '艸(초)'가 있고, 아래에는 墓穴(묘혈)을 그려 넣었다. 사람 등 동물이나 생전에 쓰던 물품을 함께 매장하는 것을 '殉葬(순장)'이라고 했다.

순장의 습관은 아주 오래 되었는데 기록을 보면 秦始皇陵(진시황릉)을 조성하고 내부 구조의 비밀이 새나가지 않도록 하기 위해서 皇陵(황릉)이 완성될 무렵 내부에서 일하던 수만 명의 사람을 그대로 둔 채 밖에서 출입구를 봉쇄하는 방법으로 순장을 시켰다. 순장 풍습은 漢代(한대) 이후 사라졌다가 明(명)나라 때 일시적으로 나타났다. 1395년 明의 太祖(태조) 주원장은 아들이 죽었을 때 두 명의 왕비를 순장토록 했고, 1398년 자신이 죽을 때에는 46명의 妃嬪(비빈)과 궁녀들을 순장토록 했다.

순장이라는 악습은 아랫사람이 所有物(소유물)로 인식되던 고대 主從(주종)관념의 산물이다.

'斃(폐)'는 다치거나 병 등의 이유로 '쓰러지다'라는 뜻이다. 이것이 나중에 '죽다'라는 의미로 쓰였다.

'崩(붕)'은 산언덕이 무너지는 것을 말한다. 이 글자 崩御 붕어
가 추상적인 것으로 쓰이면서 '崩壞(붕괴)'를 가리켰다.
특히 천자나 왕 등 '군주의 죽음'을 가리키는 말로 쓰였
다.

사람의 죽음은 그의 생전 직급에 따라 달리 표현하는
데 『禮記(예기)』의 「曲禮(곡례)」에 따르면 天子(천자)가
죽는 것을 '崩(붕)', 諸侯(제후)가 죽는 것을 '薨(훙)',
大夫(대부)가 죽는 것을 '卒(졸)', 士(사)가 죽는 것을 死亡 사망
'不祿(불록)', 平民(평민)이 죽는 것을 '死(사)'라고 구별 病死 병사
했다. 急死 급사

'歿(몰)' 역시 죽는 것을 가리킨다. 戰歿 전몰

분묘
墳墓

'墳(분)'·'墓(묘)'·'塚(총)'·'陵(릉, 능)'은 모두 '무 古墳 고분
덤'이다. '墳(분)'은 '커다란 언덕'이라는 뜻이 나중에
'墳墓(분묘)'라는 의미로 쓰였다.

◀ 중국 西夏(서하)지방
의 왕릉.

省墓 성묘　　'墳'과 '墓'는 구분이 있는데 '墳'은 둔덕을 조성한
　　　　　　것이며, '墓'는 둔덕 없이 평평한 무덤을 뜻한다.

貝塚 패총　　'塚'은 대형의 분묘를 지칭할 때 쓰인다.

王陵 왕릉　　'陵'은 '封墳(봉분)'을 아주 크게 만든 것이다. '陵'은
陵墓 능묘
　　　　　　흙으로 뒤덮인 산언덕을 말하던 것이 '제왕의 묘소'라
　　　　　　는 뜻으로 쓰였다.
　　　　　　　'오르다'라는 뜻이 있어서 '陵蔑(능멸)'이라고 쓰인다.
　　　　　　'陵(능)'은 '凌(능)'과 같이 쓰이기 때문에 남의 실력을
　　　　　　넘어선다는 뜻으로 쓰일 경우에는 '凌駕(능가)'로 쓴다.

성명
姓名

'姓(성)'. 중국은 원시사회에서부터 '姓(성)'이 있었다. 전설상의 왕이었던 '黃帝(황제)'의 성은 '姬(희)', '炎帝(염제)'의 성은 '姜(강)'이다. 또 '堯(요)' 임금의 성은 '姬(희)', '舜(순)' 임금의 성은 '姚(요)'라고 알려져 있다. 이들 성에 '女(여)'가 붙은 것은 母系(모계)를 중심으로 한 사회의 흔적이라고 설명된다.

姓名 성명
姓銜 성함

'姓(성)'과 '氏(씨)'는 분명한 구별이 있는데 '姓'은 동일한 혈통에 속한다는 표지이며, '氏'는 그 동일한 혈통 내에서 정치적·사회적 지위 등 계층을 표시하는 표지이다. 同姓(동성)간에는 결혼을 하지 않았고, 신분의 貴賤(귀천)은 '氏'로 구분하였다.

百姓 백성

氏族 씨족
姓氏 성씨

1949년 이후의 중국에서는 50여 년 동안 통제된 거주 이전의 자유와 사회구조로 인한 인구의 유동이 제한된 상황, 그리고 전통적 가치와 풍속이 부정되는 사회환경 속에서 同姓(동성)간의 결혼이 묵인되어 왔다. 이 때문에 동성이나 인척간의 결혼이 많을 수밖에 없었던 산간 벽지 등에서 未熟兒(미숙아) 등 障碍兒(장애아)의 출생률이 급격히 높아진 것은 주목할 만한 사실이다. 夏(하)와 商(상) 시기에는 혈통이 5代(대)를 넘을 경우 동성간의 결혼이 허용됐다. 그러나 周(주)나라 이후로는 100代가 넘는 경우라도 성이 같으면 절대로 결혼할 수 없도록 했다. 여성에게 이름을 지어주지 않을 수는 있었어도 姓(성)을 버리는 일이 결코 없었던 것은 동성간의 결혼이 불러오는 종족번식 상의 재앙을 방지하기 위한 고려였다. 元代(원대)나 淸代(청대)처럼 몽골족과 만주족이 통치하던 시기에는 이러한 제한이 흐트러지기도 했지만 고대 중국문화의 일관된 전통적 풍속이었다.

名單 명단
名目 명목
名曲 명곡
名札 명찰
有名 유명

'名(명)'은 '이름'이지만 '이름을 짓다'라는 동사로도 쓰인다. '名分(명분)'이라고 하는 것은 사람이 표명하고 있는 이름과 그 이름에 걸맞는 본분을 말한다. '名譽(명예)'·'名望(명망)'이라는 뜻도 있다.

'名'은 원래 어두울 때에 입으로 누군가를 부르는 형상의 글자이다. 즉 밤에 사람을 식별하는 이름으로 쓰였다. 초기에는 부모가 자식을 부르거나 군주가 부하를 부를 때 외에는 결코 남의 이름을 직접 부르는 일이 없었다. 남자 아이가 출생하면 3일 되는 날 부친이 '兒名(아명)'을 지어 준다. '名(명)'은 태어나서 3개월 되었을 때 부친이 지어준다. 중국의 고대시기에는 '長幼(장유)'의 관념이 반영되어 이름에는 '甲(갑)'·'乙(을)'·'丙(병)'·'丁(정)' 등이나 '伯(백)'·'孟(맹)'·'仲(중)'·'叔(숙)'·'季(계)' 등 순서와 서열을 나타내는 글자가 많이 쓰였다.

'字(자)'는 남자가 20세가 되었을 때 행하는 성인의식, 즉 '冠禮(관례)'에서 부여받는 '성인 이름'이다. '字'가 부여된 이후로는 주군과 부친 또는 직계 어른이나 自稱(자칭)에서만 '名(명)'을 쓸 수 있고, 동료나 아랫사람들 또는 다른 사람들은 '字'를 불러야만 했다.

집안에 아이가 있는 모습의 이 글자는 오늘날 '문자'라는 의미로 쓰인다.

字典 자전
活字 활자
字幕 자막

'號(호)'는 文人(문인) 간에 상대방의 개성과 인품을 반영해서 지어주는 별칭이다. 이는 尊稱(존칭)의 일종이기 때문에 본인이 자신의 호를 부르는 일은 없다. 고대의 제왕이나 귀족 대신들이 죽은 뒤에는 그의 일생 동안의 업적과 품덕 등을 고려하여, '廟號(묘호)'와 '諡號(시호)'를 지어 주었다. 이는 모두 '죽은 뒤의 이름'이다.

世宗 세종
忠武公 충무공

忌諱 기휘   '諱(휘)'. 고대사회에서 남자가 야간에 용변을 보는 용기를 우리나라에서는 '매화틀'이라고 했는데 중국에서는 '虎子(호자)'라고 했다. 이것이 당대에 와서 '壽子(수자)'라고 바뀐 것은 唐(당) 황제 조부의 이름이 李虎(이호)였기 때문이다. 이렇게 인명의 글자가 나쁜 의미의 한자와 동일하게 발음되는 충돌을 막고, 아랫사람이 윗사람의 이름을 함부로 부르는 것을 피하기 위해서 다른 이름을 붙이는 것을 '휘'라고 했다.

부부
夫婦

得男 득남   '男(남)'은 밭에서 일을 한다는 의미가 반영된 글자이다. '男'은 '남성'을 가리키기도 하며 '아들'을 의미하기

도 한다.

'女(녀, 여)'의 초기 문자를 보면 무릎을 꿇고 앉은 여성의 모습이다. 이는 무릎을 꿇은 채로 일을 하고 있는 여성을 글씨로 나타낸 것이다.

婦女 부녀

'夫(부)'는 사람이 서 있는 상태에서 비녀를 머리에 꽂은 모습을 형상화한 글자이다. 고대에는 남자들도 비녀를 사용했다. '夫人(부인)'은 군주나 스승 등 남의 아내에 대한 존칭이며, '夫君(부군)'은 남의 남편에 대한 존칭이다. 자기 배우자의 호칭으로는 쓰지 않는다.

丈夫 장부
人夫 인부
農夫 농부

'婦(부)'는 '결혼한 여자'를 말한다. '婦'는 여자가 빗자루를 들고 집안일을 하는 모양의 글자이다. 그래서 '빗자루'를 의미하는 '帚(추)'가 붙어 있다. '婦女(부녀)'라고 할 경우, '婦'가 결혼한 여자라면 '女(녀)'는 미혼의 여자를 가리켰다. '女'는 나중에 '男(남)'의 반대되는 말로 모든 여성을 총칭하게 되지만, 미혼 여성에게 '婦'라고 쓰는 일은 없다.

夫婦有別 부부유별
主婦 주부

'妻(처)'의 상형 문자는 아직 머리를 올리지 않은 미성년 여성의 머리를 누군가가 손으로 잡고 있는 형상이다. 이는 고대 약탈혼의 흔적이 남아 있는 것으로 볼 수

妻男 처남
喪妻 상처

있다. 중국 초기의 국가인 夏(하)와 商(상) 시기에 포악한 군주로 전해지고 있는 桀(걸)과 紂(주)는 모두 여색을 탐하고 이로 인해 멸망했기 때문에, 周代(주대)에 이르러서는 남성 중심의 嫡子(적자) 혈통을 이어 가는 '宗法制度(종법제도)'가 자리를 잡게 된다. 그 뒤로 여성의 지위는 종족 보존을 위한 역할로 제한되었다.

친척
親戚

父親 부친
母親 모친
兩親 양친
親屬 친속

'親(친)'은 '부모'를 가리킨다.

'親'은 '親切(친절)'·'親近(친근)하다'·'親愛(친애)하다'라는 뜻으로도 쓰이고, '몸소'라는 의미로는 '親(친)히' 등이 있다.

嚴父 엄부
父傳子傳 부전자전

'父(부)'의 초기 글자는 손에 회초리가 쥐어져 있는 모양이다. 이는 부친이 자녀의 교육을 엄격하게 했다는 것이 드러나는 글자이다.

'甫(보)'는 '처음'·'방금'이라는 뜻이다. '성년 남자'를 가리키므로 '父(부)'와 같은 의미로 쓰였다. 고대에 귀족 자제가 성년의식을 치르고 난 뒤에 '~甫(보)'라는 한자가 들어간 '字(자)'를 받는 일이 많았다. 우리 소설에서 '흥부'를 '흥보'라고 하는 것은 이런 까닭이다.

'母(모)'의 위아래 두 점은 여성의 유방을 표시한다.

慈母 자모
母乳 모유

'昆(곤)'은 '兄(형)'을 가리킨다. 고대에는 '兄弟(형제)'를 '昆弟(곤제)'라고도 했다.

昆蟲 곤충

'弟(제)'는 '아우'라는 뜻이다. 고대에는 여성에게도 '弟'라고 썼다. '나이가 어린 사람' 또는 '학생'을 가리키는 것으로 널리 쓰이는 말이기도 하다.

子弟 자제
弟子 제자

'戚(척)'은 고대 병기의 하나로서 커다란 도끼와 비슷하다. 憂患(우환)이나 悲哀(비애)를 나타내는 말로도 쓰이기도 했지만 이 경우에는 '心(심)'을 붙여서 '慼(척)'으로 썼다. 오늘날에는 부모·형제 등 친가족과 친척을 가리키는 말로 쓰인다.

親戚 친척
姻戚 인척

'眷(권)'은 '고개를 돌아보면서 戀戀(연연)해 하는 모습'을 가리킨다. 나중에 '親屬(친속)'이라는 의미로 쓰이게 된다.

眷屬 권속
眷率 권솔

親族 친족
一族 일족

'族(족)'은 '姓(성)이 같은 친척'을 말한다. 이것이 나중에 '같은 부류'를 가리키는 말로 쓰이면서 '同族(동족)·族屬(족속)'이라고 사용된다.

자식
子息

子孫 자손
子宮 자궁
種子 종자

'子(자)'는 자식을 뜻하는 말이지만 일반적으로 아들을 가리킨다. 초기의 '子'에는 성별의 구분 없이 어린이를 가리켰다. 고대 한문에 나오는 '男子(남자)' 또는 '女子(여자)'라는 어휘는 모두 '어린이'를 말하는 것이다.

君子 군자

'子'는 남자의 존칭으로도 쓰여 孔子(공자)·孟子(맹자) 등에 쓰였는데 나중에 상대방에 대한 호칭으로 '子'를 쓰기도 했다.

棲息 서식
子息 자식

'息(식)'에는 '增長(증장)·成長(성장)하다'라는 뜻이 있기 때문에 '자녀'라는 의미로 쓰인다.

窒息 질식
歎息 탄식
安息 안식

'숨쉬다' 또는 '休息(휴식)'의 뜻이 있다.

조상
祖上

'宗(종)'은 집 안에 제단을 설치해 놓은 형상의 글자이다. 오늘날의 '祠堂(사당)'에 해당하는 글자인 셈이다. 이것이 나중에 '祖上(조상)'을 가리키는 말이 되었다.

宗中 종중
宗家 종가

'宗(종)'에는 '宗族(종족)'이라는 의미가 있어서, 같은 조상의 후예를 말한다.

불교의 南宗(남종)·北宗(북종)도 이에 해당한다. '으뜸'이라는 의미로 쓰인 '宗敎(종교)' 등의 어휘가 있다.

宗派 종파
同宗 동종

'祖(조)'의 왼쪽에 있는 '보일 示(시)'자는 祭壇(제단)이다. 오른쪽의 '且(차)'는 남성 생식기의 형상이다. 戰國(전국) 시기 이후에 '示'가 붙어서 오늘날처럼 '조상'이라는 의미로 쓰였다.

'祖'는 할아버지와 그 위의 조상을 총칭한다. '祖考(조고)'라고 할 경우 '考(고)'는 '父親(부친)'을 가리킨다.

祖國 조국
元祖 원조
始祖 시조

先祖 선조
祖宗 조종

'曾(증)'. 祖父(조부)의 아버지를 '曾祖(증조)'라고 했
다. 손자의 아들은 '曾孫(증손)'이라고 한다. 손자의 손
자는 '高孫(고손)' 또는 '玄孫(현손)'이라고 한다. 그러
나 이를 모두 '曾孫(증손)'이라고 할 수도 있다.

제사
祭祀

祭物 제물
祭典 제전
祭政一致 제정일치

'祭(제)'는 '동물을 죽여서 지내는 제사'를 가리킨다.
'祭'의 글자를 보면 제단 위에 사람의 손으로 고깃덩이
를 올려놓는 모습이다. 이는 '犧牲(희생)'이라 불리는
'가축의 고기'이다. '희생'은 소·양·돼지로 썼는데 지
체가 완전하고 털 색이 순수해야 했다. '祝祭(축제)'란
주술적인 행사가 포함된 제사를 가리킨다.

告祀 고사
祭祀 제사

'祀(사)'의 오른쪽 글자 '巳(사)'는 '갓난아이'의 형상
이다. 제단에 갓난아이를 놓고 제를 지내던 고대의 풍
습이 드러나는 글자이다.

宗廟 종묘

'廟(묘)'는 '조상에게 제사지내는 곳'을 가리키므로
'宗(종)'과 함께 쓰인다.

▲ 太廟(태묘).

'宗'과 '廟'는 같은 단어로도 쓰이지만 '宗'은 神主 (신주)를 모시는 곳이고 '廟'는 그 장소의 규모가 비교 적 큰 경우를 가리킨다. 나중에 도교의 사원을 '廟', 불 교의 사원을 '寺(사)'라고 나누어 불렀다. 중국에서 도 교 사원은 '觀(관)'이라고 한다.

寺院 사원

青松觀 청송관

'宜(의)'의 최초의 뜻은 제사를 지낼 때 적당한 제품 을 선별하고 적당히 배치한다는 의미로 쓰였다. '마땅 히'라는 의미는 여기에서 나온 것이다.

宜當 의당
時宜適切 시의적절

고대에는 천자가 하늘과 땅에 지내는 제사 의식이 있었다. 하늘에 지내는 제사는 泰山 (태산)의 정상에서 진행되었다. 중국 山東省(산 동성)의 태산에 올라보면 높은 축대가 축조되어 있다. 천자는 그 위에서 제례용 나무를 태우며 하늘에 제사를 지냈다. 이를 '封(봉)'이라고 한다. 이 제사를 마치면 태산 아래에 있는 작은 산인 梁父山(양부산)에서 '封祭(봉제)'를 지낸 祭品(제품)을 땅에 묻으며 땅에 대한 제사를 지내는데, 이를 '禪(선)'이라고 했다.

封禪 봉선

封土 봉토   　'封(봉)'의 원뜻은 나무가 잘 자라도록 흙을 돋우어 주는 것 또는 흙을 쌓아 올리는 것을 말한다.

封建 봉건   　고대의 제왕이 토지를 제후에게 분배해 주는 것도
封邑 봉읍   '封'이라고 했다.

密封 밀봉   　'닫다'·'막다' 등의 뜻이 쓰인 경우는 '封合(봉합)'·'封套(봉투)'가 있다.

展示 전시   　'示(시)'는 '제단'이나 '제사'와 관련이 있다. '祭(제)'
示範 시범   의 아래 부분인 '示'는 제사를 지내는 탁자 모양의 제단
提示 제시   을 가리킨다. 이것이 '남에게 무엇을 보이다'라는 의미로 쓰였다.
　그 외에도 '示'가 들어간 한자는 적지 않다.

　'祠(사)'의 원뜻은 '봄 제사'인 春祭(춘제)를 가리키는 말이지만 나중에 일반적인 제사를 총칭하게 된다. 오늘

날에는 '祠堂(사당)'이라는 의미로 쓰인다.

顯忠祠 현충사

'福(복)'의 초기 형태 글자를 보면 제단 위에 두 손으로 술을 올려놓는 모습이다.

福祉 복지
祝福 축복
幸福 행복

옛사람들에게 '福'이란 다섯 가지가 갖추어져야 하는데 이는 長壽(장수)·財産(재산)·健康(건강)·人品(인품)·天壽(천수)를 가리킨다. 이것을 '五福(오복)'이라고 했다. 우리나라나 중국의 고대 문양에 박쥐가 많은 것은 박쥐를 뜻하는 한자 '蝠(복)'과 '福'이 같은 발음이기 때문이다.

'祥(상)'은 '길흉의 兆朕(조짐)'을 말하던 것이 현재는 '福(복)' 등의 '吉兆(길조)'만 가리킨다. 부모가 죽은 뒤 지내는 제사를 '祥(상)'이라고 하는데 1년 뒤에 지내는 제사를 '小祥(소상)', 2년 뒤에 지내는 제사를 '大祥(대상)'이라고 한다.

吉祥 길상
祥瑞 상서

고대 중국인들은 山水(산수)를 숭배하는 전통이 있었기 때문에 산과 강에 제사를 지냈다. 제사를 받은 산은 '五嶽(오악)'으로 '嵩山

(숭산)'·'泰山(태산)'·'衡山(형산)'·'華山(화
산)'·'恒山(항산)'이고, 제사를 받은 강은 '四瀆
(사독)'이라고 해서 '長江(장강)'·'黃河(황
하)'·'淮河(회하)'·'濟水(제수)'이다.

國祿 국록 　'祿(록, 녹)'은 '하늘이 베푸는 것' 또는 '食福(식복)'
俸祿 봉록 을 의미하던 것이 나중에 관리가 급료의 성격으로 받는
곡식을 가리키게 되었다.

　'福祿(복록)'이라고 할 경우 '福(복)'은 일반적인 '복'
이라면 '祿(록)'은 '식복'을 말한다.

귀신
鬼神

神聖 신성 　'神(신)'은 '申(신)'과 같다. 초기의 글자 모양을 보면
神秘 신비 번개가 치는 모습을 형상화했다.
鬼才 귀재
餓鬼 아귀 　'鬼(귀)'의 윗부분은 귀신의 머리를 형상화한 것이고
아랫부분은 사람의 몸을 그린 것이다.

　고대 중국의 미신적 관념으로 보면 귀
신은 침[唾液(타액)]을 싫어한다고 한다. 중국

사람들이 침을 뱉는 것은 상대방에 대한 輕蔑
(경멸)의 표시이기도 하지만, 災厄(재액) · 災殃
(재앙)의 귀신을 물리친다는 의미도 있다.

'享(향)'의 초기 글자는 종묘를 그린 모습이었다. 이
것이 '음식물을 귀신에게 바치는 일'이라는 뜻으로 전
이된다. 오늘날에는 이 뜻이 확대되어 '누리다'라는 뜻
으로 쓰이고 있다. '享年(향년) 80세'라고 할 때 '享年'
이란 '죽은 이가 한평생을 누린 나이'라는 뜻이다.

享樂 향락
享受 향수
享有 향유

3 왕과 백성

제왕
帝王

'皇(황)'의 원뜻은 불빛이 휘황하다는 의미이다. 이것이 '크다'·'아름답다'는 뜻으로 확대되었다. '군주'라는 뜻으로 쓰이면서 '皇帝(황제)'라는 말이 생겼다.

'皇帝'는 진시황 때 지어진 이름으로 '皇'은 '太上皇(태상황)'·'上皇(상황)' 등에 쓰인다. '황제'라는 말을 하나의 단어로 쓰기 시작한 것은 기원전 211년 중국을 처음으로 통일한 秦王(진왕) 때부터이다. 이로부터 그의 이름은 '始皇帝(시황제)' 또는 '秦始皇(진시황)'으로 불리었다.

'帝(제)'자의 초기 형태를 보면 불타는 나뭇가지와 그 위로 연기가 솟아오르는 모습이다. '帝'는 원래 '우주자연을 주재하는 신'을 가리켰다. 이것이 나중에 나라의 최고 통치자를 일컫는 '황제'로 불린다.

'帝(제)'·'王(왕)'에서 '제'는 天神(천신) 또는 제사를 받는 신령을 가리키는 말이었고, '왕'은 최고 통치자를 가리켰다. 그러므로 '帝(제)'는 '上帝(상제)'이고 '王

教皇 교황
皇后 황후

上帝 상제
天帝 천제

帝王 제왕
大帝 대제

桀王 걸왕

楚王 초왕
吳王 오왕
趙王 조왕

'(왕)'은 '天子(천자)'이므로 '神(신)'과 '사람'으로 구별
된다. '王(왕)'은 제왕이나 천자를 가리킨다. 周(주)나라
이전에는 천자만을 '王(왕)'이라고 했다. 春秋(춘추) 시
기 이후로 제후국의 나라 등에서도 '王(왕)'이라고 쓰였
다. 진시황 때 천자를 황제라고 하면서 '王(왕)'은 신하
중에서 가장 높은 직함이 되었다.

后妃 후비
王后 왕후

'后(후)'는 군주나 천자를 의미하는 글자이지만 諸侯
(제후)를 가리키기도 했다. 나중에 군주의 처를 '后(후)'
라고 했고 군주의 모친을 '太后(태후)'라고 쓰게 된다.

諸侯 제후
王侯 왕후

'侯(후)'는 황제로부터 영토를 받아 영지를 다스리던
영주를 말한다.

制御 제어
御命 어명
御用 어용

'御(어)'는 마차를 모는 동작 또는 그 사람을 말한다.
형용사로 쓰일 경우에는 왕 또는 천자의 소유물을 가
리킨다.

국가
國家

'國(국)'. 周(주)나라 때에는 제후의 영토를 '國'이라 國家 국가
했고, 이 뜻이 확대되어 '나라'라는 의미로 쓰인다.

'友邦(우방)'의 '邦(방)'과 '國(국)'은 모두 '나라'라는 聯邦 연방
뜻이지만 각각의 단어에서 바꿔 쓰이지는 않는다.

'家(가)'는 '가정' 또는 '집'이나 그 집의 '식구'를 가 大家 대가
리킨다. '諸侯(제후)'가 다스리는 통치구역을 '國'이라
한다면 '大夫(대부)'의 통치구역은 '家'이다. 이것이 합
쳐져 '나라'라는 뜻으로 쓰였다.

'社(사)'는 '토지의 신'을 말한다. 나중에 토지의 신에 宗廟社稷 종묘사직
社會 사회
會社 회사
게 제사지내는 장소를 일컫게 되었다. 오늘날에는 '모
임', '단체'라는 의미로 쓰인다.

'稷(직)'은 '기장'이라는 곡식의 이름이다. 이것이 '곡
식의 신'을 가리키게 되면서, '社'와 함께 나라를 상징
하는 말로 '社稷(사직)'이 되었다.

'曹(조)'는 국가의 제사·교육·법률 등을 주관하는 法曹 법조

고대의 관청인 尙書省(상서성)의 각 부문을 가리켰다.

백성
百姓

民族 민족   '民(민)'은 원래 遺民(유민)의 뜻에 가까웠다. 다른
民主 민주
民意 민의   민족에 의해 멸망된 나라의 백성을 가리키던 것이 나중
에 국가적 책무도 없고 특권 역시 전혀 없는 일반인을
가리키게 된다. 이는 노예와 구별이 되었으며 국가에
복종을 해야만 하는 臣(신)과도 다른 자유민이나 농민
을 가리켰다.

官廳 관청   '官(관)'의 아랫부분은 '활'이다. 이 한자의 원뜻은
官員 관원   '활을 보관하는 집'으로, 권력이 있는 건축물을 가리키
던 글자이다.

官職 관직   '官'은 '정부기관의 건물'을 나타내는 한자이다. '官
府(관부)'의 뜻을 가지고 있는 이 글자는 나중에 '행정
직무'를 의미하게 되었다.

長官 장관   이것이 확대되어 '행정기관의 首長(수장)'을 뜻하는
글자가 되었다.

한의학에서는 '耳(이)'·'目(목)'·'口(구)'·'鼻

(비)'·'心(심)'을 '五官(오관)'이라고 했다.

'吏(리)'는 상형문자에 나타난 것으로 보면 손으로 사
냥용 무기를 들고 있는 형상으로 '일'이라는 의미의 '事
(사)'에 가까웠다. 이것이 나중에 인사업무를 담당하는
사람이라는 뜻으로 쓰였다.

'吏(리, 이)'는 공직에 근무하는 관리의 총칭이었지만   官吏 관리
나중에 하급관리를 일컫는 말로 변했다.

'官吏(관리)'에서 '官(관)'은 행정기구와 그 직무를 가   貪官汚吏 탐관오리
리키는 반면 '吏(리)'는 사람을 가리킨다.

'爵(작)'은 고대에 술을 담는 그릇의 일종이었
다. '새' 모양의 그릇이기 때문에 발
음이 같은 '雀(작)'과 같이 사용된
한자이다. 이 器物(기물)이 '爵位
(작위)'를 수여하는 데 쓰임에 따라 '公
(공)'·'侯(후)'·'伯(백)'·'子(자)'·'男(남)'
등의 작위, 즉 '官爵(관작)'이라는 의미로 변
했다.

魏晉(위진) 시기 이후로 각급 관리의
품계는 9등급으로 나뉘었는데 이를 '九
品(구품)'이라고 했다.

▲ 爵(작). 商周(상주) 시기의 청동 술잔
이다.

신분
身分

君主 군주
君臣 군신
君王 군왕

'君(군)'은 고대의 천자나 제후를 통칭하는 말이다. 춘추 시기에는 귀족 남자를 가리키는 말로 다소 경의가 포함된 글자였다. 오늘날 우리도 "김君"·"박君"이라고 부르는 것은 그런 전통이 남은 까닭이다. 德(덕)이 있는 사람을 '君子(군자)'라고 하고 '남의 남편'을 '夫君(부

平原君 평원군
孟嘗君 맹상군

군)'이라고 한다. 전국 시기에는 귀족이나 공신들에게 내리는 지방 제후의 이름으로 쓰인다.

家君 가군

경우에 따라서는 자신의 부친을 지칭하기도 했다.

돌아가신 부친은 '府君(부군)'이라고 했다.

公卿 공경

'卿(경)'은 '大夫(대부)'보다는 위이고 '公(공)'보다는 아래인 爵位(작위)의 하나이다. 군주는 신하에게 경칭으로 이 한자를 사용했다. 또는 사대부들 사이에 상대방을 존중하는 의미로 쓰였다. 고대에는 남편이 아내를 부르는 애칭으로도 썼다.

'傅(부)'는 '스승'이라는 뜻이다. 고대에는 제왕이나 왕자의 스승 격인 사람을 부르는 호칭으로 쓰였다. 오

늘날의 '師傅(사부)'는 전문직종의 선임자 등을 가리킨
다.

'士(사)'의 초기 문자 모양은 정면을 향해서 서 있는
사람의 모습이다. 처음에는 일반적인 남자를 가리켰는
데 나중에는 보통의 평민보다는 다소 학문이나 견식 또
는 특기가 있는 평민을 가리켰다.

策士 책사
力士 역사
志士 지사

여성에게도 존경의 의미로 썼다. 이와는 달리 '女史
(여사)'는 결혼을 했거나 사회적인 지위가 있는 여성에
게 존칭으로 쓰인다.

女士 여사

'工(공)'은 기예가 있는 사람을 말한다.

技術工 기술공
工員 공원
工場 공장

'精巧(정교)하다'라는 의미가 있어 '뛰어나다'라고도
쓰인다.

工巧 공교

'儒(유)'는 원래 귀족의 자제를 가르치는 사람을 일컬
었다. '儒'의 역할은 禮(예)·樂(악)·史(사)·御(어)·
書(서)·數(수)를 가르치는 것이다. 공자 이후로 정해진
기본 교재는 詩(시)·書(서)·禮(예)·樂(악)·易(역)·
春秋(춘추)의 여섯 가지 經書(경서)이다.

儒生 유생
儒林 유림

'宦(환)'은 귀족의 노예나 종 일체를 가리킨다. 이것
이 나중에 '관직'이라는 뜻으로 쓰였다. '宦官(환관)'은

宦路 환로

일반적으로 '內侍(내시)'라고 불리는 '太監(태감)'을 가리킨다.

忠臣 충신
使臣 사신

'臣(신)'은 초기에 평민을 지칭했다. 사람이 고개를 숙인 상태에서 보이는 세로로 된 눈의 모습을 형상화한 글자이다. 나중에는 '臣下(신하)'라는 의미로 쓰인다.

宰相 재상
主宰 주재

'宰(재)'는 처음에 '屠殺(도살)'의 의미를 가지고 있었다. 이것이 '처리하다'라는 의미로 쓰이면서 관직명이 되었다.

實相 실상
觀相 관상

'相(상)'은 원래 '자세히 관찰해서 보는 것'을 말한다. 이 뜻이 나중에 다른 사람의 외모를 통해 운명을 본다는 뜻으로 쓰였다.

相公 상공
首相 수상
相互 상호
相對 상대
相關 상관
相馳 상치

이렇게 '남을 돕는다'는 뜻이 나중에 군주를 도와준다는 의미로 확대되었다.

오늘날에는 '서로'라는 의미로 더 많이 쓰인다.

服從 복종
侍從 시종
追從 추종
從事 종사
從業員 종업원

'從(종)'의 초기 한자의 모습은 '사람 人(인)'자가 좌우로 겹쳐져 있는 모습이다. 이는 한 사람이 다른 한 사람을 따라서 행동한다는 뜻이다. '從'에는 '따르다'라는 의미가 있다.

'친가족 다음'이라고 하는 친족 관계를 나타낼 때, 예를 들면 伯父(백부)·叔父(숙부)의 아들 중 자기보다 연장자인 경우 '從兄(종형)'이라고 한다.

'從'은 '橫(횡)'과 반대되는 말로 쓰이기도 하는데 '東西(동서)'를 '橫(종)' 또는 '衡(형)'이라고 하고 南北(남북)을 '縱(종)'이라고 한다. 고대 사상가 중의 일파를 '縱橫家(종횡가)'라고 하지만 원래는 '縱衡家(종형가)'라고 했다. '合從連橫(합종연횡)'에서의 '從'은 '縱'과 같은 글자로 쓰인다.

橫斷 횡단
橫領 횡령
橫死 횡사
橫財 횡재
專橫 전횡

縱書 종서
操縱 조종

'僕(복)'은 노예 중의 한 개 직급을 가리키는 말이다. 나중에 下人(하인)·奴隷(노예)를 가리키는 일반적인 말이 되었다.

公僕 공복
奴僕 노복
忠僕 충복

'俠(협)'은 법률과 체제를 置之度外(치지도외)하고 스스로 정해 놓은 규율에 따라 행동하는 무사를 가리킨다. 이들은 기존의 사회제도에 예속되지 않은 채 江湖(강호)를 떠도는 특징이 있다.

중국의 협객은 역사의 전환점에서 중요한 역할을 했기 때문에 司馬遷(사마천)은 『史記(사기)』에서 협객의 일종으로 '암살자'와 같은 의미인 '刺客(자객)'을 단독 부분인 '列傳(열전)'으로 기술했다.

俠客 협객
義俠心 의협심

'仙(선)'은 '僊(선)'이 본 글자이다. '仙'은 '神仙(신

仙女 선녀

仙境 선경
仙風道骨 선풍도골

선'을 가리킨다. '神仙'이 되는 방법을 연구하는 사람을 '方士(방사)' 또는 '術士(술사)'라고 했다.

畵伯 화백

'伯(백)'은 '크다'는 뜻이다. '伯父(백부)'는 '큰아버지'를 가리킨다. 예전에는 行列(항렬)을 따질 때 伯(백)·孟(맹)·仲(중)·叔(숙)·季(계)로 나누었다. '伯'이나 '孟'은 첫째, '仲'은 둘째이고 '叔'은 셋째이며 '季'는 막내이다. '伯爵(백작)'은 고대에 다섯 등급 작위 중의 하나이다.

叔母 숙모
叔姪 숙질
堂叔 당숙

'叔(숙)'의 원뜻은 손으로 물건을 집는다는 뜻이다. 서열에서 맨 끝머리나 나이가 어린 것을 표시한다. '叔父(숙부)'는 부친보다 나이가 적으면서, 아버지뻘 되는 사람을 가리킨다. '季'는 '叔'보다 더 어린 경우를 말한다.

夫妻 부처
大丈夫 대장부

'夫(부)'는 성년 남자를 가리킨다. '남편'이라는 의미로 쓰일 경우 '夫婦(부부)'에서처럼 '妻(처)'와 반대가 되는 글자이다.

공자의 제자나 후세 사람들이 공자를 '夫子(부자)'라고 부른 것은 스승에 대한 敬稱(경칭)으로 쓰인 경우이다.

'才(재)'는 '재능'을 가리킨다.

고대에는 궁중의 여성 관리의 이름으로 쓰였다.

문학적인 재주가 있는 사람을 가리키기도 했다.

才人 재인
才子佳人 재자가인

'聖(성)'은 사물의 이치에 통달하고 섭리에 대하여 깊이 깨우치고 있다는 뜻이다. 이것이 최고의 도덕적 기준에 맞는다는 뜻으로 쓰였다.

聖人 성인
聖賢 성현

'聖(성)'·'賢(현)'이라는 두 한자는 처음에 다소 차이가 있었는데 '聖'은 원래 지식이 풍부한 사람을 가리키는 말이었으며, '賢'은 도덕적으로 훌륭한 사람을 가리키는 말이었지만 대개의 경우 두 글자가 혼용된다.

賢明 현명
賢母良妻 현모양처

4 건물과 토지

궁궐
宮闕

'宮(궁)'. 진시황 이전에는 일반 가정집도 '宮'이라고 불렸지만 나중에는 제왕이나 황제의 가족이 사는 건물을 가리키게 되었다.

宮闕 궁궐
尚宮 상궁

그리고 황제가 공식적인 업무를 보는 곳은 '殿(전)'이라고 했다. 황제의 위치에 있다는 의미가 반영되어 불교 사원에서도 부처를 모셔 놓은 건축물을 '大雄殿(대웅전)'이라고 한다.

宮殿 궁전
宮調 궁조

고대 음악에서 5개 음계〔宮(궁)·商(상)·角(각)·徵(치)·羽(우)〕의 하나가 '宮'이다.

고대의 다섯 가지 형벌 중의 하나가 남성의 생식기를 제거하는 '宮'이다.

宮刑 궁형

'闕(궐)'은 성문의 양쪽에 높이 세워진 축대나 건축물을 가리키며, 특히 왕궁 출입구의 커다란 문 양쪽에 세워진 '望樓(망루)'를 말한다.

大闕 대궐
闕漏 궐루

이 '闕'은 결점이라는 뜻이 있어서 동사로 쓰일 경우에는 '부족하게 되다'라는 뜻이 있다.

補闕 보궐

▲ 중국 북경의 紫禁城(자금성).

官府 관부
政府 정부

'府(부)'는 재물을 저장하는 곳을 가리키는 글자이다. 성어 중에 '天府之國(천부지국)'이라는 말이 있는데 여기서 '天府(천부)'는 곧 '자연의 창고'라는 뜻이다. 이 '府'는 관청의 건물을 가리키게 되면서 '官府(관부)'라는 말이 생겼다.

성곽
城郭

城砦 성채
城郭 성곽
守城 수성
都城 도성

'城(성)'은 천자나 제후 등이 자신의 영지·영토를 방어하기 위해서 흙이나 돌로 축조한 건축물을 가리킨다.
'성곽'이라고 할 때 '성'은 內城(내성)이고 '郭(곽)'은 '外城(외성)'이다.

'池(지)'는 적군의 공격으로부터 성을 보호하기 위한 인
공 물길 또는 물이 고여 있는 자연적인 호수를 가리킨다.

雁鴨池 안압지
池塘 지당
天池 천지

'郊(교)'는 수도로부터 100리까지의 지역을 가리켰
다. 周(주)나라의 제도에서 50리까지는 '近郊(근교)'라
고 했고 100리까지를 '遠郊(원교)'라고 했다. 나중에는
도성 외부 지역을 총칭하게 된다.

郊外 교외

도읍
都邑

'都(도)'는 커다란 거주지역인 '都邑(도읍)'을 가리킨
다. 이것이 나중에 '國都(국도)' · '首都(수도)' · '都城
(도성)'을 의미하게 되었다.

都市 도시
都會地 도회지

고대 한문에서는 '모두'라는 뜻인 '總(총)'의 의미로
쓰이고, 부정사 앞에서는 강조의 의미로 쓰였다.

都賣 도매

'京(경)'의 초기 의미는 '望樓(망루)'이다. 먼 곳을 바
라볼 수 있게 조성된 '望臺(망대)'인 셈이다.

오늘날에는 '서울'이라는 의미로 쓰인다.

北京 북경
京鄕 경향
歸京 귀경

邑內 읍내
邑面 읍면
都邑 도읍

'邑(읍)'은 행정구역의 한 단위나 그 거주지를 가리킨
다.

惡黨 악당
政黨 정당
執權黨 집권당
脫黨 탈당
偏黨 편당
不偏不黨 불편부당

'黨(당)'은 500개의 집을 한 조직으로 짠 행정 단위를
가리키는 말이다. 이것이 나중에 '親族(친족)'·'姻戚
(인척)' 또는 '集團(집단)'이라는 의미로 확대된다.

천하를 다스리는 천자로부터 지방의
일정 영역의 통치권을 부여받는 것을 '封(봉)'이
라고 한다. 그리고 그 '封地(봉지)'를 '國(국)'이
라고 했다. '國'의 중심 위치에는 조상신을 모시
는 '宗廟(종묘)'와, 토지 및 오곡의 신을 모시는
'社稷(사직)'을 조성하고 그 주변에 성곽을 축조
한다. 이렇게 '종묘사직'을 갖춘 곳을 '都(도)'라
고 했다. '宗廟'와 '社稷'을 조성하는 과정이 곧
고대적 의미의 建國(건국)이다.

향리
鄕里

'隣(린)'은 다섯 집을 단위로 하는 한자이다. 거리가

가까운 곳에 소재하는 집이나 나라를 가리킨다.

隣近 인근
隣國 인국

'里(리)'는 25집을 단위로 하는 글자로 한 개의 거주 지역을 말한다. '里'에는 입구마다 문이 설치되어 있다. 이런 단위가 나중에 '鄕里(향리)'라는 말로 쓰인다. '里'는 땅의 길이를 재는 단위로도 쓰였다. 上古(상고) 시기에는 300步(보)를 '1里'라고 했다. 1步는 6尺(척) 이다.

洞里 동리
里程標 이정표

'鄕(향)'은 초기의 문자로 보면 중간에 음식물을 놓고 좌우에 한 사람씩 앉아 음식을 먹는 모양의 글자이다. 이것이 125집을 단위로 하는 '鄕'이라는 거주 단위로 쓰였다.

鄕村 향촌
鄕土 향토
故鄕 고향

거처
居處

'居(거)'는 '앉다'라는 뜻과 '위치하다'라는 뜻이 있 다.
고대 한문에는 '한참 뒤에' 또는 '잠시 뒤에'라는 뜻 으로도 쓰였다.

居住 거주
居間 거간

居處 거처
處身 처신
處地 처지

'處(처)'는 '거주하다'라는 뜻과 '몸을 두다'라는 뜻이 있다.

處分 처분
善處 선처
處置 처치

'處理(처리)하다'라는 뜻은 잘못의 정도에 따라 적절한 선에서 안배·해결 또는 징계하는 것을 의미한다.

변방
邊方

邊境 변경
邊方 변방
周邊 주변

'邊(변)'은 '변두리 땅'을 말한다.

'가장자리' 또는 '옆'을 말하기도 한다.

要塞 요새

'塞(새)'는 변경의 험준한 지역을 말한다.

◀ 중국의 長城(장성).

'塞(색)'이라고 읽을 경우 '막히다'라는 뜻이다.

梗塞 경색
腦梗塞 뇌경색

도로
道路

'蹊(혜)'는 '사람이 다니는 작은 길'을 가리킨다.

'徑(경)'은 '마차가 다닐 수 없는 작고 곧은 길'을 말
한다. '徑'에는 '곧다'라는 뜻이 있다.

半徑 반경
直徑 직경
捷徑 첩경

'塗(도)'와 '道(도)·路(로)'는 모두 마차가 다닐 수
있는 길을 가리킨다.

'塗'는 현대적 의미로 볼 때 1차선 도로이다. '道路
(도로)'에서 '道'는 마차 두 대가 비껴 지나갈 수 있는
도로, '路'는 세 대가 비껴갈 수 있는 도로이다. '蹊'와
'徑'은 모두 '사람이 다니는 작은 길'로, 마차가 다닐 수
없는 길이다. '徑'은 '곧고 짧게 난 길'로서 소나 말 정
도는 다닐 수 있는 길이라면, '蹊'는 사람이 지나다니면
서 자연스럽게 생긴 '오솔길'을 말한다.

步道 보도
人道 인도
車道 차도
路線 노선
路資 노자
經路 경로
進路 진로

'塗'는 '흙 土(토)'자를 떼어내도 같은 의미로 쓰이고

途中 도중
前途 전도

塗褙 도배
塗料 도료
塗色 도색
塗炭 도탄

'途(도)'로도 쓰인다. 오늘날에 전하는 '道聽塗說(도청도설)'이라는 성어가 있다. '塗'는 '진흙'을 가리킨다. 이것이 확대되어 '칠하다'라는 뜻으로 쓰였다.

技術 기술
術法 술법

術數 술수

'術(술)'은 원래 '道(도)'와 같이 '길'·'도로'·'거리'라는 의미이다. 이것이 나중에 '방식'·'방법'이라는 뜻으로 쓰였다.

고대에는 醫藥(의약)이나 占卜(점복) 등 특수한 기능을 '方術(방술)'이라고 했다.

도랑

渠水 거수

'渠(거)'는 인공으로 파서 만들어 놓은 관개수로를 가리킨다.

排水溝 배수구
下水溝 하수구

'溝(구)' 역시 인공으로 파서 낸 것이지만 비교적 작은 규모의 수로를 가리킨다.

제방
堤防

'堤(제)'는 흙으로 축조된 저수시설의 둑을 가리킨다.

防波堤 방파제
堤防 제방

'防(방)'은 언덕을 의미하는 'ß(부)'가 있는 것으로 알 수 있듯이 땅과 관련이 있는 글자로 하천의 흐름을 막는 둑을 가리키는 글자이다. 이것이 '막는다'는 의미로 쓰였다.

防備 방비
防禦 방어
國防 국방

교량
橋梁

'梁(량)'은 하천의 양쪽에 나무를 연결시켜 사람이 지나갈 수 있도록 만들어진 '외나무다리'라는 뜻이다. 이것이 나중에 모든 가로놓인 나무를 가리키는 의미로 쓰였다. 집을 지을 때 대들보를 올리는 행사를 '上梁式 (상량식)'이라고 한다.

▲ 楓橋(풍교).

橋梁 교량
橋脚 교각
西海大橋 서해대교

오늘날 '다리'라는 의미로는 '橋(교)'만 쓰인다.

강하
江河

江邊 강변
江村 강촌
渡江 도강

'江(강)'은 원래 '長江(장강)' 또는 '揚子江(양자강)'이라고 불리는 강의 고유명사였다.

고대 문헌에서 '江南(강남)'이라는 말은 '양자강의 남쪽'이라는 뜻이며, '江東(강동)'이라고 하면 '양자강의 동쪽'이라는 뜻이다.

'江河(강하)'라고 할 때의 '河(하)'는 원래 '黃河(황하)'의 본명이다. 고대 중국어에서 '河'는 '黃河'만을 지칭했다.

河川 하천
河床駐車場
하상주차장

나중에 일반적인 강이라는 의미의 보통명사가 되었다. 오늘날에는 대개 작은 강을 가리킨다.

일반적으로 북쪽지방의 강은 '河'라는 글자를 붙였기 때문에 '漳河(장하)'·'渭河(위하)' 등의 이름을 썼고, 남쪽지방에서는 '江'을 붙여서 '湘江(상강)'·'珠江(주강)' 등으로 이름을 지어 썼다.

강가의 땅

'汀(정)'은 '강이나 호숫가의 평평한 땅'을 말한다.

'州(주)'. 강 하류의 중간에 땅이 솟아 조성된 곳을 '州'라고 한다. 물로부터 안전한 지역이라는 뜻의 이 글자는 사람들이 취락을 이루어 살았기 때문에 우리나라나 중국의 도시 이름으로 쓰이고 있다.

清州 청주
鎭州 진주
杭州 항주
蘇州 소주

'洲' 역시 '강 가운데의 육지'를 가리킨다. '州'가 도

亞洲 아주
三角洲 삼각주
美洲地域 미주지역

시명으로 쓰이게 되자 원뜻으로 쓰기 위해 '氵(수)'를
붙였다. 오늘날에는 '대륙'이라는 뜻으로 더 많이 쓰인
다.

'渚(저)'는 '강 가운데에 있는 작은 모래 섬'을 가리킨
다.

'皐(고)'는 '강변의 높은 지대'를 가리킨다. 고대 한문
에서 '東皐(동고)'란 隱士(은사)들이 농사지으면서 거처
하는 곳을 뜻한다.

生涯 생애

'涯(애)'는 '물 가장자리'라는 뜻이 나중에 '가장자리'
라는 뜻으로 쓰였다. '天涯(천애)의 고아'라고 할 경우
의 '天涯'는 '하늘 끝'·'아주 먼 곳'이라는 뜻이다.

포구
浦口

松津 송진
興味津津 흥미진진
津液 진액

'津(진)'은 중국의 항구도시 '天津(천진)'의 경우처럼
'나루터'를 말한다. 입에서 흘러나오는 '침'도 '津'이라
고 했다.

'浦(포)'는 '물가'·'강가'를 말한다. 이것이 '港口(항구)'라는 의미로 쓰였다.

浦口 포구

鄭知常(정지상)의 시구에 '送君南浦動悲歌(송군남포동비가)'라는 구절이 있는데 여기에서 '南浦(남포)'란 '사람을 떠나보내는 포구'라는 의미의 시어이다. 그러므로 이 시구는 '님 떠나는 남포에는 슬픈 노래 울린다'라는 뜻이다.

전원
田園

'田(전)'은 곡식을 심는 '밭'을 가리키는 말이다.

田畓 전답
田園 전원

'畓(답)'은 논이다.

門前玉畓 문전옥답

유사한 한자인 '沓(답)'은 '겹치고 합쳐지다'라는 뜻으로, '온정의 편지가 沓至(답지)했다'라고 할 경우에 쓰인다.

'園(원)'은 과수를 심어서 조성한 위락 장소로서의 園林(원림)을 가리킨다.

園藝 원예
公園 공원
庭園 정원

文苑 문원
秘苑 비원
囿苑 유원

황제와 귀족들이 사냥할 수 있도록 조성된 숲이나 담으로 둘러쳐 있지 않은 곳을 '苑(원)'이라고 하고, 담으로 둘러쳐진 넓은 사냥터를 '囿(유)'라고 했다. '苑'은 자연 수목으로 조성되었으며, '囿'에는 축대와 호수 등이 조성되어 천자나 제후가 올라가서 전망을 볼 수 있도록 했다.

'陌(맥)'은 밭과 밭 사이에 있는 길을 말한다. 남북으로 난 길은 '阡(천)'이라고 하고, 동서로 난 길을 '陌(맥)'이라고 했다. 일반적으로 길이라는 의미에 쓰인다.

▼ 중국의 북경의 頤和園(이화원).

'井(정)'은 우물을 가리킨다. 이 '정'자를 달리 해석하는 학자들은 이것이 우물이 아니라 밭 사이의 길을 그린 것이라고 보고, 주변의 밭과는 달리 정 중앙의 부분은 공용 밭이라고 여겼다.

井水 정수
油井 유정
市井 시정

5 윤리와 군사

윤리
倫理

'倫(륜, 윤)'은 사람과 사람 사이의 정상적인 관계와 그 질서를 말한다.

人倫 인륜
天倫 천륜

'悖倫(패륜)'이란 '어그러지다'라는 뜻의 '悖(패)'를 써서 윤리가 깨어진 것을 말한다. '倫'에는 '질서' 또는 '종류'라는 뜻이 있다.

語無倫次 어무윤차

'常(상)'은 '영원하다'·'고정적이다'라는 뜻이다.

常存 상존

이것이 禮敎(예교)에서 강조하는 규정과 질서를 뜻하기도 한다.

五常 오상
仁義禮智信
인의예지신

'恒常(항상)' 또는 '평소'라는 뜻이 있다.

'平常(평상)'은 '平素(평소)'라는 뜻이지만 '平常心(평상심)'은 '평소의 마음'이 아니다. '고요한 채 영원히 변치 않는 마음'이라는 뜻이다.

常時 상시
常識 상식
常習 상습
常綠樹 상록수

'綱(강)'은 고기를 잡는 그물에서 主(주)가 되는 끈을 말한다. 이것이 어떤 일을 하는 데 결정적인 작용을 하는 부분을 가리키게 되었다.

紀綱 기강
大綱 대강
要綱 요강

'綱領(강령)'이란 각각 '그물의 끈'과 '옷의 깃'을 가

三綱五倫 삼강오륜

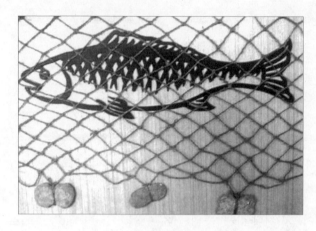

◀ 漁網(어망)과 網錘(망추).

리키는 한자로 가장 관건이 되거나 중요한 부분을 비유하는 말이다.

茶綱 차강
鹽綱 염강

　　唐宋(당송) 시기에 화물을 대량으로 운송하는 조직을 가리키기도 했다.

도덕
道德

道理 도리
道德 도덕

　　'道(도)'는 '사람이나 마차가 다니는 길'· '일정한 도덕적 또는 사상적 목표에 다다르는 길'이라는 뜻으로 쓰였다.

儒道 유도
道學 도학
權道 권도
師道 사도

　　그것이 사상이나 학술 · 방법 · 도리 등을 가리키게 되었다.

'德(덕)'은 '도덕과 수양'을 뜻하는 것으로 유가에서는 '시비와 선악을 구별하는 정신적 힘'을 가리켰다. 이것이 나중에 '品行(품행)'이라는 의미로 쓰인다.

德談 덕담
德望 덕망
德行 덕행

'恩惠(은혜)'·'恩澤(은택)'이라는 의미가 있다.

恩德 은덕
德分 덕분

'仁(인)'은 유가 철학에서 도덕의 이상적인 기준으로 삼게 되었지만 원래의 의미는 사람과 사람이 함께 사는 일종의 도리를 가리켰다.

仁術 인술
仁慈 인자

'仁'은 사람과 사람이 서로 사랑한다는 뜻이다.

仁者無敵 인자무적
殺身成仁 살신성인

'義(의)'의 초기 의미는 자신의 잘 다듬어진 용모라는 뜻이다. 이는 오늘날의 '儀(의)'와 비슷하다. '羊(양)'은 '아름답다'는 뜻이고 '我(아)'는 '自身(자신)'을 가리킨다. '自身'이라는 의미는 '正義(정의)'라는 뜻으로 바뀌었다.

고대 사상적 개념의 '義'는 '본분을 올바로 이행하다'라는 뜻이다. 부모는 부모다움, 자식은 자식다움 등 역할과 본분이 강조되었다.

見利思義 견리사의

따라서 '義'는 합리적인 일, 또는 마땅히 해야 할 일을 말한다.

義務 의무
義理 의리

'內容(내용)'이라는 뜻으로 쓰인다.

意義 의의

'실물의 代用(대용)'이라는 뜻도 있다.

義足 의족

忠心 충심	'忠(충)'은 진심으로 전력을 다하여 맡은 바 임무, 또
忠誠 충성	
盡忠報國 진충보국	는 다른 사람이 부탁한 일을 완수한다는 뜻이다. 내면

'忠(충)'은 진심으로 전력을 다하여 맡은 바 임무, 또는 다른 사람이 부탁한 일을 완수한다는 뜻이다. 내면으로부터 우러나온다는 뜻이 강하다.

忠情 충정
忠告 충고

이 글자는 원래 넓은 뜻으로 쓰였지만 나중에 하나의 윤리관념으로 전용된다. '忠'은 나라나 군주에게만 하는 것이 아니라 친구나 가족에게도 해당된다.

信念 신념
信用 신용

'信(신)'은 '소식을 전하는 사람'이라는 뜻이다. 최초의 의미는 말을 전하다는 것이었다. 거기서 '언행이 진실되고 거짓이 없다'라는 의미가 파생되었다. 그리고 이것이 '믿는다'는 뜻으로 확대되었다.

遞信廳 체신청
通信 통신

처음에는 '使者(사자)'의 의미만 있었을 뿐 '書信(서신)'이라는 의미로 쓰이지는 않았다. 오늘날에는 '편지'라는 의미로도 쓰인다.

孝道 효도
孝婦 효부
孝誠 효성

'孝(효)'는 자식이 노인을 부축하며 걷는 모양의 글자이다. 부모를 잘 섬긴다는 뜻이다. 고대에는 不孝(불효)를 법으로 다스리도록 明文化(명문화)하기도 했다.

茶禮 차례

'禮(예)'는 왼쪽에 '보일 示(시)'가 있고 오른 쪽에 '풍성 豊(풍)'이 있다. '豊'은 원래 그릇 위에 제사용 음식을 가득 올려놓은 모습의 글자이다. 제례의 예법을 의미하던 글자이다.

이 '禮'는 가정이나 사회에서 지켜야 될 모든 언행의 기준과 법도를 가리키는 것이 되었다. 오늘날의 예절이란 그 중의 일부일 뿐이다.

禮儀 예의
禮節 예절
禮貌 예모

'樂(락)'을 '악'으로 읽을 경우에는 '음악'을 뜻한다. '악'은 '禮'를 진행하는 필수 요소였다.

樂器 악기
聲樂 성악
樂師 악사

'락'으로 읽으면 '즐거움'을 의미한다.

快樂 쾌락
享樂 향락
樂園 낙원

'요'로 발음될 경우에는 '좋아하다'라는 뜻이다.

知者樂水 지자요수
仁者樂山 인자요산

붕우
朋友

'朋(붕)'은 하나의 스승 밑에서 '함께 공부하는 친구'를 가리키는 말이다. 현대의 개념으로 보면 '同門(동문)'·'同窓(동창)' 또는 '學友(학우)'와 같은 뜻이다.

朋黨 붕당
朋友 붕우

'友(우)'는 '朋(붕)'과 달리 '지향하는 목표를 동일하게 가지고 있는 사람'이라는 뜻이다. 현대 어휘의 '同志(동지)'와 같다. 단지 함께 어울려서 먹고 마시는 상대는

友邦 우방
友愛 우애
友誼 우의
朋友有信 붕우유신

'友'의 범주에 들어가지 않았다. 초기 한자를 보면 손을 두 개 겹쳐 놓은 모습으로 짝을 이루어 일을 한다는 뜻이다.

경전
經典

經緯 경위	'經(경)'은 직물을 짤 때 '세로로 엮어진 실'을 말한다. 가로로 엮어진 것을 '緯(위)'라고 한다.
經度 경도 緯度 위도	이것이 각종 다른 의미로 인용되면서 추상적인 뜻이 되었다.
經絡 경락	한의학에서 인체의 '氣穴(기혈) 및 氣(기)가 순환되는 주된 통로'를 '經'이라고 한다.
經書 경서 四書五經 사서오경	고대 중국에서 사상적으로 표본이 되는 저작물이나 문헌을 '經'이라고 했다.
道德經 도덕경 佛經 불경 聖經 성경	나중에는 모든 의미의 사상적 저작물이나 전문서적을 '經'이라고 하게 된다.

또한 '원칙'·'기준' 등을 가리킨다. 융통성의 범위를 가리키는 '權(권)'과 반대되는 말이다. 성어 '守經行權(수경행권)'이란 '원칙을 지키면서 융통성을 발휘하다'라는 뜻이다. 지나온 과정을 가리키는 말로 '經歷(경력)'·

'經過(경과)' 등이 있다.

길이를 '재다' 또는 '나누다'라는 의미가 있어서 '다 스리다'라는 뜻으로 확대되어 쓰였다.

經營 경영
經國大業 경국대업

'典(전)'은 '중요한 문헌 서적'을 일컫는다. 이것이 '예전의 典章(전장)·文物(문물)·制度(제도) 등을 기록 한 책'이라는 의미로 쓰였다.

古典 고전
經典 경전

고전에 나오는 典型化(전형화)된 어휘를 '典故(전고)' 라고 한다. '전통적인 예절이나 의식'을 가리키기도 한 다.

開國大典 개국대전
盛典 성전
祝典 축전

'법률'이나 '법규'의 의미가 있다.

法典 법전

문장이나 장식이 규범이 있고 우아한 것을 가리키는 형용사로도 쓰였다.

典雅 전아

물건을 抵當(저당) 잡히고 높은 이자로 돈을 빌린다는 의미의 '典當(전당)'이라고 하는 말은 나중에 생긴 것이 다.

典當鋪 전당포

▶ 중국의 經典(경전).

법률
法律

法悦 법열
法會 법회
說法 설법
法古 법고

'法(법)'은 '法令(법령)' · '法律(법률)'을 가리킨다. 고대에 '法'이라는 글자는 주로 '형벌에 관한 규정'을 의미했다. '制度(제도)'라는 뜻으로 쓰일 경우에는 '法度(법도)'라는 낱말이 있다. 동사로는 '본받다' 또는 '본보기'라는 뜻이 있다.

便法 편법

'方法(방법)'이라는 말은 비교적 나중에 생긴 낱말이다. '法'의 원 글자를 보면 '水(수)'와 '해치', 그리고

法廷 법정

'罪人(죄인)'의 세 부분으로 구성되어 있다. 이것을 보면 '法'은 '죄 지은 것을 척결하고 물처럼 공평하게 하다'라는 의미로 쓰인 것을 알 수 있다.

律師 율사
律令 율령

'法律'에서의 '律(율)'은 '규칙이나 법령'을 뜻한다. 특히 형법의 '法條文(법조문)'을 가리킨다.

規律 규율

이것이 일반적인 의미의 격식이나 규범이라는 뜻으로 쓰였다.

五音六律 오음육률

고대에는 '관악기의 소리 값'을 의미했다.

'六律(육률)'은 '陰(음)'과 '陽(양)'의 두 종류가 있어서 모두 '12律(율)'로 나뉘는데, 이를 12개월과 연결시

켜 계절 또는 시기의 의미로 쓰였다. 陽律(양률) 여섯 개를 '律'이라고 했고, 陰律(음률) 여섯 개를 '呂(려)'라고 했다. '律呂(율려)'란 일반적인 '음악'을 가리키는 말이다. '法律(법률)'이라고 할 경우 '法(법)'의 의미는 비교적 광범위하고 '법칙'이나 '법도' 등의 의미에 가까운 반면, '律(율)'은 범위가 작고 대부분 형법의 조문 등 구체적인 내용을 가리킨다.

漢나라 때부터 중국에는 '決事比(결사비)'라는 것이 있었는데, 이는 오늘날의 '判例(판례)' 총집과 같은 것으로 상당한 법적 효력이 있었다. 고대의 판례에 따르면 법률로부터 크고 작은 보호를 받는 특권을 가진 계층이 있었다. 不逮捕(불체포) 특권이나 재판을 받지 않을 특권을 가진 사람들은 다음의 여덟 가지 종류였다.

'親(친)' — 왕실가족, '故(고)' — 왕실의 가까운 友人(우인), '賢(현)' — 덕행이 있는 紳士(신사), '能(능)' — 특별한 재능이 있는 사람, '功(공)' — 공로가 있는 사람, '貴(귀)' — 지위가 아주 높은 관리, '勤(근)' — 특별한 공로가 있는 사람, '賓빈' — 윗대 왕조의 황실 자손. 황제는 어떤 사법적 법률로부터도 자유롭게 生死與奪權(생사여탈권)을 가지고 있었다.

형벌
刑罰

刑事犯 형사범
減刑 감형

'刑(형)'은 '육체에 가해지는 형벌'을 가리킨다.

罰金 벌금
罰則 벌칙

'罰(벌)'의 초기 의미는 가벼운 범죄에 대한 처벌을 가리켰다.

罪囚 죄수
死刑囚 사형수

'囚(수)'는 범인을 붙잡아서 拘禁(구금)하는 것을 의미하던 것이, 현재는 '죄를 짓고 收監(수감)된 사람'을 말한다.

棄却 기각
棄權 기권
遺棄 유기

'棄(기)'는 '버리다'라는 뜻이다. '棄'는 원래 갓난아이를 버리던 고대의 영아 유기 풍속에서 탄생된 글자이다.

'棄市(기시)'라고 하면 시장거리에서 처형을 해서 버림으로써 공포심을 조장해 범죄를 예방하도록 고려된 고대 형벌의 하나이다.

한나라 초기에는 다섯 가지의 잔혹한 형벌이 생겨서 오래도록 시행되었다. '墨刑(묵형)'은 얼굴에 검은색 文身(문신)을 하는 형벌이다. '劓刑(의형)'은 코를 베는 형벌이다. '刖刑(월형)'은 발꿈치를 베는 형벌이다〔'臏刑(빈형)'은 膝蓋骨(슬개골)을 잘라내는 형벌로 고대의 兵法家병법가 孫臏은 이 형벌을 받아 전차에 앉은 채 군을 지휘해야 했다〕. '宮刑(궁형)'은 남자의 생식기를 제거하는 형벌이다〔'閉刑(폐형)'은 여성의 생식기를 파괴하는 형벌이다〕. '宮刑(궁형)'은 원래 지독한 성범죄를 저지른 범인에게 시행되던 것이었지만 나중에 한대의 사마천 등의 경우처럼 죽을죄에 해당하는 형벌 대신 시행되었다. 이 다섯 가지 외에도 사형은 '絞刑(교형)'과 '陵遲(능지)'가 있는데, 교형은 목을 매어 죽이는 것이고 능지란 칼로 四肢(사지)와 온몸을 난자하여 서서히 죽게 하는 형벌이다. 중국역사상 독특한 형벌 제도는 '族刑(족형)'이다. 이는 진시황 때부터 시행된 것으로 한 사람이 범법을 하면 전 가족을 남녀노소 구분 없이 사형에 처했다. 이를 '緣坐(연좌)'라고 한다.

緣坐制 연좌제

'坐(좌)'는 옛날에 무릎을 꿇고 앉은 모습을

그린 것이다. 죄 또는 어떤 잘못에 대한 連累(연루)를 뜻해서 '連坐(연좌)'라는 말이 생겼다. '緣坐'는 친인척까지 처벌하는 고대의 형벌 방식이고 '連坐'는 관련·연루되어 처벌받는 것을 일컫는다. 고대 한문에서는 '~때문에'라는 뜻으로도 쓰인다. 明淸(명청) 시기에는 왕조를 멸망시키려고 도모하는 소위 모반 행위나 황제나 황실의 권위에 도전하는 소위 '大逆(대역)' 등 중죄의 경우 피고를 사형에 처하는 것 외에도 '祖父(조부)'부터 손자나 조카·하인에 이르기까지 15세 이상의 남자는 모두 목을 베어 죽였다. 15세 이하의 남자나, 남은 모든 여성은 다른 귀족의 노예로 팔려 갔다.

口誅筆伐 구주필벌
誅殺 주살
苛斂誅求 가렴주구

'誅(주)'는 '견책하다'라는 뜻이 있다.

'살육' 또는 '죽이다'라는 뜻이 확대되어 '제거하다'라는 말로 쓰인다.

殺戮 살육
屠戮 도륙

'戮(륙, 육)'은 '죽이다'·'처결하다'·'사형에 처하다'라는 뜻이다.

屠殺 도살
屠畜場 도축장

'屠(도)'는 가축을 '죽이다'라는 뜻이다. 이것이 '잔혹하게 죽이다'라는 뜻으로 쓰였다.

폄적
貶謫

'貶(폄)'은 '줄이다'·'깎아 내리다'라는 뜻이다. '낮게 평가하다'라는 뜻으로 '貶下(폄하)'가 있다.

고대에는 징벌의 한 형식으로 직급을 낮추고 외지로 보내는 '귀양'을 '貶謫(폄적)'이라고 했다.

褒貶 포폄

'謫(적)'은 '잘못을 지적하다' 즉 '譴責(견책)하다'라는 뜻이다. 이것 역시 직급을 낮추어 외지로 귀양을 보낸다는 의미로 쓰였다.

謫所 적소

唐代(당대)의 賀知章(하지장)은 당시의 대시인 李太白(이태백)의 시를 읽고 그를 '謫仙(적선)'이라고 했다.

◀ 李太白(이태백).

군사
軍事

徵集 징집
徵收 징수
徵稅 징세
徵發 징발

'徵(징)'은 '부르다'라는 뜻이다. 군주가 신하를 부를 때 '徵'이라 했고 '불러모으다' · '요구하다' · '받아들이다'라는 뜻으로 변했다. '徵兵(징병)'이 그 경우이다.

徵兆 징조
徵驗 징험

'증명' 또는 '검증'이라는 뜻도 있어서 '조짐'의 의미로 확대되었다.

軍隊 군대
軍備 군비
軍需 군수
從軍 종군

'軍(군)'의 윗부분은 '창고'의 형상이다. 아랫부분인 '車(거)'는 '전투용 마차'이다. '軍'의 원뜻은 이처럼 군의 병기를 모아 둔 '軍營(군영)'을 가리킨다.

周代의 '軍'은 다섯 사람을 '伍(오)', 5伍를 '兩(량)', 4兩을 '卒(졸)', 5卒을 '旅(려)', 5旅를 '師(사)', 5師를 '軍(군)'이라고 했다. 천자는 9軍을 보유했고 大國은 3軍, 中國은 2軍, 小國은 1軍을 보유할 수 있었다. 戰國(전국) 시기에서부터 시행된 징병제는 군대에서의 지위를 출신 성분이 아닌 전쟁의 공로로 계급을 부여했다. 당시의 징병 대상은 15세에서 60세까지였다. 魏晉(위진)시기에는 '府兵制(부병제)'를 실시하여 평시에는 농사를 짓도록 하고 전시에는 전쟁에 동원 되도록 했다. 唐代(당대) 이후 '募兵制(모병제)'가 실시된다.

'旗(기)'는 군대의 각종 표지로 이용되었다.

旗幟 기치
反旗 반기

'旅(여)'는 500명을 한 단위로 하는 군대 조직이다. 출정을 자율적으로 하는 군대를 가리킨다.

旅團 여단

'다니다'는 의미의 '行(행)'과 같이 쓰여서 '行旅(행려)'라고 할 경우에는 '여행을 하는 사람'이라는 뜻이다. 이것이 '잠시 묵다'라는 뜻으로도 쓰였다.

旅館 여관
旅人宿 여인숙

'將(장)'은 일반적으로 군대를 이끄는 행위 또는 그 책임자를 말한다.

將軍 장군

부사로 쓰일 경우에는 '앞으로'라는 뜻이 있다.

將次 장차
將來 장래

'帥(수)'는 '師(사)'와 비슷하지만 군대를 통솔하는 사람을 말한다.

將帥 장수
元帥 원수

'克(극)'은 '전쟁에서 승리하다'는 뜻이다. '克己(극

克己復禮 극기복례

기'는 '자신의 私利私慾(사리사욕)을 극복했다'라는 의미이다.

'兵(병)'은 '武器(무기)'를 가리키는 글자이다.

나중에 무기를 가지고 있는 사람, 즉 '병사'나 '군대'를 의미하게 된다.

'什(십)'은 군대에서 10명의 군대를 한 단위로 하는 숫자이다. '什長(십장)'이라고 하는 것은 10명을 한 단위로 하는 조직의 우두머리나 공사판의 책임자를 말한다. '집'으로도 발음이 되는데, '什器(집기)'라고 할 경우에는 가정이나 일터에서 일상적으로 쓰는 물건을 말한다.

'甲(갑)'은 고대 군인들이 입는 전투복이다.

동물의 몸을 보호하는 껍질도 '甲'이라고 했다.

'甲'은 '天干(천간)'의 첫번째 글자이기 때문에 영어에서의 A, B, C처럼 오늘날 'A형', 'B형 독감' 등을 말할 때 중국인들은 '甲型'·'乙型'으로 말한다.

'介(개)'는 원래 국경선을 말하던 것이 '중간'이라는 뜻으로 쓰이게 된다. '一介書生(일개서생)'이라고 쓰일 때처럼 양사의 의미도 있다.

仲介 중개
媒介 매개
紹介 소개

'卒(졸)'은 '步兵(보병)'을 가리키는 글자이다.

'卒'은 '終結(종결)'의 의미도 있다.

고대 한문에서 '兵(병)'과 '卒(졸)'은 커다란 차이가 있는데 '卒'은 전투에 임하는 병사를 가리킨 반면 '兵'은 날을 세워서 사용하는 창·칼 등의 무기를 의미했다. '兵士(병사)'라고 할 때의 '士' 역시 '卒'과 다른데 '士'는 行軍(행군)에서 戰車(전차)를 타고 움직이고 '卒'은 도보로 움직이는 군인을 말한다.

卒兵 졸병
將卒 장졸
卒業 졸업

士氣 사기
士兵 사병

'士'는 결혼하지 않은 남자를 가리키며 '女'와 반대되는 말이다. 고대에는 신분을 天子(천자)·諸侯(제후)·大夫(대부)·士(사)·庶民(서민)의 다섯 계층으로 나누었는데 '士'는 네 가지 통치계층 중에서 가장 낮은 위치이다. 이것이 확대되어 '勇士(용사)'·'壯士(장사)'라는 말로 쓰였다. '학문을 하는 사람'이라는 뜻으로도 쓰여서 '文士(문사)'라는 말이 있는데 이는 '武士(무사)'의 반의어로서 '지식인'을 지칭하는 것으로, '兵士'에서 '士'의 의미와는 다르다. 儒家(유가)에서는 '도덕적으로 인격이 고매한 사람'을 '士'라고 했다.

士林 사림
士禍 사화
演士 연사

乘車 승차
乘務員 승무원
搭乘 탑승
合乘 합승
乘勢 승세
乘勝長驅 승승장구

'乘(승)'은 마차 등의 수레나 또는 그것을 타는 것을 뜻한다.

나중에 '의지하다'·'틈타다'라는 의미로 확대된다.

師團 사단

'師(사)'는 원래 군사 용어로서 2,500명을 한 단위로 하는 군대 조직을 말한다.

師母 사모
恩師 은사

지식과 기술을 전수해 주는 사람으로서 '스승'의 의미로 쓰일 때에는 '敎師(교사)'·'師傅(사부)' 등이 있다.

衛戍司令部
위수사령부

'戍(수)'는 군대에서 '방비하는 일'을 가리킨다.

전쟁 戰爭

戰鬪 전투
戰勝 전승
戰死者 전사자
對戰表 대전표
肉搏戰 육박전

'戰(전)'은 오른쪽에 창을 의미하는 '戈(과)'가 있다. 왼쪽은 '讀音(독음)'으로 쓰이기도 하지만 두 개의 돌을 나뭇가지에 묶어서 사냥할 때 던지는 수렵 도구의 형상이다. 이것이 전쟁이라는 의미의 '戰'으로 쓰였다.

戰戰兢兢 전전긍긍
戰慄 전율

두려움을 느낀다는 뜻으로도 파생되었다.

'爭(쟁)'의 윗부분은 날짐승의 '발톱'을 가리키는 '爪 (조)'이다. 아랫부분은 그 발톱으로 중간의 물건을 가지 고 서로 다투는 모양의 글자이다. 즉 '爭'은 어떤 물건 을 빼앗기 위하여 남과 다투는 것을 말한다.

정의를 위하여 辯論(변론)을 하거나 다른 사람의 잘못 을 바로잡는 것도 '爭'이라고 하는데 '爭議(쟁의)'가 이 경우이다.

爭奪 쟁탈
鬪爭 투쟁

'侵(침)'. 고대의 '전쟁'은 북과 징을 울리며 신호를 보내야 하는데, '侵'은 북과 징 없이 공격하는 것을 말 한다.

侵略 침략
侵犯 침범
侵害 침해

'攻(공)'은 '進攻(진공)'·'攻擊(공 격)'이라는 뜻이다. 이것이 어떠한 일 을 진행한다는 뜻으로 쓰이면서 학 문 또는 기술을 익힌다는 의미로 쓰인다.

專攻 전공

'襲(습)'은 아랫부분에 '옷 衣 (의)'자가 있는 것으로 알 수 있듯이 원래 아래위 옷 한 벌을 가리키는 말이 다. 옷의 양사로 우

옷 1襲

▶ 春秋(춘추) 시기 의 銅戈(동과).

리나라에서 쓰이고 있다.

世襲 세습   '중첩'이라는 의미도 있다.

侵襲 침습
襲擊 습격
空襲 공습
奇襲 기습
이 '襲'은 나중에 상대방이 미처 준비하기도 전에 공
격해 들어가는 것으로 의미가 전용된다.

'侵'과 '襲'은 둘 다 공격하는 것이지만 모두 '비공식
적인 공격'이다. '侵'이 선전포고 없이 공격하는 것이라
면, '襲'은 완전히 비밀리에 공격해 들어가는 것이다.

이와는 달리 '伐(벌)'은 정식으로 벌이는 전쟁이다.
'伐'의 경우에는 반드시 적국을 공격하는 이유를 세상
에 밝혀 먼저 '聲討(성토)'하고 징과 북을 신호로 하며

伐木 벌목   전쟁을 벌인다. '伐'의 원뜻은 '자른다'는 뜻이다.

討伐 토벌   이것이 '征伐(정벌하다)'라는 뜻으로 쓰였다.

遠征 원정
征服 정복
'征伐(정벌)'은 '멀리 가서 공격하다'는 뜻이다.

'정벌'에서 '征'

은 '천자가 제

후를 공격하

▶ 商代(상대)의 戰車(전차).

는 것', 또는 '정당한 위치에 있는 세력이 부당한 일을 하는 세력을 공격하는 것'이다.

그러나 '伐'은 제후와 제후 간의 싸움 등을 가리키며 정당함과 부당함을 구별할 수 없는 상황을 가리킨다. 그럼에도 공격하는 측에서는 반드시 정당한 이유를 내세우고 북과 종을 치면서 공격을 하기 때문에 '伐'이라고 한다. 만약 이유 없이 비공개로 공격하면 '侵(침)'이나 '襲(습)'이라고 했다.

'擊(격)'은 손으로 가격하는 행위를 말한다. 원래 북을 치는 동작에서 만들어진 글자인데 '공격'이라는 의미로 확대된다.

狙擊 저격
衝擊 충격
格鬪 격투

'却(각)'은 '물러서다' 또는 '물러서게 하다'는 뜻이다. 어떤

退却 퇴각
却下 각하

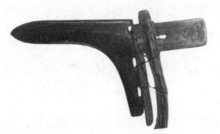

◀ 西周(서주) 시기의 戟(극).

것을 받지 않고 '물리치다'라는 의미로도 쓰인다.

引力 인력
引上 인상
引出 인출

'引(인)'과 '却(각)'은 비슷하면서도 다른데 '引'은 뒤로 물러서는 자세를 말하고 '却'은 뒤로 물러가는 행위를 말한다. '引'의 원뜻은 '활시위를 잡아당기다'라는 의미이다.

取扱 취급
取得 취득
取消 취소
奪取 탈취
娶妻 취처

'取(취)'에는 왼쪽에 귀를 뜻하는 '耳(이)', 오른쪽에는 손을 뜻하는 '又(우)'가 붙어 있다. 이는 고대 병사들이 전쟁을 한 뒤에 포로의 귀를 잘라서 전공의 증거로 삼은 데서 유래된 글자이다. 이것이 '갖다'라는 의미로 쓰였다. 밑에 '女(여)'가 붙으면 전쟁 포로 중에서 아내를 '娶(취)'한다는 의미로 쓰였다.

負傷 부상
損傷 손상
哀傷 애상

'傷(상)'은 전투 중에 칼이나 창 등의 무기에 의해서 상처를 입는다는 뜻이었는데, 심리적인 것까지 좀더 광범위하게 쓰인다.

矜持 긍지
自矜心 자긍심

'矜(긍)'은 원래 창의 손잡이 부분을 일컫는 말이었지만 나중에 '스스로를 자랑한다'는 뜻으로 쓰인다.

矜恤 긍휼

'불쌍히 여기다'·'동정하다'의 의미도 있다.

'武(무)'는 초기에 '발자국'을 가리키기도 했는데, '文

(문)'과 반대되는 뜻으로 전쟁을 전제로 한 일을 가리킨
다.

武器	무기
武士	무사
武裝	무장
武力	무력

'守(수)'는 '防備(방비)' · '保衛(보위)' 등 '지키다'라
는 뜻이다. 명사로 쓰일 경우, 관직 · 직무를 말할 때에
는 군 단위의 수장을 의미한다.

守備	수비
郡守	군수
太守	태수

'破(파)'는 '타파하다' · '깨뜨리다'라는 뜻이다.
擊破(격파) · 攻破(공파) 등에서처럼 '상대방을 이기
다'는 뜻으로 쓰이기도 한다.

破壞	파괴
破格	파격
破損	파손

'虜(로)'는 '전쟁에서 잡힌 사람이나
노예 또는 적'을 가리켰다. 북방 민족을
낮추어 부르는 말로 胡虜(호로)가 있다.

虜獲	노획
捕虜	포로

'戎(융)'은 '武器(무기)' · '兵器(병기)'를
가리킨다. '兵器'는 원래 '五戎(오융)'이
라고 해서 弓(궁) · 殳(고) · 矛(모) · 戈
(과) · 戟(극)이 있다. 이 '戎(융)'이 '무기

戎馬	융마

◀ 戰國(전국) 시기의 銅矛(동모). 刀(도) · 劍(검) ·
矛(모) · 戟(극) · 矢(시)는 옛사람들이 '五兵(오
병)'이라고 불렀다.

를 사용하는 사람' 즉 '병사'를 가리키고 나중에 '군
사·군대·전쟁' 등의 의미로 확대된다.

戒嚴 계엄
戒律 계율
訓戒 훈계

'戒(계)'는 '경계하다'·'방비하다' 라는 뜻이다.
남에게 조심하도록 당부하는 것도 '戒'라고 한다.
'齋戒(재계)'라고 하는 것은 『禮記』에 나오는 말로,
제사를 지내기 7일 전부터 옷은 물론 마음과 몸을 정결
하고 敬虔(경건)하게 하는 것을 말한다.

干戈 간과

'干(간)'은 '방패'를 가리킨다.
'干戈(간과)'는 보통 방패와 창을 말하는 의미에서 군
사적인 일 전반을 가리키게 되었다. 그 외에도 '干'에는
'범하다'·'추구하다'라는 뜻이 있다.
'天干(천간)'이라고 할 경우 '甲(갑)·乙(을)·丙(병)·
丁(정)……' 등의 순서를 나타내는 한자를 가리킨다. 不
特定(불특정) 수량을 나타낼 때 '若干(약간)'이라고 쓴다.
'若干'은 '어느 정도'라는 뜻이며 '여간이 아니다'라는
우리말의 '如干(여간)'과 같은 뜻이다.

활과 살
弓 矢

'弓(궁)'은 활이다.

'矢(시)'는 화살을 가리킨다. 성어 '無的放矢(무적방시)'란 '과녁도 없이 활을 쏜다'는 뜻이다. '화살'을 다른 한자로는 '箭(전)'이라고 한다. '嚆矢(효시)'란 전투발발 시 공중에 쏘아 올리는 신호용 화살이다. 앞부분에 공기의 저항을 받으면 '號角(호각)'소리가 나는 기관이 장착되어 있기 때문에 날아가면서 날카로운 소리를 낸다. '어떤 일의 출발점'을 상징하게 되었다.

洋弓 양궁
弓術 궁술

'張(장)'은 '활시위를 힘있게 잡아당기다'는 뜻으로 '弛'와 반대되는 의미의 한자이다.

緊張 긴장

◀ 竹弓(죽궁) : 先秦(선진) 시기 공격용 수레 위에 세 명의 甲士(갑사)가 타고 있다. 그 중 활을 가지고 쏘는 사람이 甲首(갑수)이다.

擴張 확장　'펼치다' 또
伸張 신장　는 '확대하다'
라는 뜻으로
쓰이기도 한
다. 양사로는
종이 등을 세
는 단위가 있
다.

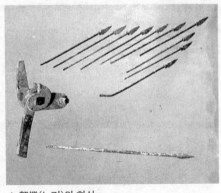

▲ 弩機(노기)와 화살.

弛緩 이완　'弛(이)'는 '활시위를 느슨하게 하다'는 뜻이다. 추상
解弛 해이　적인 의미로 확대되었다.

出發 출발　'發(발)'은 '화살을 쏘다'는 의미에서 '보내다'·'파견
發進 발진　하다'라는 의미로 변한다. '早發夕至(조발석지)'는 '아
침에 출발해서 저녁때 다다른다'는 성어이다.

發生 발생　'發'은 '일어나다' 또는 '드러내다'라는 의미로도 쓰
發覺 발각　인다.
　　　　　'열다'라는 의미로는 '開發(개발)·發達(발달)'이 있
다. 추상적인 의미로는 '啓發(계발)'이라고도 쓰인다.

射擊 사격　'射(사)'는 활로 '쏘다'는 뜻이다. '사냥'이라는 말 역
發射 발사　시 한자어에서 우리말로 전이된 것이다.

'引(인)'은 활시위를 잡아당기는 동작을 말한다. 이것이 '잡아끌다'라는 의미로 쓰이게 되고 '멀리까지 늘인다'는 뜻이 되었다.

引用 인용
引導 인도
索引 색인
牽引 견인
割引 할인

'彈(탄)'은 '활을 쏘다'라는 뜻이다. '탄알'이라는 명사로도 쓰인다.

砲彈 포탄
銃彈 총탄
彈藥 탄약
爆彈 폭탄

또한 손가락으로 가볍게 '치는 것'을 뜻하기도 한다.

指彈 지탄
彈琴臺 탄금대

'비난'이라는 의미로 쓰인다.

彈劾 탄핵

'弓(궁)'이 붙어 있는 '强(강)'은 '강력한 활'을 가리킨다. '심히' 또는 '강성하다'는 뜻으로, '弱(약)'의 반대말이다. 이것이 '전력을 다한다'는 뜻의 '頑强(완강)', '억지로 한다'는 뜻의 '强迫(강박)' 등으로 쓰인다.

强弱 강약
强健 강건
强靭 강인
牽强附會 견강부회

6 생활과 도구

옷
衣

'衣(의)'. 이 한자는 일반적인 옷인 '衣服(의복)'을 가리키지만 '衣裳(의상)'이라고 할 때의 '衣'는 윗옷, '裳(상)'은 아래옷을 가리킨다. 동사로 쓰일 경우에는 '입다'라는 뜻도 있다.

衣類 의류
衣食住 의식주

唐代(당대)에는 여성들이 치마를 겨드랑이까지 올려서 묶었는데 이는 가슴을 가리기 위한 것이다. 상반신에는 내의를 입지 않고 '羅(라)'와 '絲(사)'를 걸쳤다. 이는 모두 반투명의 아주 얇은 비단을 가리킨다. 당대 여성의 복장은 상당히 대담한 노출형이었다. 고대 중국인들은 상의의 옷깃을 오른쪽 겨드랑이 쪽에서 묶었는데 이를 右衽(우임)이라고 했다.

'裳'은 '下衣(하의)'의 통칭이다. 그러므로 이 한자는 치마를 포함해서 다양한 형태의 하의를 가리킨다. 고대의 남자들이 입는 아래옷 역시 '裳'이라고 했다.

紅裳 홍상

오늘날에는 '裙(군)'이 치마이다.

褐巾 갈건　'褐(갈)'은 굵은 실로 짠 거친 옷이다. 나중에 하층민
褐色 갈색
이나 가난한 사람들이 입는 옷을 통칭하게 되었다. 색
깔의 하나로도 쓰인다.

韓服 한복　'服(복)'은 정치상의 업무를 가리키는 말이었다. 이것
服飾 복식
服裝 복장　이 '종사한다'는 뜻으로 쓰이면서 '服役(복역)'· '服務
着服 착복
(복무)'가 되었다. '좇아 따르다'라는 의미의 '服從(복

종)'도 이런 뜻에서 파생되었다. '服'은 '衣服(의복)'으로

도 쓰이며 '입다'라는 의미의 동사로 쓰이기도 한다.

　약을 먹는 것을 '服'이라고 하는데 '服用(복용)'이 그

예이다.

裁縫 재봉　'裁(재)'는 옷을 '마름질하다'· '裁斷(재단)하다'라는
制裁 제재
決裁 결재　뜻에서 자르는 모든 행위 또는 경감시키는 행위를 말한
裁量 재량
다.

　'판결'이라는 뜻이 쓰인 경우로는 '裁判(재판)'이라는

어휘가 있다.

天衣無縫 천의무봉　'재봉틀'의 '縫(봉)'은 '꿰매다'라는 뜻이다.

실·천·옷감

'絲(사)'는 '누에고치의 실'을 가리킨다.

蠶絲 잠사

나중에는 실처럼 생긴 것을 모두 '絲'라고 했다.

鐵絲 철사
網絲 망사

'弦(현)으로 된 악기' 역시 '絲'라고 한다.

絲竹 사죽

'실'을 뜻하는 '糸(사)'가 들어간 한자는 대부분 옷감과 관련이 있다. 현대에는 '양복점'을 '羅紗(라사)'라고도 하는데, '羅紗'란 포르투갈어 'raxa'의 음역으로 두꺼운 모직물을 말한다. 원래 '羅(라)'는 가볍고 얇은 천

亢羅 항라
羅列 나열
森羅 삼라

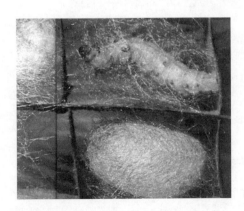

◀ 누에와 고치.

을 가리킨다. 그물처럼 經線(경선)과 緯線(위선)으로 엮어졌으면서도 그물보다 훨씬 곱게 짜여져 여름 옷감으로 쓰였다. '羅'의 윗부분에는 그물을 의미하는 '罒'(망)'이, 아랫부분에는 새를 가리키는 '隹(추)'가 붙었다. 새가 그물에 걸린 것을 표시한 글자이다. '網羅(망라)하다'의 '網羅'란 '그물을 펼치다'라는 뜻이 '모든 것을 포함하다'라는 의미로 쓰였다.

'綺(기)'는 염색을 하지 않고 꽃무늬가 화려한 천을 가리킨다. '비단처럼 펼쳐진 별'을 綺羅星(기라성)이라고 한다.

綾羅 능라   보기에 얼음처럼 희고 투명해 보이는 천은 '綾(릉, 능)'이라고 한다.

緋緞 비단
綢緞 주단   촉감이 매끄럽고 두툼한 천은 '緞(단)'이다.

索道 삭도
索莫 삭막
索引 색인
探索 탐색   '索(삭)'은 원래 '굵은 밧줄'을 가리킨다. '쓸쓸하다'라는 뜻도 있다. 이것을 '색'으로 읽으면 '찾다'라는 뜻으로 변한다.

'蜀(촉)'은 중국 泗川省(사천성) 成都(성도) 지방을 가리킨다. 잠사농업이 발달되었기 때문에 글자가 '罒'〔網

(망)」'과 '虫〔蟲(충)〕'으로 구성되었다.

'紀(기)'는 '실의 끄트머리' 또는 그 '가닥'을 말한다.
이것이 '법도'·'기율'·'원칙'이라는 뜻으로 쓰였다.
　고대에는 12년을 한 단위로 하여 '紀'라고 했다. '記
(기)'와 '紀(기)'는 '기록하다'라는 의미에서 유사하지만
『五帝本紀(오제본기)』「漢紀(한기)」 등에서는 '紀'를 쓰
고, 『史記(사기)』 등에서는 '記'를 쓴다. '記'는 문체의
일종으로 '日記(일기)'·'遊記(유기)'가 있다.

紀念 기념
西紀 서기
檀紀 단기
紀綱 기강
世紀 세기

'繁(번)'은 종류나 형태가 '다양하고 많다'라는 뜻이
다. 반대의 의미로는 '簡略(간략)'이 있다. 호화스러운
것을 의미하기도 한다.
　'繁'과 '蕃'은 비슷한 뜻이다. 따라서 '蕃盛(번성)'은
'繁盛(번성)'으로 써도 되고, '繁殖(번식)'은 '蕃殖(번
식)'으로 써도 된다.

繁多 번다
繁華 번화
繁榮 번영

'緣(연)'은 옷의 가장자리, 즉 레이스를 말한다. 현대
중국어로는 '花邊(화변)'이다. 이것이 '가장자리' 또는
'가장자리를 따라서'라는 의미로 쓰였다. '따라서'라는
의미로 쓰이던 것은 '까닭'이라는 의미로도 확대되었
다. '緣分(연분)'이라는 뜻도 있다.

緣故 연고
緣由 연유
因緣 인연
事緣 사연

▲ 練絲(연사): 누에고치를 삶은 뒤 실을 뽑는 작업을 하고 있다.

染織 염직
捺染 날염

織物(직물)은 염색을 하기 전에 '練(련)'이라는 과정을 거치게 된다. '練'은 천을 삶았다가 말리고 다시 담갔다가 말리는 등 부드럽고 희게 만드는 과정이다. 그런 다음에 染色(염색)을 하게 된다.

練兵 연병
熟練 숙련
訓練 훈련

'練(련, 연)'은 비단실 명주〔絹(견)〕를 물에 넣어 부드럽게 해 삶은 것〔熟絹(숙견)〕을 말한다. 이것이 나중에 '익숙하게 만들다'라는 뜻으로 쓰였다.

帛書 백서
幣帛 폐백

練絲(연사)로 된 絲織物(사직물)을 '帛(백)'이라고 했고, '麻(마)'로 된 마직물을 '布(포)'라고 했다.

'帛(백)'은 귀족들이 입던 비단 옷감을 총칭한다.

서민들은 단지 '麻'로 된 옷인 '布衣(포의)'만 입을 수 있을 뿐, 비단 실로 된 직물은 입지 못했다. 따라서 '布衣'는 서민 또는 평범한 문인을 가리키는 말이 되었다.

布木 포목
毛布 모포

'錦(금)'. 다양한 색깔의 실로 화려한 문양을 넣어서 짜낸 비단을 '錦'이라고 한다.

錦繡江山 금수강산
錦衣還鄕 금의환향

'紡織(방직)'에서 '紡(방)'은 실을 만든다는 뜻이고 '織(직)'은 실로 천을 만든다는 뜻이다. '紡績(방적)'이란 실을 뽑는 작업을 가리킨다.

綿紡 면방
織女 직녀
織物 직물

'繪(회)'는 실을 의미하는 '糸(사)'가 붙은 것으로 알 수 있듯이 원래는 오늘날 개념의 '繡(수)'와 같은 뜻의 글자이다. 바느질로 천에 그림이나 각종 문양의 '수'를 놓은 것을 '繪'라고 했다. 이것이 나중에 '그림'이라는 의미로 확대된다.

繪畵 회화

'繡(수)'의 원뜻은 다양한 색채와 도안이 있는 옷감을 모아 잇는다는 뜻이다. 이것이 '수를 놓는다'는 의미로 쓰였다.

刺繡 자수
十字繡 십자수

앞서 말한 것처럼 '布(포)'는 '麻織物(마직물)'이다.

分布 분포

▶ 花機圖. 옷감을
짜는 織機(직기)의
구조가 세밀하다.

▶▲ 錦. 新疆(신강) 출토. 한대의 것으로 '延年
益壽라는 장수 축원의 문자가 새겨져 있다.

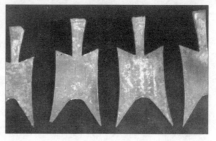

▶ 布. 商代(상대) 후기와 西周(서주) 시기에 철
제 공구는 일반 물품과 等價物(등가물)이 되었
다. 春秋(춘추) 시기에 이르자 그것을 화폐로 전
화시킨 것이 바로 그림과 같은 '空首布(공수
포)'이다. 靑銅(청동)의 공구 형태를 유지하고
있었지만 이미 사용되는 공구는 아니다.

宣布 선포 公布 공포	秦(진)나라 이전에는 화폐 대용으로 쓰인 돈을 '布'라고 도 했다. '布'에는 '진열하다' 또는 '펼치다'라는 의미 가 있다.
綜合 종합	'綜(종)'은 옷감에서 經(경: 세로 방향의 실)과 緯(위: 가 로 방향의 실)가 만나서 매듭이 지어지는 부분을 가리킨 다. 이것이 '총체적인 부분'이라는 뜻으로 쓰였다.
編纂 편찬	'纂(찬)'은 빨간색의 천으로 된 띠를 말한다. '모으

다' 또는 '편집하다'라는 뜻이 있다.

'纖(섬)'은 '가늘다'라는 뜻이다. 가늘고 길며 아름답
다는 의미로 쓰인다.

纖細 섬세
纖纖玉手 섬섬옥수

'維(유)'는 물건을 붙잡아 매는 '굵은 실'을 가리킨다.
이것이 '묶다'·'잡아매다'라는 뜻으로 쓰였다.

維持 유지

고대 한문에서는 '維歲次(유세차)'로 시작하는 글처럼
문장의 첫머리나 중간에 넣는 조사로도 썼다. 이 경우
의 '維'는 '惟(유)'·'唯(유)' 등과 통용된다.

'縷(루)'는 麻(마)로 된 실이다. '藍縷(남루)'란 의복이
해지고 낡은 것을 말한다. '襤褸(남루)'로도 쓴다.

'約(약)'은 왼쪽에 실을 의미하는 '糸(사)'가 있는 것
으로 알 수 있듯이 '끈으로 묶는다'라는 뜻이다. 이것이
'約束(약속)'이라는 의미로 확대되었다. 그리고 '盟約
(맹약)'이나 '規約(규약)' 등에서 쓰이던 의미가 파생되
어 '承諾(승낙)' 또는 '信用(신용)'이라는 의미로도 쓰
인다. '신용'이 나중에는 '검소하다'는 뜻으로 되었다.

儉約 검약
節約 절약

'製(제)'는 옷감을 잘라서 '옷을 만들다'라는 뜻이 나
중에는 일반적인 기물을 만드는 것을 총칭하게 되었다.

製造 제조

制度 제도
法制 법제
制服 제복

製鐵 제철

'制(제)'와 '製(제)'는 원래 같은 뜻이었지만, '制'는 대부분 추상적인 의미에 쓰이고, '製'는 비교적 구체적인 사물을 만드는 데에 쓰인다.

繫留 계류
連繫 연계
關係 관계
系譜 계보
系列 계열
系統 계통

'繫(계)'는 '걸다'라는 뜻의 '掛(괘)'와 같은 뜻이다. '매다'·'묶다'라는 뜻으로도 쓰인다. '系(계)'·'係(계)'·'繫(계)'는 다 같은 뜻이지만 '係'는 명사로 쓰인다. 조상의 계통을 적은 '世系(세계)' 등은 다른 것과 혼용하지 않는다.

懸隔 현격
懸賞 현상
懸板 현판
縣令 현령
郡縣制 군현제

'縣(현)'은 '매어 달다'라는 뜻이다. 이 뜻으로는 나중에 '懸(현)'으로 쓰였다. '縣'은 대개 행정 단위의 하나로 쓰였다.

結社 결사
結果 결과
結局 결국
結核 결핵
結緣 결연

'結(결)'은 '끈으로 매듭을 짓다'라는 뜻이다. 이것이 '결론을 내다'라는 뜻으로 확대되었다. '맺히다'·'결합' 또는 '사귀다'라는 뜻으로도 쓰인다.

絶壁 절벽
斷絶 단절
隔絶 격절
絶頂 절정
絶色 절색
絶唱 절창

'絶(절)'은 밧줄이나 끈 등이 '끊어지다'의 뜻으로 말하던 것이 일반적인 의미의 '끊어짐' 또는 '정지'를 뜻하게 되었다. 극한에 다다른 것을 말하기도 한다.

連累 연루

'累(루, 누)'는 사람을 묶는 '굵은 밧줄'을 가리킨다.

이것이 '묶다'라는 뜻으로 쓰였다.

그 외에 '모아 쌓다'라는 '堆積(퇴적)'의 뜻이 있다. 累積 누적
'누를 끼치다'라고 할 때처럼 연루가 되어 손해를 입게 累卵之危 누란지위
되는 것도 '累(누)'라고 한다.

수건
手巾

'巾(건)'은 수건 같은 천이 걸려 있는 모양의 글자이
다. '巾'이 있는 글자 역시 '布(포)'·'帛(백)'처럼 '천'
과 관련이 있다.

'帷(유)'는 사방을 둘러싼 휘장을 가리킨다. '帷(유)'· 帳幕 장막
'幕(막)'·'帳(장)'에서 사방을 둘러친 천막을 '帷(유)'라
고 한다면, 천막으로 지붕 형태까지 갖춘 것을 '幕'이라
고 한다. '帳'과 '幕'은 동의어이다. 그러나 주로 침대를
둘러싸고 있는 커튼을 '帳'이라고 부르면서부터 일반적
인 천막과 구별이 되었다. '帳'은 금전의 출입을 기록하 帳簿 장부
는 책자를 의미하기도 했다.

천의 너비를 가리키던 '幅(폭)'은 모든 사물의 '너비' 步幅 보폭

라는 의미로 쓰였다.

화장
化粧

粉末 분말
粉食 분식

'粉(분)'은 얼굴에 바르는 化粧品(화장품)을 가리킨다. '粉'의 원뜻은 '쌀가루'이다.

漢(한)나라 때의 화장법은 동물의 기름에 쌀가루를 섞어서 얼굴에 바르는 방식이었다. 때로는 빨간색의 顔料(안료)를 '粉'에 섞기도 했는데 이를 '臙脂(연지)'라고 했다.

'黛(대)'는 보기 싫게 자란 눈썹을 뽑고 검은색의 광물질 안료로 눈썹을 그려 넣는 것을 말한다. 이 글자의 윗부분은 '대체한다'는 뜻이며 아랫부분은 '검다'는 뜻이다.

'粧(장)'은 '화장하다'라는 뜻이다. 고대 화장의 기본은 얼굴에 분을 바르

는 것, 머리를 윤기 나게 하는 것, 눈썹을 그리는 것의
세 가지이다. '粧(장)'은 '妝(장)'으로도 쓰이는데 역시
'米(미)'자를 붙이고 있다. 부녀자들이 지분 등으로 용
모를 다듬는다는 뜻이다. 나중에는 여성들이 화장하는
데 쓰는 모든 사물에 '장'을 붙였다.

丹粧 단장
美粧 미장
治粧 치장

漢나라 때의 여성들은 볼에 빨간색의 점
을 찍었는데 이를 '的(적)'이라고 했다. 이는 자
신이 생리중임을 표시한 것이다. 궁정에서 여성
을 관장하는 여성 관리들은 '的'이 있는 여성을
잠자리 대기 명단에서 잠시 제외했다. 晉(진)나
라 이후 이러한 풍습은 단순한 화장의 유행으로
전해지게 된다.

東漢(동한) 시기에 유행했던 '啼粧(제장)'이
나, 唐代(당대)의 '淚粧(누장)'은 여성들이 눈 밑
의 粉(분)을 지우는 방법으로, 마치 눈물을 흘린
것 같은 연출을 하여 연민의 정을 불러일으키게
하던 화장술이다. '梅粧(매장)'은 이마에 매화꽃
잎 같은 무늬의 색을 칠한 것이다. 이마 양쪽에
노란색의 黃粉(황분)을 칠해서 두 눈썹의 꼬리를
아래로 처지게 한 화장법도 일시 유행했다. 이는
활달한 모습보다 연약한 모습의 여성을 좋아했

던 구시대의 풍속에 맞추어 여성들이 가련한 모습의 화장 연출을 한 경우이다. 南朝(남조) 시기의 梁(양)나라 때에는 얼굴 좌우의 한쪽만 화장하는 '半面粧(반면장)'이 유행하기도 했다. 後周(후주)의 궁녀들 사이에서 유행한 '碎粧(쇄장)'은 잘게 부서진 운모 가루를 얼굴에 뿌리는 방법이었다.

膏藥 고약
膏血 고혈
膏肓 고황
緣膏 연고

'膏(고)'는 동물의 지방 또는 지방에서 짜낸 기름을 말한다. 이 한자의 아랫부분에 있는 '月(월)'은 肉身(육신)을 가리키는 '肉(육)'자이다. 고대에는 동물의 지방을 정제해서 머리에 윤기를 내는 기름으로 사용했다. 이것이 '기름지다'·'윤택하다'라는 뜻으로 쓰였다.

光澤 광택
潤澤 윤택
恩澤 은택

'澤(택)'은 '연못'을 가리키지만 다른 의미로는 액체 상태의 머릿기름을 가리킨다.

脂肪 지방
油脂 유지

'脂(지)'는 동물의 기름을 가리킨다. 옛날 사람들은 정제된 동물의 지방을 얼굴에 바르면 살갗이 트는 것을 방지할 수 있다는 사실을 알았다. 漢나라 때의 문헌에는 이미 '脣脂(순지)'의 기록이 있다. 이는 붉은 색깔의 염료인 '朱砂(주사)'를 섞어 입술에 바르는 화장품이었다. 唐(당)나라 조정은 겨울이 되면 '脂(지)'나 '膏(고)'로 된 화장품을 조정 신하들에게 나누어 주었다.

두발
頭髮

'髮(발)'. 先史(선사) 시기의 머리 모양은 대개 머리를 땋아서 뒤로 늘어뜨린 모습이었다.

毛髮 모발
削髮 삭발
理髮 이발
危機一髮 위기일발

商(상)나라 시기에 가장 유행한 머리 모양은 잘 빗어서 땋은 머리인 '辮髮(변발)'을 정수리 위로 틀어 올려 상투를 트는 것이었다.

周(주)나라 때에는 그 위에 冠(관)을 쓰는 것이 유행했는데, 남자들은 비녀의 일종인 '簪(잠)'으로 '冠'을 상투에 고정시켰다.

商나라 때의 여성들은 머리의 가운데에 가르

마를 타서 양쪽으로 빗어 넘겨 땋았다. 그리고 그 양쪽의 땋은 머리를 정수리 양쪽에 동그랗게 올려 붙잡아 매고 남은 부분은 어깨까지 늘어뜨렸다. 나중에는 이 늘어뜨린 부분이 없도록 양쪽에 올려 묶었는데 이를 'Y髻(아계)'라고 했다. 이는 어린이나 소녀들의 머리 모양이었다. 귀 뒤의 양쪽으로 나지막이 올려 묶은 것을 '雙垂髻(쌍수계)'라고 하는데, 이는 대부분 미혼 여성이나 시녀들의 머리 모양으로 明淸(명청) 시기까지 유행했다.

漢代(한대)의 부녀자들 사이에서 유행했던 '垂髻(수계)'는 뒤로 땋아 내린 머리를 끌어올려 쪽을 지는 것인데 시기에  따라 그 높낮이가 달랐다.

明淸 시기에는 머리의 뒷부분에 단단하게 끌어올려 붙였으며 흩어짐 없도록 하기 위해서 뽕나무의 대팻밥을 물에 담가 추출한 끈끈한 액체를 발라 고정을 시키기도 했다.

이렇게 머리의 모양은 시기에 따라 신분·연령의 중요한 표지가 되었다. '垂髫(수초)'는 아직 머리를 땋아 내릴 만큼 자라지 않은 어린 아이의 머리카락을 가리킨다. '總角(총각)'이란 머리카락을 정수리의 양쪽에 올려 묶은 미성년 아이를 가리키는 말이다. 상투를 틀어서 모자인 '冠'을 올려 쓰기는 했지만 아직 단단히 고정되지 못할 정도로 갓 성인의식을 치른 나이인 20세는 '弱冠(약관)'이라고 했다.

고대에는 약혼할 경우 남자가 여자의 머리카락을 땋아 주고 결혼식을 올릴 때 다시 그것을 내려 주었다. 이를 '結髮(결발)'이라고 한다.

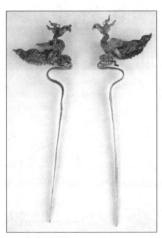

▲ 비녀. 簪(잠).

'簪(잠)'은 머리카락을 묶어서 고정시키는 머리 장식, 즉 '비녀'를 말한다. 고대에는 남녀가 모두 비녀를 꽂았는데 '簪'은 대부분 남성용으로 일컬어졌고, '筓(계)' 또는 '釵(채·차)'는 여성용의 비녀를 가리켰다.

簪笏 잠홀
玉簪 옥잠

纓珞 영락 　'纓(영)'은 冠(관)을 쓰고 그 冠이 흔들리지 않도록 턱 아래에 묶는 끈이다.

　'飾(식)'은 사람의 몸에 부착하는 각종 장식물을 가리킨다. 이것이 일반적인 의미의 '장식하다'라는 뜻으로 쓰였다. 고대 한문에서는 '장식하다'는 뜻 외에도 '화장'과 같은 의미로 쓰였다. 이것이 문장에서의 기교를

假飾 가식　뜻하면서 '修飾(수식)'이 되었다. '粉飾(분식)'이라는 말
虛飾 허식　은 粉을 발라 화장한다는 뜻이 '거짓으로 꾸밈'의 의미로 쓰이게 된 것이다.

服飾 복식　명사로는 '복장'을 가리킨다.

　'裝飾(장식)'이라고 할 경우 '裝(장)'은 '의복'을 표시하고 '飾(식)'은 의복에 붙는 '장식품'을 뜻한다. 동사로 쓰일 경우 '裝'은 '裝置(장치)한다'는 뜻이 있지만 '飾(식)'은 장치한 뒤에 '화려하게 꾸미는 것'을 말한다.

모자
帽子

元首 원수　'元(원)'의 원뜻은 '사람의 머리'를 가리키는 것이었다. 이것이 '제일' 또는 '으뜸'이라는 의미로 쓰였다.

'元'이 사람의 머리 부분이라는 표시로 쓰였다면, '首 (수)'는 머리통 자체를 가리켰다.

고대에는 20세의 성년이 된 귀족 남성에게 '冠(관)'을 씌워 주는 의식이 있었다. 그러나 군주의 경우에는 12세에 '冠禮(관례)'를 거행했다. 여성은 15세가 되면 '笄 禮(계례)'라는 성인식을 치렀다.

'冠'은 고대 시기 모자의 총칭이다.

'모자를 쓰다'라는 동사로도 쓰인다.

여러 사람 중에서 뛰어난 한 사람을 가리키는 말도 '冠'이라고 했다.

제왕이나 大夫(대부) 이상의 귀족이 공식적인 행사에서 쓰는 것을 '冕(면)'이라고 했다.

'冕(면)'은 모자의 위 부분이 앞뒤 방향으로 뻗은 직사각형이고 그 앞뒤 끝머리에 여러 가닥의 구슬 줄을 늘어뜨렸다. 이를 '旒(류)'라고 하는데 천자는 12줄, 제후는 9줄, 대부는 7~5줄을 늘어뜨렸다. 宋代 이후로는 제왕만이 면류관을 썼다.

고대 관리들이 공식적으로 쓴 모자는 '烏紗帽 (오사모)'이다. 魏晉南北朝 시기 이후로 생긴 烏紗帽는 정부 관리의 상징이었다.

首腦 수뇌
首級 수급

衣冠 의관
戴冠式 대관식
冠婚喪祭 관혼상제
弱冠 약관
冠絶 관절

▲ 冕旒冠(면류관).

버선과 신발
襪　　履

'襪(말)'은 '버선', 즉 현대의 '洋襪(양말)'을 가리킨
다. '양말'이라는 어휘에는 서양의 것이라는 의미가 있
다.

버선이 쓰이던 초기에는 부드러운 가죽
으로 만들어져서 복사뼈 위에서 묶도록 고안되
었다. 나중에 고운 천으로 만들어지면서 보편화
되었는데, 고대 사회에서 공식적인 사교 활동에
서는 양말을 신지 않았다. 집에서도 노부모 앞에
서는 양말을 신지 않았다. 이는 양말을 벗고 맨
발로 있는 것이 예의로 여겨졌기 때문이다. 오늘
날 모자를 벗어야 할 곳에서 모자를 쓰고 있는
것과 같은 경우로 여겨졌던 것이다. 당나라 말기
이후 이런 풍속은 점차 사라진다.

纏足(전족)은 엄지발가락을 제외한 나머지 발
가락을 안쪽으로 구부려 싸매는 풍습이다. 宋代
(송대)부터 유행된 이 '전족'은 발의 보행 기능

을 약화시켜 여성의 하체 괄약근에 힘이 가해지
도록 함으로써 성기의 신축성을 강화시키기 위
해 고안된 봉건 악습의 하나이다.

'履(리, 이)'. 고대 사람들은 신발을 '履(이)'라고 했
다. 이것이 '밟다'라는 뜻으로 쓰였다. '履歷(이력)'이란
'밟아온 과정'이라는 뜻이다. '신발'이라는 뜻의 '鞋
(혜)'는 '革(혁)'이 붙은 것으로 알 수 있듯이 '가죽으로
된 신발'로, 다소 나중에 만들어진 글자이다. '芒鞋(망
혜)'란 볏짚으로 만든 신발인 짚신을 가리킨다.

履歷書 이력서

竹杖芒鞋 죽장망혜

◀▲ 履(리). 1964년 新疆(신강)에서
출토된 東晉(동진)의 織品(직품). 길이
는 22.5cm, 폭이 8cm이며, 높이는 4.5
cm이다. 신발 윗면에 '富且昌宜侯王夫
延命長(부차창의후왕부연명장)'이라는
장수 축원문 10자를 새겨 넣었다.
◀ 淸代(청대)의 鞋(혜). '전족'의 상
징물이다.

음식
飮食

食料品 식료품   '食(식)'은 '가공해서 만들어 놓은 음식'을 가리킨다. 이것이 동사로 쓰여 '먹다'라는 의미가 되었다.

兎死狗烹 토사구팽   '烹(팽)'은 '삶다'라는 뜻이다. 나중에 '요리하다'라는 뜻으로 확대된다.

    '炙(적)'은 '고기를 굽다' 또는 '구운 고기'를 가리킨다. 글자의 윗부분은 '고기'이고 아랫부분은 '불 火(화)'이다. '자'로 읽을 경우, '膾炙(회자)'의 경우처럼 '날고기와 구운고기'의 뜻으로 쓰인다. 이는 '널리 사람의 입에 오르내리다'라는 의미가 되었다.

菜食 채식
菜蔬 채소
野菜 야채

    '菜(채)'는 '채소'를 가리킨다. 현대 중국에서는 '요리된 음식'라는 의미로 쓰인다.

>   채소는 '蔬菜(소채)'와 '菜(훈채)'로 나뉘는데 소채는 일반적인 채소인 반면 훈채는 '蔥〔총(파)〕'·'蒜〔산(마늘)〕' 등 자극적인 맛이 있는 채소를 가리킨다. 『詩經(시경)』에 나오는 채소의 종

류만 해도 50여 종이 넘는다. 漢代(한대) 이후로는 가지·오이·시금치 등의 채소가 외국에서 전래된다. 현재 중국에서 재배되는 채소는 160여 종이다.

'粥(죽)'은 곡식에 물을 많이 넣고 멀겋게 끓인 음식을 가리킨다. '육'으로 읽으면 '팔다'라는 뜻이다.

朝飯夕粥 조반석죽

'羹(갱)'은 고기를 넣어 만든 탕국이다.

고대 한문에서 주로 쓰는 어휘인 '飧(손)'과 '饔(옹)'은 각각 '저녁밥'과 '아침밥'을 가리킨다.

羹粥 갱죽

'餠(병)'은 '떡'이다. '煎餠(전병)'이란 지진 떡인 '부꾸미'를 가리킨다. 이외에도 '餠'은 쌀이나 밀가루 등으로 찜〔蒸(증)〕, 튀김〔炸(작)〕, 삶음〔煮(자)〕, 구움〔烤(고)〕 등의 방법을 써서 만든 음식이다. 이런 것을 중국어에서는 '點心(점심)'이라고 한다. 이는 '簡易(간이) 음식'이라는 의미다. 중국 광동어로는 '點心'을 '딤삼'으로 발음한다.

畵中之餠 화중지병

'給(급)'은 '음식이 풍족하다'라는 뜻이다. 이는 '缺乏(결핍)' 등의 '乏(핍)'과 반대되는 글자이다. 고대 한문에서는 이것이 '음식을 제공하다'라는 뜻으로 쓰였다.

供給 공급
給料 급료
俸給 봉급

현대어에서는 '給'이 '주다'라는 의미로 쓰인다.

授與 수여　　'給'은 '配給(배급)'의 의미가 강한 반면 '무엇을 누구
給與 급여
賦與 부여　에게 주다'라는 뜻으로 쓰일 경우에는 '與(여)'를 썼다.

맛
味

味覺 미각　　'味(미)'. 예전에는 음식의 맛을 기본적으로 다섯 가
妙味 묘미
意味 의미　지로 나누었다. 酸(산)·甘(감)·苦(고)·辛(신)·鹹(함)
　　　　　이 그것이다.

辛酸 신산　　'시다'라는 뜻의 '酸(산)'은 '酸化(산화)'·酸素(산
　　　　　소)' 등에 쓰인다.

甘草 감초　　'甘(감)'은 '달다'·'맛이 좋다'는 뜻이다. 이것이 '듣
甘言利說 감언이설
　　　　　기 좋다'는 뜻으로도 쓰인다.

辛辣 신랄　　'辛(신)'은 '맵다'는 뜻으로 오늘날에는 '辣(랄)'이라
　　　　　고 한다. 맛을 의미하는 이 글자는 추상적으로도 쓰여
　　　　　서 '고생하다'·'수고하다'라는 의미로도 쓰인다.

'짜다'라는 뜻의 '鹹(함)'이 쓰이는 어휘에는 염분의 정도를 가리키는 '鹹度'나 '바닷물'을 의미하는 '鹹水(함수)'가 있다.

술과 차
酒　茶

'酒(주)'에서 오른쪽의 글자 '酉(유)'는 술 동이의 모양이다.

酒量 주량
酒邪 주사
飯酒 반주

'飮(음)'에서 '欠(흠)'은 입을 벌린 모습이다. '먹이다', '마시다' 또는 '술을 마시다'라는 뜻이다.

飮酒 음주
飮食 음식
飮料 음료

'尊(존)'은 '술 단지'를 가리킨다. 이것이 '尊貴(존귀)하다'라는 뜻으로 쓰이면서 '술 단지'라는 의미로는 '木(목)'이 붙어 '樽(준)'으로 쓰였다.

金樽 금준

'配(배)'는 처음에는 '술을 마실 때 어울리는 음식'을 가리키던 것이 '어울리다'라는 뜻으로 확대되었다. 또한 '배우자'를 가리키기도 한다.

配偶 배우
配匹 배필
交配 교배

酌婦 작부   '盞(잔) 질을 하다'라는 뜻의 '酌(작)'은 국자로 술을
떠서 자신이 마시거나 남에게 마시도록 하는 것을 가리
킨다. 오른쪽의 '勺(작)'이 '국자'이다. 斟酌(짐작)'이라
는 말은 '취사 선택을 고려하다'라는 뜻이다.

'酉(유)'가 들어간 글자 중 주목할
것은 '食醯(식혜)'와 '食醢(식해)'이다. '食
醯'는 엿기름으로 만든 전통 음료 '甘酒(감
주)'이며, '食醢'는 북한 지방의 전통 음식인
젓갈의 일종이다.

紅茶 홍차   '茶(차)'는 利尿(이뇨)나 解渴(해갈) 등 藥理(약리) 작
綠茶 녹차   용이 있는 나뭇잎으로 만든 음료이다. '茶'의 원 이름은
'荼(도)'이다. 이것이 중국 광동어로는 '튀'라고 발음되
는데, 운남 지방에서 최초로 재배되면서 광동지방을 통
해서 서양으로 전래되었고 오늘날 영어의 '티(Tea)'가
되었다.

식사
食事

'飯(반)'은 '먹는다' 또는 '먹인다'는 뜻이다. 명사로 쓰이면서 '밥' 또는 '음식물'을 가리켰다.

飯饌 반찬
飯床 반상
飯店 반점

'食(식)'은 '먹는다'는 뜻이 명사로도 쓰여서 '飮食(음식)'이 되었다. '사'로 읽을 경우에는 '밥'이라는 의미이다. '飯素食飮水(반소사음수)'는 '채식의 밥을 먹고 물을 마시다'라는 뜻이다.

食食 식사
食事 식사

'餉(향)'은 논밭에서 일하는 사람에게 가져다 주는 밥을 말한다. 군대에서 쓰이는 '軍糧(군량)'이나 '物資(물자)'를 말하기도 한다.

餉饋 향궤

'廚(주)'는 '부엌'을 가리킨다.

廚房長 주방장

'筵(연)'은 '宴會(연회)'의 '宴(연)'과 같은 뜻으로 '술자리'라는 의미이다. '燕禮(연례)'로도 쓰이는데, 윗사람에 대한 존경의 표시로 차린 음식과 술상을 말한다. 고급 술상의 안주에는 주로 개고기가 쓰였다. 고대의 대규모 행사는 대부분 제사와 관련이 있어서, 제사를 끝내면 '飮福(음복)'을 하는데 이 일련의 음주 습관에는 반드시 정해진 법도와 예절에 따라야 했다. 이러한 酒宴(주연)에 까는 '대나무로 된 자리'를 '筵(연)'이라고 했다. 그 '筵' 위에 넓고 두툼한 천으로 된 자리를 깔아서, 앉거나 누울 수 있도록 한 것이 '席(석)'이다.

酒宴 주연
饗宴 향연

'宴(연)'은 '휴식'이라는 뜻이다. '해가 지면 집에 돌아와 쉰다'는 의미가 있다. 한가한 시간에 음식을 준비해서 먹는 모임을 '宴會(연회)'라고 한다. '筵會(연회)'는 제사 등 공식적인 모임의 식사이고 '宴會'는 자유로운 시간의 식사모임이다.

> 옛사람들은 '宴會'에 '二難(이난)'과 '四美(사미)'를 강조했는데, '二難'이란 융숭한 접대를 좋아하는 주인과 그런 접대를 멋지게 즐길 줄 아는 손님을 가리키고, '四美'란 좋은 날씨·아름다운 풍경·홀가분한 마음·즐거운 화제를 가리킨다.

'具(구)'는 음식을 만들거나 먹을 때 쓰는 도구를 가리키는 말이다. 초기의 문자를 보면 두 손으로 그릇을

들고 있는 형상이다. '具'는 또한 '음식이나 술을 차리
는 행위'를 말한다. 이것이 '갖추다' 또는 '준비하다'라
는 의미로 쓰였다.

具備 구비
具色 구색

그 외에 '완전하다'나 '재능'이라는 의미로 쓰이면서
나중에 '道具(도구)'라는 의미로 확대된다.

工具 공구
器具 기구

'箸(저)'는 '젓가락'이다. 초기에 대나무로 만들어졌
기 때문에 '竹(죽)'이 붙어 있다. 현대 중국어로는
'筷(쾌)'라고 한다.

是箸 시저
火箸 화저

'匙(시)'는 '숟가락'이다.

十匙一飯 십시일반

'缶(부)'는 입이 작고 몸뚱이가 커다란 陶器(도기)를
말한다. '陶(도)'는 가운데에 '缶'가 있는 것으로 알 수
있듯이 질그릇으로 만들어진 일체의 容器(용기)를 가리
킨다. '陶器(도기)'와 '瓷器(자기)'는 크게 다른데, '陶
器'는 황토로 만든 것인 반면 '瓷器'는 고령토로 만든
것이다.

陶瓷器 도자기

'斗(두)'는 손잡이가 있는 그릇이나 술그릇을 말한다.
나중에 곡식을 재는 도구로 쓰이면서 '열 되'를 한 단위
로 하는 양사가 되었다. 고대에는 병사들이 '斗'를 가지
고 다니며 낮에는 밥을 하는 데 쓰고 밤에는 북처럼 쳐

斗酒不辭 두주불사

서 시간을 알리는 데 썼다.

泰斗 태두
北斗七星 북두칠성

　　　　　28宿(숙) 별자리의 하나도 '斗'이다.

鉢釪 발우

　　　　'鉢(발)'은 '승려의 밥그릇'을 뜻한다. '托鉢(탁발)'이
란 '鉢(발)'을 받쳐들다'라는 의미의 어휘이다.

침구
寢具

被害 피해
被殺 피살
被告 피고
被擊 피격

　　　　'被(피)'는 '이불'이다. '덮는다'는 뜻이 확대되어 '당
하다'·'받다'·'맞닥뜨리다'라는 의미로 쓰였다.

木枕 목침

　　　　'枕(침)'은 '베개'이다. 초기에는 나무로 만들어졌기
때문에 '木(목)'자가 있다. 동사로는 '베다'라는 뜻으로
쓰였다.

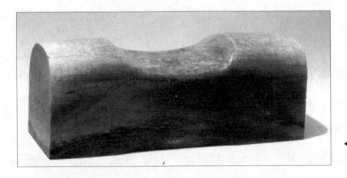

◀옥으로 된 베개.
玉枕(옥침).

▶ 瓷器(자기)로 만든 베개. 瓷枕(자침).

鴛鴦衾枕 원앙금침

'衾(금)' 역시 이불이다.

'蓐(욕)'은 잠을 잘 때에 잠자리에 까는 '풀로 엮은 자   蓐瘡 욕창
리'를 가리킨다. 이것이 나중에 침대 위에 까는 '요'라
는 뜻으로 쓰였다. 현대 한자로는 '褥(욕)'으로 쓴다.

일반 백성들이 사용하던 베개는 그 속
에 棉花(면화)나 벼의 껍질 또는 대나무 잎을 집
어넣은 것들이다. 중국의 경우 전통적으로 건강
용 베개가 만들어져 쓰였는데, 예를 들면 말린
누에똥을 넣으면 뽕잎의 향기가 날 뿐 아니라 눈
병 등을 치료하는 효과를 본다고 믿었다. 백양나
무로 목침을 만들고 수백 개의 작은 구멍을 뚫은
다음 그 안에 수십 종의 한약재를 넣은 뒤 천으
로 쌓아서 몇 개월을 베고 자면 얼굴에 생기가
돌기 시작하는 등 건강의 회복된다고 여겼다.

수면
睡眠

'寤(오)'는 '잠에서 깨다'라는 뜻으로 '깨닫다' 등의 의미로 쓰인다. '覺悟'는 원래 '覺寤(각오)'로서 '잠에서 깨다'라는 뜻이 '깨우치다'라는 의미로 쓰였다.

寤寐不忘 오매불망　　'寐(매)'는 '잠이 들다'라는 뜻이다.

寢室 침실　　'寢(침)'은 잠이 들던 안 들던 '잠자리에 눕는 것'을 말한다.

臥病 와병　　'臥(와)'는 '几(궤)'에 기대어 자는 것이다. '눕다'라는 뜻이 있다.

睡眠 수면　　'睡(수)'는 '앉은 채로 조는 것'이다.

熟眠 숙면
冬眠 동면　　'眠(면)'은 '잠을 자다'라는 의미이다.
催眠 최면

좌석
坐席

'牀(상)'은 귀족들이 앉거나 눕도록 고안된 나무 가구를 가리킨다. 같은 의미로 '床(상)'이 더 많이 쓰인다.

平床 평상
寢牀 침상
溫床 온상
病床 병상

'榻(탑)'은 손님이 일시 앉을 수 있도록 만든 작은 평상이다. 경우에 따라서는 두 사람이 동시에 앉을 수도 있다.

魏晉(위진) 시기까지 '床'이나 '榻'에는 모두 '跏趺坐(가부좌)'의 자세로 앉는 것이 일반적인 관습이었다.

'筵(연)'은 바닥에 까는 자리이며, '席(석)'은 의자나 평상 위에 까는 자리를 가리킨다.

문호
門戶

戶籍 호적
戶主制 호주제

'戶(호)'. 한 짝만 있는 문을 '戶'라고 했다. 반면, 양쪽이 다 있는 문을 '門(문)'이라고 했다. '戶'는 나중에 한 개 가정으로서의 '집'을 가리키는 말로 쓰인다.

'門(문)'은 출입문이라는 뜻 외에도 家門(가문)·門閥(문벌) 등이나, 專門(전문) 등 분야를 가리키는 의미가 있다.

開閉 개폐
閉業 폐업
開場 개장

'閉(폐)'는 빗장이 걸려있는 문의 모습이고, '開(개)'는 두 손으로 문의 빗장을 여는 모습이다.

關鍵 관건
稅關 세관
海關 해관
關稅 관세

相關 상관

'關(관)'은 문의 '빗장'을 뜻한다. 이 한자는 큰 빗장이 걸려 있는 커다란 문을 가리키기도 한다. 이를 국경에 세워서 나라와 나라 사이의 '關門(관문)'으로 삼았다. 오늘날에는 '잠그다'라는 의미로도 쓰인다. '關係(관계)'·'關聯(관련)'이라는 뜻은 나중에 형성된 의미이다.

'閨(규)'는 집안에 내실로 통하는 곳에 세워진 작은 문을 가리킨다. 이것이 여성들의 거주 공간을 나타내는 말로 쓰였다.

閨秀 규수
閨房 규방

'闌(란)'은 문 앞의 난간을 가리킨다. 오늘날 '欄干(난간)'의 欄에는 '木(목)'이 붙었다. 통행증이나 신분증 등으로 허가나 증명을 받지 않고 궁문을 함부로 들어오는 것을 '闌入(난입)'이라고 한다. 우리나라에서는 '亂入(난입)'이라고 쓴다.

'間(간)'은 '틈'이라는 뜻이 '가운데'라는 뜻으로 확대되었다. '벌린다'는 뜻으로 '離間(이간)'이 있다.

間隔 간격
間諜 간첩
中間 중간

금기
禁忌

'禁(금)'은 '귀신이 금지하는 것'이라는 뜻이다. 이 글자는 '금지하다'라는 뜻이나 그 명령을 말한다.
天子(천자)가 사는 장소를 말하기도 한다.

禁令 금령
軟禁 연금

禁中 금중
禁軍 금군

'忌(기)'. 옛사람들은 마음의 작용이 심장에서 나온다

忌日 기일
忌避 기피

忌憚 기탄 고 보았기 때문에 '꺼리다'라는 의미로 쓰면서 '마음 心
(심)'을 붙였다.

질병
疾病

疾視 질시 '疾(질)'은 '病(병)'과 유사한 의미로, 몹시 증오한다
거나 싫어한다는 뜻을 가지고 있다.

疾走 질주 또 '快(쾌)'나 '速(속)'처럼 '빠르다'라는 뜻이 있어서
疾風怒濤 질풍노도
느리다는 뜻의 '徐(서)'와 반대가 된다.

疾病 질병 '病'을 가리킨다.

痢疾 이질 '病(병)'은 '위중한 병'을 말하던 것이 나중에 일반적
肺病 폐병
病菌 병균 인 병 전체를 가리키는 말이 되었다.
病患 병환 '病'은 한문 문장에서는 '문제가 있다' 또는 '잘못되
持病 지병
었다'라는 의미로도 쓰이며 '유감을 표시하다'라는 경
우에도 쓰였다.

'疾'과 '病'은 다소 차이가 있는데 일반적인 병은
'疾'이고 중병은 '病'이다.

기아
飢餓

'饑(기)'는 곡식이 여물지 않은 상태와 그 때문에 배가 고픈 것을 말한다.

饑饉 기근
饑荒 기황
飢寒 기한

'餓(아)'는 '몹시 굶주림'을 나타내는 말이다. 현대 중국어와는 달리 고대 한문에서 이 '餓'에는 '배고픔'이라는 의미는 없다.

餓鬼 아귀
餓死 아사

'饑餓(기아)'라고 할 경우 '饑'는 '배고프다'는 뜻이며 '餓'는 '먹을 것이 없다'는 뜻이다. 배불리 먹지 못한다는 의미의 '饑'와 몹시 굶주린다는 의미의 '餓'는 다소 다른 뜻이다.

饑餓線上 기아선상

餓死者 아사자

'饑(기)'와 '飢(기)'는 원래 다른 글자인데, '饑'는 곡식이 여물지 않아 배고프다는 것이 강조된 반면 '飢'는 단순히 '배고픔'을 의미한다. 오늘날에는 두 글자가 통용된다.

飢渴 기갈
療飢 요기
虛飢 허기

7 문화와 제도

교육과 학습
敎育 學習

'敎(교)'는 '가르치다'라는 뜻이다. '가르쳐 인도하고 육성하다'라는 뜻이다. 예전에는 제후나 王公(왕공)의 명령도 '敎'라고 했다.

敎育 교육
敎鞭 교편
敎旨 교지
敎書 교서

'育(육)'의 원 글자는 '毓(육)'이다. '아이를 낳다'라는 뜻이다. 金石文(금석문)에 나타나는 형상은 '女' 아래 '子'가 있고 그 주변으로 羊水(양수)가 그려진 모양이다.

發育 발육
育成 육성

'學(학)'은 '배우다'·'학습하다'라는 뜻이다. '學'으로 끝나는 낱말의 경우 '광범위한 지식'이라는 의미가 있다.

工學 공학
法學 법학

'學'이 동사로 쓰일 경우에는 '배우다'라는 뜻에 치중된다.

學問 학문
學者 학자

'學'에는 '학교'라는 뜻이 있다.

大學 대학
太學 태학

'習(습)'은 새가 날갯짓을 해서 날아오른다는 의미의 한자이다. 이것이 '반복 연습'이라는 뜻으로 확대되었다.

練習 연습
學習 학습

習慣 습관 風習 풍습	사물로부터 반복적 영향을 받아서 생긴 습관적인 반응도 '習(습)'이라고 한다.

역사와 사서
歷史　史書

歷史 역사	'歷(력, 역)'은 '경과하다'라는 뜻으로 '경과한 시간'을 의미하기도 한다. 과거의 각 시대를 말할 때에는 '歷代(역대)'라고 한다.
男性遍歷 남성편력	어떤 한 가지 일에 집중적으로 열중하는 일을 '歷'이라고 한다. '분명하다'·'명료하다'라는 뜻으로 쓰이기도 한다. 성어에는 '歷歷在目'이 있는데, 우리말 한자어에는 '흔적이 역력하다'라는 경우에 쓰인다.
史官 사관	'史(사)'의 본뜻은 '일을 기록하는 관리'라는 의미이다. 초기 한자는 손으로 簡冊(간책)을 들고 있는 모습이다.

　　고대의 사관은 占卜(점복)의 방법을 통해 신의 뜻을 군왕에게 알렸고, 군왕의 언행을 기록하며 그의 스승 역할을 하기도 했다. 나중에

144 제1부 주제로 읽는 한자어

국가의 내정이나 군사·외교 등 전반에 걸친 기록물을 '史(사)'라고 해서 '史書(사서)'를 가리키게 되었다. 시간의 흐름에 따라서 기록된 歷史書(역사서)를 '編年體(편년체)', 인물 중심의 기록을 한 역사서를 '紀傳體(기전체)'라고 한다. 사건을 위주로 기록한 역사서는 '紀事本末體(기사본말체)'이다. 중국 역사서의 총칭인 『二十四史(이십사사)』는 기본적으로 '紀傳體(기전체)'이다. 그 중 『史記(사기)』를 제외하고 나머지 23부의 역사서는 모두 각 왕조의 朝代(조대) 역사서이다. 나중에 『淸史考(청사고)』를 합해서 『二十五史(이십오사)』라고 불린다. 『史記(사기)』와 『漢書(한서)』를 제외하고는 대부분 당시 왕조의 관점에서 기술되었다.

토목과 건축
土木　建築

'建(건)'은 '세우다'라는 뜻이다. '수립하다'라고도 쓰이며 건물을 세운다는 '設立(설립)'이나 '建立(건립)'의 의미로도 쓸 수 있다. 아랫사람이 윗사람에게 의견을

建議 건의

土建 토건   제시하는 것도 '建'이라고 한다. 건축 전반을 지칭하기
도 한다.

家屋 가옥   '家(가)'는 집이라는 의미의 '宀(면)'에 돼지를 뜻하는
農家 농가   '豕(시)'가 들어 있는 모양의 글자이다. 오늘날에는
'집' 또는 '가정'을 가리킨다.

望臺 망대   '臺(대)'는 흙을 쌓아서 정방형으로 한 길 이상 쌓아
展望臺 전망대   올린 '築臺(축대)'를 의미한다. 축대는 먼 곳을 바라볼
瞻星臺 첨성대   수 있게 하는 것을 목적으로 지어진 것으로서 그 위에
집을 짓기도 했다.

御史臺 어사대   漢(한)나라 때에는 중앙 정부의 기관을 '臺(대)'라고
칭했다

    '亭(정)'은 공공건물의 일
종으로 길 옆에 세워서 여
행객들이 투숙을 할 수 있
도록 한 건축물이다. '亭亭
(정정)하다'라는 말은 '몸이
꼿꼿하다'는 뜻이다.

▲ 廬山(여산) 烽火臺(봉화대).

고대 건축물 중에는 '亭(정)' · '臺(대)' · '榭(사)' · '樓(루)'가 있는데 '亭'은 여행객들이 묵는 '숙박시설'과 '도적을 監護(감호)하는 장소'를 가리켰다. '亭子(정자)'라는 의미의 것은 나중에 생긴 것으로 지붕만 있고 벽이 없는 건물 형태를 말한다. '臺'는 흙을 높이 쌓아 올린 축대를 지칭하며, '榭'란 그 '臺' 위에 올려 지은 집을 가리킨다. '樓'란 2층 이상의 복층 형식으로 지은 집을 가리키며 사람이 살 수도 있는 건물이다.

▶ 樓(루). 북경의 鐘樓(종루).

閣道 각도
閣僚 각료
內閣 내각
奎章閣 규장각

'閣(각)'은 나무를 엮어서 건물과 건물 사이의 공중에 연결시킨 複道(복도) 다리를 뜻한다. 즉 '樓(루)'와 '樓' 사이에 연결되어 양쪽 건물을 오갈 수 있도록 지은 건축물을 말한다. 이것이 나중에 '樓閣(누각)' 형식으로 지어진 집을 뜻하게 되었다. 책 등을 보관하면서 습기를 피해 땅으로부터 올려져 지어진 집을 가리켰다.

西漢(서한) 시기에는 공무를 보던 관청 건물을 '閣'이라고 했다. 한나라 때에는 관청의 책임자가 '閣' 위에서 기거를 했고, '閣' 아래에서는 하급 관리나 하인들이 있었다. 외부사람이 관리를 찾거나 부를 경우 예의상 직접 호칭을 부르지 않고 '閣' 아래에 있는 '아래 사람'들을 불렀다. '閣下(각하)'란 '閣 아래에서 일을 하는 사람'이라는 뜻으로 호칭을 직접 부르지 않는 고대의 습관이 반영된 단어이다.

舍宅 사택
驛舍 역사

'舍(사)'는 '여관'·'초대소'의 뜻으로 손님이 묵는 건물을 가리켰다. 지금은 일반 건물을 의미하는 데에도 쓰인다.

喜捨 희사

그러나 '舍'에는 '버리다'는 뜻도 있었으므로, 나중에 집이라는 의미의 '舍'와 구별할 필요가 생기면서 '버리

다'라는 의미의 경우 손을 뜻하는 '扌(수)'를 붙여서 썼
다.

'館(관)'은 '여관'·'초대소'·'客舍(객사)'를 가리키는
말이었지만 나중에 화려한 건물을 가리키는 뜻으로 쓰
인다. '館'과 '舍'는 '여관'·'객사'라는 의미로 비슷한
뜻이지만 혼용되지는 않는다.

大使館 대사관
迎賓館 영빈관

'棧(잔)'은 나무를 가로로 고르게 깔아서 엮은 '작은
마차'를 뜻한다. 나중에 나무로 된 '귀틀집'을 일컬었다.
산 위에 나무를 걸쳐서 만든 길을 가리키기도 한다. '客
棧(객잔)'이라고 하는 것은 나중에 생긴 말이다.

棧道 잔도

▶ 秦(진)과 蜀(촉) 사이를 잇
는 棧道(잔도).

다음의 네 가지는 건축이나 토목 공사에 관련된 도구들이다.

원을 그리는 컴퍼스는 '規(규)', 각도를 그리는 도구는 '矩(구)', 수평을 측정하는 도구는 '準(준)', 수직을 측정하는 도구는 '繩(승)'이라고 했다.

문헌과 서적
文獻　書籍

簿記 부기
帳簿 장부
出納簿 출납부
主簿 주부

'簿(부)'는 죄 지은 사람의 심문을 기록하거나 그 죄상을 기록하는 공책을 가리킨다. 이것이 금전의 출납이나 물건의 조목을 기록하는 책의 의미로 쓰였다.

문서 관리를 책임지는 관직명으로도 쓰인다. '鼈主簿傳(별주부전)'의 '主簿(주부)'가 그 경우이다.

國籍 국적
地籍 지적

'籍(적)'은 '文獻(문헌)'·'書籍(서적)'·'典籍(전적)'을 말한다. 漢代(한대)에는 궁궐에 드나드는 사람의 성명·연령 또는 외모 등을 두 자 길이의 竹牒(죽첩)에 적어서 궁궐의 출입구에 걸어놓았다. 각종 업무로 자주 드나드는 사람은 가지고 있는 신분 牌(패)와 맞아야 통행이 가능했다. 이렇게 이름이나 신분을 기록·등기하는 책자를 '籍'이라고 했다. 나중에 '戶籍(호적)'·'學籍(학적)'·'在籍(재적)' 등 모든 원본 기록물을 가리키는 것으로 쓰인다.

'書(서)'와 '籍(적)'은 동의어이지만 '書'는 '문서상의 문자 및 그 내용'을 가리키고, '籍'은 '책' 자체를 가리킨다. 그러므로 '讀書(독서)'라고는 할 수 있지만 '讀籍(독적)'이라고는 하지 않는다.

'簡(간)'은 대나무로 만든 '簡冊(간책)'을 말하는 것이다. 종이를 발명하기 전에 사람들은 대나무를 길고 얇게 쪼개어 발처럼 가지런히 펼쳐 묶은 다음 한 줄씩 문장을 기록하는 書冊(서책)으로 삼았다. 이를 '策(책)' 또는 '冊(책)'이라고 했다. 이렇게 대나무 쪽을 두루마리로 발처럼 이은 형상의 글자가 '冊'이다. 그 중 한 개의 대나무 쪽을 '簡(간)' 또는 '竹簡(죽간)'이라고 했다.

오늘날 책을 세는 단위인 '卷(권)'은 이렇게 만들어진 '簡冊(간책)'이 둘둘 말려 있다는 의미에서, 당시부터 쓰이던 한자이다. '둘둘 말다'라는 뜻으로 쓰인 '卷(권)'은 이것이 책에 쓰이면서 원뜻으로 쓸 경우 '捲'이라고 한다. '簡冊'을 만들 때에는 파란색의 대나무를 쓸 경우 쉽게 벌레가 생기기 때문에 대나무를 불에 구워서

簡潔 간결
簡牘 간독
簡素 간소
冊封 책봉
冊子 책자
別冊 별책

簡牘 간독
簡明 간명
簡便 간편

卷數 권수
卷帙 권질
壓卷 압권

누렇게 말리는 작업을 한다. 초기의 '簡冊'은 青竹(청죽)을 사용했기 때문에 역사책을 '青史(청사)'라고도 했다.

'簡'은 '簡略(간략)하다'·'簡單(간단)하다'라는 의미로 쓰이고 있다. '선발하다'라는 뜻도 있다. 이 경우의 '簡擇(간택)'은 '揀擇(간택)'과 같은 뜻이다.

策動 책동
策勵 책려

'策(책)'은 대나무로 만든 말채찍이다. 이것이 '채찍질하다'라는 의미로 쓰였다.

妙策 묘책
秘策 비책
束手無策 속수무책

'策略(책략)'의 뜻이 있어서 漢(한)나라 때에 천자의 물음에 답하는 문서로 '對策(대책)'이라는 말이 나왔다.

'계획하다'의 의미로는 '計策(계책)'이 있다.

'지팡이'라는 뜻으로 쓰이는 경우도 있어서 '散策(산책)'이라는 말이 생겼다.

短篇小說 단편소설

'篇(편)'. 고대에는 '竹簡' 위에 문장을 쓴 다음 한 문장의 시작과 끝이 모두 기록되면 천이나 가죽으로 된 가는 끈으로 그 죽간 한 두루마리를 묶었다. 이를 '篇'이라고 한다. 이것이 오늘날 책 내용의 각 부분을 가리키는 말로 쓰인다. 특히 詩歌(시가)나 辭賦(사부) 등의 문학작품을 가리키는 한 단위가 되었다. '編'과 '篇'은 비슷하지만 '編輯(편집)'에서처럼 '編'은 동사로 쓸 수 있는 반면 '篇(편)'은 단위명사이다.

篇章 편장

문체
文體

'序(서)'는 원래 東西(동서)로 이어지는 장벽을 가리 킨다. 또는 '학교'를 뜻하기도 했다. 이것이 오늘날에 는 '順序(순서)'라는 의미로 변했다.

秩序 질서
次序 차서
序列 서열
長幼有序 장유유서

서술이나 설명의 기능을 가진 문체의 일종이기도 하 다. 고대에는 序文(서문)을 책의 맨 뒤에 붙이면서 전체 내용을 개괄했다. 漢(한)나라 이후에는 '序'가 책의 앞 에 놓이게 된다. 남에게 주는 문장이나 문체의 일종을 가리키기도 한다. 唐代(당대) 문장가 韓愈(한유)의 명문 「送孟東野序(송맹동야서)」가 그 경우이다.

序文 서문
序論 서론

'詞(사)'는 문구·문장이라는 뜻이다. 고대의 '詞人 (사인)'이라고 하면 唐宋(당송) 시기에 유행한 '노래의 가사를 짓는 문인'을 총칭했다.

宋詞 송사
詩詞 시사

'詞'와 '辭(사)'는 동의어이지만 漢나라 이후로 '詞' 라는 한자가 '말'이라는 의미의 '辭'를 대신해서 쓰였 다.

辭典 사전
言辭 언사

'辭'는 원래 '陳述(진술)'의 의미를 띠고 있었다. 나중

祝辭 축사

致辭 치사

에 '言辭(언사)' 즉 '말' 자체를 가리키면서 '완성된 하
나의 문장'을 뜻하게 된다.

歸去來辭 귀거래사
楚辭 초사

또한 문체의 한 종류로 쓰이기도 했다.

'물리치다'라는 뜻이나 '辭讓(사양)하다'라는 뜻으로
'辭職(사직)'·'辭退(사퇴)'가 있다.

'銘(명)'은 그릇 등의 器物(기물) 위에 새기거나 鑄造
(주조)해서 넣는 글귀를 가리킨다. 내용은 주로 자신에
게 警策(경책)의 의미로 쓰이는 문구나 남의 공덕을 기
리는 내용으로 쓰였다. 『禮記(예기)』의 「大學(대학)」편
에는 湯王(탕왕)이 '대야 盤(반)'에 새겨 넣었던 銘文(명
문) '日新日日新又日新(일신일일신우일신)'이라고 하는

座右銘 좌우명
刻骨銘心 각골명심

유명한 글귀가 나온다. 대개 영원히 잊지 않도록 새겨
쓴 글을 '銘(명)'이라고 한다.

◀ 靑銅史墻盤(청동사장
반). 그릇 안 바닥에 과
거 왕의 공덕을 찬양하
는 銘文(명문) 284자가
있다.

'贊(찬)'은 '보조·보좌하다'라는 뜻이다. 오늘날의 '贊助(찬조)'는 그런 뜻으로 쓰인 것이다. 『史記(사기)』를 보면 각 편의 맨 뒤에 「太史公贊(태사공찬)」이라는 제목의 문장이 붙는데, '太史公(태사공)'이란 작자인 司馬遷(사마천) 자신을 가리키고 '贊'은 '도움말을 덧붙임'이라는 뜻이다.

贊同 찬동
贊成 찬성
協贊 협찬

'章(장)'은 음악에서 한 곡조의 단위를 일컫는 말이다. 이것이 일반적인 글에서의 '단락'을 뜻하는 말로 쓰였다.

樂章 악장

'文章(문장)'이라고 할 경우, 원래의 뜻은 붉은색과 흰색이 서로 교차되어 있는 천을 가리키는 말이던 것이 오늘날에는 '文章'이라는 뜻으로 바뀌어 쓰이고 있다. '憲章(헌장)'이라고 할 경우에는 '法律制度(법률제도)'라는 뜻이다.

章句 장구
序章 서장
勳章 훈장

'도장(圖章)'이라는 뜻도 있다.

印章 인장

'表(표)'는 원래 '겉에 입는 옷'을 가리킨다. 또는 '옷의 겉감'을 뜻한다. 이는 '裏面(이면)'의 '裏(이)'가 '옷의 안감'을 뜻하는 것과 대비되는 글자이다. 이것이 '나타나다'라는 뜻의 '出現(출현)'이나 '나타내다'라는 뜻의 '表現(표현)'의 뜻으로 쓰였다. 고대 해시계인 '日晷(일귀)'를 '表'라고 했고, '表格(표격)' 또는 '圖表(도표)'라

表裏 표리
表裏不同 표리부동
外表 외표

徵表 징표
表示 표시
表出 표출

는 의미로 쓰인다. 나무나 돌 등의 標識(표지)를 세워서 다른 사람의 언행이나 공적을 널리 알리는 것을 '表彰(표창)'이라고 한다. 신하가 황제에게 올리는 편지글도 '表'라고 했다.

表彰狀 표창장
出師表 출사표

要旨 요지
聖旨 성지

'旨(지)'는 '맛이 있는 음식'을 가리킨다. 이것이 '맛이 있다'는 뜻으로 쓰이면서, '뜻' 또는 '의미'라고 확대되었다. 나중에는 황제의 명령을 가리키는 의미로도 쓰인다.

◀ 河南省(하남성) 告城鎭(고성진)의 周公測景臺(주공측경대). 해 그림자를 관측하는 가장 완벽하게 보존된 중국 최초의 天文(천문) 遺跡(유적)이다. 臺(대) 위에 8尺(척)의 表(표)를 세워 그 그림자로 冬至(동지)·立春(입춘)·夏至(하지)·立秋(입추)의 절기를 측정했다.

점복
占卜

'占(점)'은 윗부분에 '卜(복)'자와 아래에 '口(구)'자로 구성되어 있는데 이는 '豫言(예언)한다'는 뜻이다. '卜'은 '점을 친다'는 뜻이다. 점을 칠 때 거북의 배 껍질인 龜甲(귀갑)이나 소의 肩胛骨(견갑골)에 불을 달구어 작은 구멍을 뚫으면 주위에 龜裂(균열)된 무늬가 나타나는데 '卜'은 그 균열된 무늬를 그대로 옮겨 놓은 형상이다. 고대 중국의 巫師(무사)는 이를 보고 길흉을 점치며 예언을 했다. 이것이 길흉을 예측하는 모든 행위를 가리키는 글자로 쓰였다. 『周易(주역)』등 고대 한문에서

占卦 점괘
占卜術 점복술
占術家 점술가

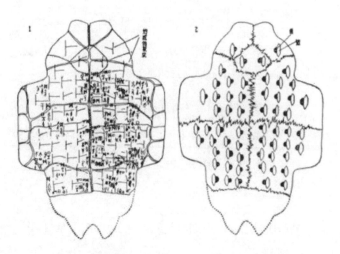

◀ 점을 치기 위하여 거북이의 배 껍질에 심지를 박은 모형도. 왼쪽은 불로 심지를 태워 균열이 간 상태이다. 여러 개의 '卜(복)'자 무늬가 나타나 있다.

'卜'과 '貝(패)'가 합쳐진 '貞(정)'은 巫師(무사)를 가리 킨다.

'甲骨文(갑골문)'의 발견은 불과 100년 남짓밖에 안 됐다. 1898년 한 약재상이 하남성 소둔촌에서 '龍骨(용골)'이라고 불리는 커다란 뼈 조각을 사 모으고 있었다. 당시 뼈 조각을 발굴하는 사람들은 약재로 팔기 위해 뼈 위의 낯선 부호들을 칼로 긁어 깨끗하게 한 다음 약재상에게 넘겼다. 그러나 미처 지우지 못한 일부 갑골의 문자를 발견한 이 약재상은 북경의 골동품 수집가인 왕의영에게 가져다 보여준다. 왕의영은 이것이 대단히 가치 있는 유물이라고 여기고 당시 유명한 학자인 나진옥에게 보여주었다. 1901년 나진옥은 이것이 한자의 초기 문자라고 판단하고 대규모로 수집하기 시작했다. 그 뒤로 여러 사람에 의해 수집된 甲骨片은 10만 개가 넘는다. 갑골문에 나타난 고대문자의 총 수는 4,000여 자이다. 그 중 의미가 파악된 문자는 1,000여 자이다. 이를 '갑골문'이라고 한다.

'易(역)'의 초기 상형문자를 보면 도마뱀의 모양이다.

도마뱀은 카멜레온처럼 환경에 따라 피부색이 변하는 방법으로 자신을 보호한다. '易'에는 '변하다'라는 의미가 있다. 이를 '우주자연의 변화'와 같은 의미로 써서 그 섭리를 밝힌 책이 '易'이다. '易'은 '夏易(하역)'·'商易(상역)'·'周易(주역)'이 있는데 오늘날에는 '周易'만 전한다. '易'은 '八卦(팔괘)'를 여덟 가지로 변화시킨 64괘와 매 1괘를 6爻(효)로 한 384爻로 되어 있다.

'易'은 '이'로도 읽히며 '쉽다'는 의미로 쓰인다.

易經 역경
容易 용이

'卦(괘)'의 오른쪽 부분은 '卜(복)'이다. '8괘'는 乾(건)·兌(태)·離(이)·震(진)·巽(손)·坎(감)·艮(간)·坤(곤)으로 나뉜다.

卦辭 괘사

'爻(효)'는 '巫師(무사)'들이 점을 칠 때 사용하던 풀이다. '爻'는 이 풀을 교차해서 쌓아놓은 모습을 형상화한 글자이다.

'兆(조)'는 고대 巫師들이 점을 칠 때 갑골 위에 나타난 균열된 문양을 보여주는 글자이다. 巫師들은 이를 보고 예언을 했기 때문에 '兆'에는 '豫言(예언)'이라는 의미가 있다.

吉兆 길조
兆朕 조짐

의약
醫藥

'醫(의)'의 아랫부분 글자 '酉(유)'는 술 동이이다. 일부 고대 글자에서는 '酉'가 들어갈 곳에 '巫(무)'를 넣기도 한다.

고대 의학에서 술이라는 의약품은 巫師(무사)와 밀접한 관계가 있다. 중국 의사의 원조는 扁鵲(편작)이다. 그는 기원전 5세기에 이미 다양한 분야의 의료 전문기술을 구사해서 砭石(펌석)·鍼灸(침구)·按摩(안마)·熱敷(열부)·手術(수술) 등의 방법을 사용했다. 전국 말엽에 나타난 20만 자 분량의 『黃帝內經(황제내경)』은 중국의학이 초기 경험 의학을 넘어섰다는 중요한 표지이다. 이 책은 체계적으로 인체의 생리·병리·진단·치료·예방·보건 등에 관해서 전면적으로 다루고 있다. 또한 중국 의학의 臟腑(장부)·經絡(경락) 학설의 기초를 다졌으며, '陰陽五行說(음양오행설)'로 모든 인체 기관은 상호 연관이 있으며 전신의 일체 상황은 신체의 어느 한 부분에도 집중적으로 반영되어 나타난다고 인체의 생리를 설명했다.

'藥(약)'은 풀을 가리키는 '艹(초)'가 의미 부분이다. 식물을 약재로 하고 있음을 알 수 있다.

藥局 약국
藥效 약효
劇藥 극약

중국에서 가장 처음으로 나타난 藥物(약물) 전문 서적은 漢代(한대)의 『神農本草經(신농본초경)』이다. 여기에는 365가지의 약재가 수록되어 있다. 이 책은 모든 약물을 滋養(자양) 補强(보강) 약물인 '上品(상품)'과 '中品(중품)' 그리고 단지 치료 목적으로만 쓰이는 '下品(하품)'으로 나누었다. 이를 바탕으로 李時珍(이시진)에 의해 쓰여진 『本草綱目(본초강목)』은 190만 자에, 수록된 약재만 1,892종과 1,000여 폭의 삽화까지 곁들여져 있다. 내복용 약으로 미리 제조되는 형태는 丸(환: 굵은 알약)·散(산: 가루 약)·膏(고: 연고)·丹(단: 작은 알약)의 네 종류이다. '丹(단)'은 장생불사를 목적으로 제련해서 만든 약을 가리킨다. 이러한 불사약을 만드는 기술을 '鍊丹術(연단술)'이라고 했다.

丹藥 단약

診斷 진단
診療 진료

'診(진)'은 의사가 환자의 병세를 파악하는 일을 가리
킨다.

診의 전통적인 진단방법은 네 가지이
다. '望〔망: 혈색이나 피부·舌苔(설태)·분비
물·배설물의 관찰〕· '聞(문: 목소리·호흡 등을
듣거나 구강·분비물·배설물의 냄새를 맡기)·
'問(문: 환자 또는 가족과의 대화를 통한 묻
기)· '切〔절: 신체 여러 부위의 맥박에 食指(식
지)·中指(중지)·無名指(무명지)를 대고 맥박의
속도·간격·장단과 搏動(박동)의 크기나 위치 등
으로 진맥〕'로서 이를 '四診(사진)'이라고 한다.

鍼灸 침구

'灸(구)'. 옛날 사람들은 불에 데운 돌을 신체의 통증
부위에 올려놓으면 통증이 가라앉는다는 것을 발견하
고 소나무나 대나무 등을 태워 같은 방법을 사용했다.
나중에 쑥의 잎을 말려서 태운 다음 환부에 그 열기를
쪼여 치료하던 방법이 오늘까지 전하는데 이를 '灸'라
고 한다.

'砭(폄)'은 환자를 치료하기 위해서 만든 '돌 침'을 가
리킨다.

'針(침)'. 고고 출토품 중에는 대량의 骨針(골
침)과 石針(석침)이 나타났는데 이는 대부분 실
을 사용해서 꿰매는 용도의 '바늘'이다. 이러
한 용도 외에도 '針'은 치료의 목적으로 쓰였
다. '針(침)'과 '鍼(침)'은 같은 글자이지만 꿰매는
바늘은 針, 의료용 바늘은 鍼을 쓴다.

▲ 骨針(골침).

중국에서 가장 처음 나온 '鍼灸(침
자)' 치료 관련 문헌은 西晉(서진) 시기의 皇甫
謐(황보밀)이 지은 『鍼灸甲乙經(침구갑을경)』
이다. 침구치료의 기본적인 의료는 經絡(경락)
학설에 바탕을 두고 있다. '經絡'이란 인체의
근육과 내장에 연결된 '氣運(기운)'의 유통구조
라고 할 수 있다.

산수
算數

'數(수)'는 비교적 뒤늦게 나타난 한자로 왼쪽 '婁
(루)'에는 '累計(누계)'라는 뜻이 있고 오른쪽은 敎育(교

육)을 가리키는 의미의 부수이다. 周나라 때에 分母(분모)나 共通分母(공통분모) 등의 개념 등이 쓰였던, 각종 수를 계산하는 아홉 가지 방법을 적은 교재를 『九章算術(구장산술)』이라고 했다.

數式 수식
函數 함수

'數'는 수량을 나타내는 말이다. 해놀이나 장기 등의 기예를 '數'라고도 했다.

運數 운수

초기에는 占卜(점복)을 나타내던 의미가 변하여 '운명'을 표시하기도 한다.

數十 수십

10개 이내의 수량을 나타내는 단위로 쓰인다.

'계산하다'는 뜻으로는 '數學(수학)'·'算數(산수)'가 있다. '단시간 내' 또는 '자주'라는 의미로 쓰일 때는 '數(삭)'으로 읽힌다.

籌備 주비
籌算 주산
籌板 주판

'籌(주)'. 고대에는 수를 계산할 때, 기호를 쓰지 않고 算板(산판)·算珠(산주)·算籌(산주) 등을 썼다. 宋代(송대)에 이르러서 비로소 계산 기호가 생기기 때문에 唐代(당대)의 문헌을 보면 계산에 관련된 내용은 모두 그림으로 처리되었다. '籌'란 계산할 때 사용되는 작은 대나무 가지를 가리킨다. 모두 271개로 되어 있다. '籌板'은 '珠板(주판)'과 같은 낱말이다.

合計 합계
統計 통계
計策 계책
計劃 계획

'計(계)'는 '결산하다'라는 뜻이 확대되어 '계산하다', '따지다', '계획하다'라는 뜻으로 쓰인다.

'算(산)'은 대나무를 가리키는 '竹(죽)'의 아래에 두 손으로 算 가지를 배열하는 모습을 형상화한 글자이다.

算定 산정
算出 산출
暗算 암산

宋代의 화가 張澤端(장택단)이 그린 『淸明上河圖(청명상하도)』는 당시의 수도인 開封(개봉)을 사진 찍은 것처럼 자세하게 그렸다. 그 중 '趙太丞藥店(조태승약점)'이라고 간판이 걸려 있는 한 약점 앞에는 오늘날과 똑같은 珠板(주판)이 놓여 있는 것을 볼 수 있다.

'倍(배)'는 원래의 수량만큼 보태진 경우를 말한다.

倍數 배수
倍加 배가
倍率 배율

숫자

'一(일)'은 숫자로서 基數(기수)의 하나이지만 '하나로 하다'라는 동사가 될 수 있다.

'서로 같다'는 뜻으로도 쓰이며 '모든'이라는 의미도 있다.

統一 통일
一致 일치

一心 일심
一國 일국
一家 일가
一體 일체
一齊 일제

'一'과 '壹(일)'은 통용되는 글자이지만 '一'은 '하나로 집중하다'는 뜻으로 쓰일 경우에만 가능하다. '壹'은 '마음을 하나로 하다'라는 뜻이다. '모두'·'전체'를 가리키기도 한다. 고대 한문에서는 '만일'·'만약'으로도 쓰였다.

兩班 양반
兩便 양편

'兩(양)'은 '짝을 이루는 두 개'를 가리킨다. '양쪽' 즉 '쌍방'을 가리킨다. 이것이 확대되어 '둘'을 의미하게 되었다. 나중에는 양사로도 쓰인다. 과거에 동전이나 금을 가리키는 양사가 그 경우이다.

'二(이)'는 단순한 숫자를 가리키는 말이므로 '兩'을 대체하는 경우는 없다. '兩'과 '再(재)'는 비슷하게 여겨지기 쉽지만 의미는 전혀 다르다.

再選 재선
再修 재수
再次 재차

'再'는 '두 차례에 걸쳐'·'거듭'이라는 의미이기 때문에 동작의 양을 표시한다. 절을 두 번 하는 것을 '再拜(재배)'라고 하고, '二拜(이배)' 또는 '兩拜(양배)'라고는 할 수 없다.

一日三省 일일삼성

'三(삼)'은 수량사이지만 한자에서 일반적으로 '여러 차례' 또는 '많이'라는 의미로 쓰인다. '三'은 '參(삼)'으로도 쓰인다.

參考 참고

'參'은 '驂乘(참승)'의 뜻이다. 고대에 마차를 탈 때 마차를 모는 사람의 오른 쪽 자리에 올라타는 것을 '驂乘'이라고 했다. 이 말이 나중에 '參加(참가)'·'參與(참여)'·'參席(참석)'의 의미로 확대되었다.

參酌 참작
參照 참조
持參 지참

도량형
度量衡

'度量衡(도량형)'의 경우 '度(도)'는 '길이를 재는 것'을 말하고 '量(량)'은 '용량을 재는 것'을 말하며 '衡(형)'은 '무게를 재는 것'을 말한다.

尺度 척도

'度(도)'는 '長短(장단)의 길이를 재다'라는 뜻이다. 이것이 '계산하다'·'추측하다'라는 뜻으로 쓰였다. 길이를 재는 표준이 되어 '程度(정도)'·'尺度(척도)'라는

角度 각도
限度 한도

◀ 漢代(한대) 計量衡器(계량형기), 銅量(동량).

말이 생겼다.

'法度(법도)'라고 할 경우에는 '法(법)'이나 '法制(법제)'를 말한다. 사람의 마음 씀씀이를 말할 때에는 '度量(도량)'이라는 의미로도 쓰인다.

容量 용량
物量 물량
分量 분량

'量'은 사물의 체적이나 용적을 가리킨다. 동사로 쓰이면 체적이나 용적을 잰다는 것인데, 길이를 재는 경우에도 쓰였다. 재능과 포부라는 뜻으로도 쓰일 경우에는 '雅量(아량)'이라는 낱말이 있다.

分離 분리
分割 분할
兩分 양분

'分(분)'은 '寸(촌)'을 10으로 나눈 단위를 가리킨다. 이것이 '나누다'라는 뜻으로 쓰였다.

料量 요량
思料 사료

'料(료)' 역시 '양을 재다'라는 뜻으로 쓰였다. 이것이 '계산하다'·'헤아리다'라는 의미로 쓰였다.

以升量石 이승량석
昇降 승강
昇進 승진

'升(승)'. 고대에는 두 손으로 가득 받쳐들은 곡식의 양을 '匊(국)'이라고 했다. 나중에 이를 대신해서 곡식 한 되의 단위로 '升(승)'이 쓰인다. '升(승)'은 곡식을 재는 한 단위인 '되'를 가리킨다. 1斗(두)의 10분의 1이다. '올라가다'라는 뜻으로 '降'과 반대되는 말로는 '昇(승)'과 함께 쓰인다.

'寸(촌)'은 손목에서부터 엄지손가락의 뿌리 부분까지의 거리를 가리킨다. 가장 짧은 단위를 말하던 이 글자는 '작다'·'적다'의 의미로도 쓰인다.

친척간의 寸數(촌수)를 의미한다.

寸刻 촌각
寸劇 촌극
寸步 촌보
寸志 촌지
寸鐵殺人 촌철살인
三寸 삼촌
四寸 사촌

고대의 도량형 기준은 지역과 시기마다 엄격한 기준이 적용되지 않았기 때문에 많은 차이가 있었다. 하남성 안양현에서 발굴된 商代의 骨尺(뼈로 만든 자)을 기준으로 측정한 결과 당시의 1寸(촌)은 1.675cm이었다. 이를 기준으로 당시 성인 남자의 키를 1丈(장)(167.5cm) 정도로 했기 때문에 한자어에 성년남자를 가리킬 때 '丈(장)'을 쓰는 경우가 있다. 그러나 길이 등 도량형의 기준은 오랜 기간을 통해 약간씩 변해 왔다.

'尺(척)'. 고대의 기준으로 1尺이란 팔뚝 하나의 길이이다.

우리말에서 '한 자 세 치'라고 하면 '一尺三寸(일척삼촌)'인 셈이다. 10尺은 1丈(장)이다. '丈'은 일반적으로 한 사람의 키를 말하는 기준으로 쓰였다. 우리말의 '열길 물 속'이라고 할 때의 '길'에 해당한다.

어른을 공경하는 의미나 成人(성인)을 가리키는 것으

丈人 장인
大丈夫 대장부

로 쓰이기도 한다.

步行 보행
步道 보도
五十步百步
오십보백보

'步(보)'는 걸음걸이의 단위로서, 6尺의 길이를 기준으로 했다. 이는 양쪽 발을 한 번씩 내딛은 거리, 즉 오늘날의 두 걸음에 해당하는 단위명사이다. 상고 시기에는 '100步'를 '1畝(무)'라고 했고, '375步'를 '1里(리)'라고 했다. '步'는, 동사로는 '길을 걷다'라는 뜻으로 천천히 걷는 걸음을 가리켰다.

經營 경영
運營 운영

軍營 군영
兵營 병영

'營(영)'은 '땅을 재는 것'을 말한다. 동서 방향으로 땅을 재는 것을 '經(경)'이라고 하고, 면적 범위를 재는 것을 '營'이라고 한다. 이것이 '계획하다'·'처리하다'라는 뜻이나 그런 '장소'의 의미로 쓰였다.

군사 기지를 말하기도 한다.

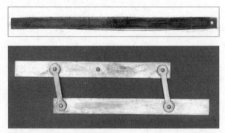

▲ 銅尺(동척). 王莽(왕망) 시기에 제조된 銅尺(동척)이다. 직각의 固定尺(고정척)과 滑動尺(활동척)으로 구성되어 있으며 활동척을 상하로 움직일 수 있다. 뒷면에 '始建國元年(시건국원년)' 등의 銘文(명문)이 있는 세계 최초의 활동 척도계이다.

▲▶▲ 尺(척). 廣西省(광서성) 漢墓(한묘)에서 출토된 漢代(한대) 木尺(목척)으로 근년에 발견된 度量衡(도량형) 珍品(진품)이다. 이 木尺에는 10등분의 刻度(각도)가 분명하고 잘 보존되어 있고, 정 가운데에 十字(십자)가 새겨져 있다. 새겨진 부분은 紅漆(홍칠)로 메웠다.

▲▶▼ 淸代(청대) 平行線尺(평행선척).

저울과 무게

'權(권)'은 '저울' 또는 '저울에 쓰이는 추'를 가리키는 말이다. 동사로 쓰일 경우에는 '무게를 재다'라는 뜻으로 쓰였다. 이것이 나중에 '權力(권력)'·'權勢(권세)'·'職權(직권)'의 의미로 확대되었다.

'權'은 어떤 일을 '융통성 있게 처리하다'라는 의미로 쓰이면서 임기응변이라는 의미의 낱말로 확대되었다.

'策略(책략)'을 의미하는 '權謀術數(권모술수)'가 그 예이다.

천칭의 한쪽에는 중량을 잴 물건을 올려놓고 다른 한쪽에는 그 중량에 해당하는 무거운 추를 올려놓는데 이것을 '權'이라고 한다.

權利 권리
特權 특권

權限 권한

權術 권술

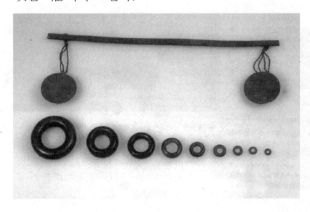

◀ 木衡(목형)과 銅環權(동
환권). 그림의 저울과 추
는 전국 시기의 저울이
다.

衡平 형평　　　'衡(형)'은 마차를 모는 도구로서 '마차 위에 가로놓인 막대'를 가리키는 글자이다. 중량을 재는 저울인 '天秤(천칭)'을 가리키면서 '均衡(균형)'이라는 의미가 있다.

呼稱 호칭　　　'稱(칭)'은 사물의 무게를 재는 것을 말한다. 손으로 물고기를 잡아들고 있는 모습을 형상화한 글자이다. '天秤'의 '秤(칭)'은 '稱(칭)'과 통하는 글자이다. '들어 올리다'라는 뜻이 있어서 '稱頌(칭송)'·'稱讚(칭찬)'의 의미로 쓰였다.

　　　'斤(근)'은 도끼와 비슷한 연장이다. 중량을 나타내는 단위로 쓰였다. '무게를 자세히 살피다'·'이해득실을 따지다'라는 뜻으로 쓰일 경우에 쓰는 '斤斤計較(근근계교)'라는 성어가 있다.

◀ 升(승). 이 銅方升(동방승)은 秦(진)의 상앙 시기에 제작되어 곡식의 量(양)을 재던 기구이다.

'鈞(균)'은 30근을 한 단위로 하는 중량을 나타낸다. 도자기를 만드는 사람들이 도자기를 올려놓고 빚는 회전판을 '鈞'이라고 했다. '鈞'은 '均(균)'과 상통하는 글자이며 '고르다'라는 의미로 쓰인다.

鈞陶 균도
均等 균등
均衡 균형

'鍾(종)'은 '작은 술잔' 또는 6말 4되를 한 단위로 하는 용량을 가리킨다. '모여 쌓인다'는 뜻으로도 쓰였기 때문에 성어 중에는 '一見鍾情(일견종정)'이라는 말이 있다. '鍾'과 '鐘(종)'은 원래 다른 글자이다. '무거울 重(중)'자가 붙은 것은 용량을 나타내는 단위이며 '아이 童(동)'자가 붙은 것은 '종을 치다'라고 할 때의 악기이다.

鍾鉢 종발

鐘閣 종각
警鐘 경종

방위
方位

'方(방)'은 원래 두 대의 배나 마차가 나란히 가는 것을 말한다.

또한 '圓(원)'과 상대되는 말로 '직사각형'을 뜻한다. 이것이 '正直(정직)'이라는 의미로 확대되었다.

고대에는 면적을 계산하는 용어로 쓰였다. 한쪽 면을

長方形 장방형

方正 방정

四方 사방

遠方 원방 方向 방향	가리키는 경우는 '一方(일방)'이라고 한다.
	'方法(방법)'이나 '方式(방식)'의 뜻도 있다. '치료하는 방법'이라고 쓸 경우 약 '處方(처방)' 등의 어휘가 있다.
	고대에는 술법을 운용하는 사람을 '方士(방사)'라고 했다.
方今 방금	동사로는 '～할 때'라는 뜻으로 쓰인다.

地位 지위 位相 위상 方位 방위 位階秩序 위계질서	'位(위)'는 사람이 서거나 앉아 있는 곳을 가리킨다. 관리가 조정해서 차지하는 위치를 뜻하던 것이 일반적인 의미의 '職位(직위)' 또는 '官職(관직)'과 함께 '位置(위치)'를 의미하게 되었다.

上級 상급 上等 상등	'上(상)'의 초기 글자는 '一' 위에 '점(·)'을 찍어서 '위'라는 의미를 표시했다. 옛날 사람들은 방위에서 북쪽이 남쪽보다 높다고 여겼다. 그래서 북쪽을 향해서 가는 것을 '北上(북상)', 그 반대를 '南下(남하)'라고 했다. '上'에는 추상적인 개념인 윤리 또는 계층 등의 일부 의미가 포함되었다.
主上 주상 臣下 신하	고대 한문에서 '上'은 '군주'나 '천자'를 가리키고, '下(하)'는 신하나 백성을 가리켰다.
崇尙 숭상	'尙(상)'은 '上'과 통하는 글자로 '위에 놓다' 또는 '받

들다'라는 뜻으로 쓰인다. '위'라고 하는 뜻이 있어서 '고상하다'라는 말이 생겼다.

부사로는 '아직' 또는 '다시' 등의 뜻으로 쓰인다.

'中(중)'은 '가운데'·'중간'·'중심'·'내부'를 가리킨다. '中'의 초기 문자를 보면 '○'을 상하로 관통해 있는 획 'ㅣ'이 보인다. 이는 화살로 과녁을 꿰뚫은 모습이다. '中風(중풍)'은 한의에서 말하는 뇌혈관 질병인 '風(풍)을 맞다'라는 뜻이고, '的中(적중)'은 '과녁(的)에 맞다'라는 뜻이다.

이것이 나중에 '적합하다'·'부합하다'라는 의미로 쓰였다.

'北(북)'은 두 사람이 서로 등을 돌리고 있는 모습이다. 방향으로는 북쪽지방이나 북쪽을 가리킨다.

싸움에서 '지다'라고 할 때에는 '敗北(패배)'라고 읽는다.

'下(하)'는 '아래' 또는 '밑'이라는 뜻으로 쓰였다. '上(상)' 또는 '高(고)'와 반대되는 말이다. 고대에는 '高低(고저)'라고 하지 않고 '高下(고하)'라고 했다. '내려가다'라는 뜻으로 쓰일 경우에는 '降下(강하)'·'下降(하강)'·'低下(저하)' 등의 낱말이 있다.

高尙 고상

時機尙早 시기상조

中間 중간
中央 중앙
中心 중심
中部 중부

中庸 중용

北方 북방

下剋上 하극상
下落 하락
下野 하야
却下 각하

右往左往 우왕좌왕
右側 우측

'右(우)'는 '오른쪽'을 말한다. 고대에는 오른쪽이 왼쪽보다 존중되었다. '左右(좌우)'라고 할 경우는 '近臣(근신)'을 가리켰다.

中央 중앙
未央 미앙

'央(앙)'은 '가운데'라는 뜻이다. '끝나다'라는 뜻이 있다.

문자
文字

文樣 문양
文學 문학

'文(문)'의 원뜻은 '무늬'이다. 초기 무늬의 개념은 인체의 피부에 그려 넣었던 각종 문양인 '문신'이다.

字典 자전
點字 점자

'字(자)'는 집안에서 아이를 키우는 형상의 글자이다. '아이를 낳아서 잘 키운다'는 뜻의 글자이다. 이것이 나중에 '글자'라는 의미로 쓰이게 된다.

'文字(문자)'에서 '文'은 각 글자 개체를 의미했고, 두 개 이상의 글자가 합쳐진 것을 '字'라고 했다.

▲ 陶文(도문) : 商代(상대)
의 刻畫符號(각화부호)로
이미 문자의 특징을 갖추
고 있다.
▶ 일부 한자의 金石文(금석
문).

人	大	女	又	目	耳	口	齒
日	月	草	木	水	戈	戶	門
牛	羊	犬	豕	馬	鹿	弓	矢

필기구
筆記具

'筆(필)'의 초기 한자를 보면 윗부분에 손이 있고, 붓
모양의 아랫부분을 잡은 모습이다. 甲骨文(갑골문)을
보면 대부분 날카로운 쇠붙이 등으로 새긴 글씨이지만

筆力 필력
筆名 필명
絶筆 절필
執筆 집필

일부의 갑골문에는 붉은색 또
는 검은색의 筆劃(필획) 흔적이
보인다. 이는 갑골에 뾰족한
것으로 글씨를 새기기 전에 붓
종류의 도구를 이용해서 밑그
림을 그린 것으로 보인다.

좋은 붓을 고르는 기준은 네 글자로 기준
을 삼는데 尖〔첨: 붓의 털 부분인 筆鋒(필봉)이
뾰족한 것〕·齊〔제: 털을 펼쳤을 때 끝이 고른
것〕·圓〔원: 筆鋒(필봉)이 고르게 둥근 것〕·健
〔건: 털에 탄력이 있는 것〕이다.

'筆(필)'의 현대 중국어 발음은 '삐'이지만 남
방의 방언 발음으로는 '삣'이다. 우리말 '붓'과
상당히 유사함을 알 수 있다.

墨客 묵객
墨香 묵향
白墨 백묵
筆墨 필묵

'墨(묵)'은 '먹'이다. 초기에는 검은색 돌가루를 갈아
서 쓰다가 한나라 말엽에 소나무를 태운 그을음(검댕이)
을 거두어 먹을 제조하게 된다. 당시의 조정 신하들은
사무용 비품으로 매월 大墨(대묵)과 小墨(소묵)을 각 한
매씩 받아 썼다.

▶ 御用(어용) 문구를 넣은 漆器凾(칠기함).

清朝(청조) 말년에는 墨汁(묵즙)이 보편화되기도 했지만 일반적으로 '묵'을 만들 경우에는 아교와 방부제를 섞어서, 먹으로 쓰여진 책이나 문서가 변질되거나 벌레 먹는 것을 방지했다.

'紙(지)'는 '종이'이다. 초기의 '紙'는 천을 만드는 과정에서 부산물로 만들어진 것이다. 그래서 왼쪽에 '糸(사)'가 붙었다. 고대에 천을 만들 때, 물에 넣어 삶은 누에고치나 솜으로 실을 만드는 작업을 하고 남은 찌꺼기를 말려서 만들어진 것이 '紙'이다.

그러므로 '紙'란 가볍고 얇으면서도 編織(편직)되지 않은 천 모양의 것을 가리켰다. 나중에 식물의 이겨진 섬유질을 물에 담갔다가 얇게 펼쳐서 말린 것인 종이의 시초가 되었다.

製紙 제지
韓紙 한지
宣紙 선지

'硯(연)'은 '벼루'이다. 물을 따라 넣고 먹을 갈아서 墨汁(묵즙)을 만든 다음 붓으로 찍어 쓸 수 있도록 사용되는 문구이다. '硏(연)'은 '먹을 갈다'라는 것에서 분화된 말로 넓은 의미의 '갈다'라는 뜻이 있다. 이것이 '연

硯滴 연적

硏修 연수
硏究所 연구소

마하다'·'연구하다'라는 뜻으로 확대되었다.

篆書 전서
隸書 예서
楷書 해서
行書 행서
草書 초서
書信 서신
葉書 엽서
書簡文 서간문

'書(서)'는 죽간이나 비단 등의 천에 글차를 쓰는 행위를 가리킨다. 이것이 나중에 '글'·'글씨' 또는 '편지'를 가리키게 되었다. 고대 중국어에서 '書'는『書經(서경)』을 가리키기도 했기 때문에 '글이 적혀 있는 책' 일체인 일반적인 책의 총칭이 되었다.

書籍 서적
教科書 교과서
參考書 참고서

地圖 지도
圖表 도표
圖畵紙 도화지
圖書 도서

'圖(도)'는 여러 번 고려하고 생각한다는 뜻이다. 계획을 세운다는 의미의 '企圖(기도)', 생각한 것을 실행해 보려고 한다는 '試圖(시도)' 등이 있다. '圖'는 '생각의 그림'이라는 의미가 확대되어 그림 자체를 가리키게 된다.

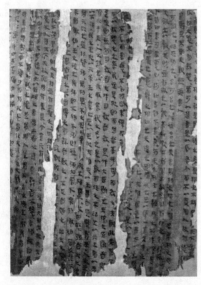

'帖(첩)'. 종이가 보급되기 전에 비단 등의 천 위에 그림이나 글씨를 쓴 것을 '帛書(백서)'라고 한다. 이렇게 백서가 보편화되던 시기에 책의 제목

◀ 湖南省(호남성) 長沙(장사) 馬王堆(마왕퇴) 3號(호) 漢墓(한묘)에서 발굴된 帛書(백서)『老子(노자)』.

용으로 붙여 쓰기 위해, 다른 종류의 천을 오려서 제목
을 써 붙인 것을 '帖(첩)'이라고 한다. 漢代 이후로는
이러한 한 개의 제목과 그 제목이 포함하는 한 편의 문
장을 통칭하기도 했다. 후대에는 당시의 글씨를 습자
교본으로 삼았는데 이를 '字帖(자첩)'이라고 했다.

手帖 수첩
畵帖 화첩
法帖 법첩

인쇄
印刷

'印(인)'의 본뜻은 '누르다'라는 뜻이다. 초기 글자 모
형은 손으로 허리를 구부리고 있는 사람을 누르는 형상
이다. '누르다'라는 뜻이 나중에 '印章(인장)' 또는 '인
쇄'를 가리키게 되었다.

印鑑 인감
印象 인상
烙印 낙인
捺印 날인

'刷(쇄)'는 '刀(도)'방이 있는 것으로 알 수 있듯이 '제
거하다'라는 뜻이다.

刷新 쇄신

인쇄술이 개발되기 전에는 모든 문서
를 손으로 베껴 썼다. '帛(백)' 외에도 竹簡(죽
간) 등에 글씨를 썼는데 그것이 중요한 공문서일

경우 비밀 유지를 위해서, 죽간을 말아 묶은 노끈 부분에 진흙을 이겨서 붙여 말렸다. 그리고 그 진흙 위에 음각으로 새겨진 인장을 찍어 보안의 표지를 해두었는데, 이것은 나중에 五代(오대) 시기에 이르러 목판 인쇄를 발명하는 계기가 된다.

가무
歌舞

歌手 가수
歌唱 가창
詩歌 시가

'歌(가)'는 '노래'이다.

合唱 합창
重唱 중창
唱歌 창가

'唱(창)'은 '노래를 부른다'는 뜻이다.

舞蹈 무도
舞踊 무용

'舞(무)'는 '춤', 또는 '춤을 춘다'는 뜻이다.

彎曲 만곡
婉曲 완곡
是非曲直 시비곡직

'曲(곡)'은 '구부러졌다'는 뜻이다. 이것이 나중에 '娛樂(오락)'의 의미로 분화되었다. 한두 명의 배우가 무대에서 대사와 노래, 연주와 연기 등 다양한 연출을 하는 것을 '曲藝(곡예)'라고 했다. '曲'은 나중에 '戲曲(희곡'이라는 의미나 음악의 한 단위로 쓰인다.

樂曲 악곡

'和(화)'는 음악에서의 '어울림'·'조화'를 뜻한다. 이
것이 '다투지 않음'·'친목'이라는 뜻으로 쓰였다.

和音 화음
和睦 화목

어떤 소리에 반응을 한다는 뜻이 있다. 특히 남의 노
래에 응답한다는 의미로 쓰인다.

和答 화답
和暢 화창

시
詩

'詩(시)'는 원래 '노래 가사'를 가리킨다. 고대 한문에
서의 '詩'란 대부분 우리가 오늘날 말하는 『詩經(시경)』
의 '詩'를 뜻하는 고유명사로 『시경』에 적힌 노래 가사
의 총칭이었다.

詩想 시상
詩語 시어
詩集 시집
漢詩 한시

西漢(서한) 시기부터 南北朝(남북조) 시기까지는 음악
을 전담하던 관서인 '樂府(악부)'가 설치되어 있었다.
樂府에서는 주로 지방 곳곳에서 유행되고 있던 民謠(민
요)·民歌(민가)를 수집 정리했는데 이렇게 정리된 시를
'樂府詩(악부시)'라고 했다.

'唐代(당대)'에 이르러서는 詩를 짓는 것이 과거시험
의 중요한 일부가 되었다. 당시 경제적 번영과 함께 이

抒情詩 서정시

름을 남긴 시인만 2,300명, 그리고 5만 수의 작품이 오늘날까지 전해진다.

詞賦 사부
歌詞 가사
品詞 품사
曲調 곡조

宋代(송대)에는 詩 외에도 전적으로 노래 가사로 지어지던 문학 형식이 있었는데 이를 '詞(사)'라고 했다. 元代(원대)에는 詞를 바탕으로 민간가요를 모방하여 구어 색채가 짙은 짧은 가사의 문학 형식인 '曲(곡)'이 성행했다.

餘韻 여운
韻律 운율
韻脚 운각
韻文 운문

'韻(운)'은 듣기 좋은 선율을 가리킨다.

'押韻(압운)'은 詩歌(시가)에서 한 구절의 맨 마지막 글자를 유사한 발음의 음절로 통일시키는 것을 가리킨다.

韻致 운치

'韻(운)'은 기품이나 풍도를 뜻하기도 한다.

음악과 악기
音樂　樂器

音聲 음성
聲樂 성악

'聲(성)'은 '소리'라는 원래의 뜻이 확대되어 '音樂(음악)'·'노래'라는 뜻으로 쓰였다.

名聲 명성
聲譽 성예
音律 음률

'聲'에는 '名譽(명예)'라는 의미도 있다.

'音(음)'과 '聲'은 동의어이지만 『禮記(예기)·樂記(악기)』에 따르면 '聲'이 '文(문: 곡조)이 되면 그것을 '音'

▶ 管(관). 고대에 音律(음률)을 정하는 기준으로 사용하던 대나무 十二音律管(십이음률관).

이라고 한다고 했다. '聲'이란 곡조가 되지 않은 '소리'인 것이다.

'響(향)'은 '메아리'라는 뜻이 '멜로디'라는 뜻으로 확대되었다.

音響 음향

문학이나 사상 상의 계승을 의미하기도 한다.

影響 영향

'影響'은 글자 글대로 '그림자'와 '메아리'라는 뜻이지만 오늘날처럼 남에게 미치는 波長(파장)을 뜻하게 되었다.

'管(관)'은 대나무로 만든 대롱, 즉 '파이프'를 가리키는 말이다. 고대에는 파이프처럼 대나무의 마디 부분을 뚫은 뒤 물을 흐르게 하여 사용했기 때문이다. 붓대라는 의미로 '筆管(필관)'이 있다. 음악에서 '管'은 대나무로 만들어진 '管樂器(관악기)'를 가리킨다.

管絃樂 관현악

主管 주관 　　다른 의미로 '管'은 고대에 쓰이던 일종의 '열쇠'를 말한다. 이 '열쇠'라는 뜻이 '책임을 지다' 또는 '管理 (관리)하다'라는 뜻으로 쓰였다.

竹製品 죽제품
竹馬故友 죽마고우
破竹之勢 파죽지세
　　'竹(죽)'은 '대나무'이다. 대나무는 악기로도 사용되었는데, 악기를 입으로 불어서 연주하는 소위 '吹奏樂 (취주악)'을 '管樂(관악)'이라고 했다. '絲竹(사죽)'의 '絲'는 현악기, '竹'은 관악기를 가리킨다.

鼓吹曲辭 고취곡사
　　'吹(취)'는 입으로 바람을 세게 '분다'는 뜻이다. 북돋아 격려한다는 뜻의 '鼓吹(고취)'란 북 등의 打樂器(타악기)를 '치고' 관악기를 입으로 '분다'는 의미이다. 원래는 여러 종류의 악기를 연주한다는 뜻이다.

上弦 상현
下弦 하현
　　'弦(현)'은 활의 '시위'이다. 휘어진 모습을 본 따서 '달'을 가리키기도 했다.
　　'絃樂器(현악기)'에서의 '絃(현)'을 가리키기도 한다. 이 경우에는 '絃'을 쓰지만 '弦'과 통한다.

晩鐘 만종
打鐘式 타종식
　　'鐘(종)'은 왼쪽 부분에 금속을 의미하는 '金(금)'이 있는 것으로 알 수 있듯이 고대 청동기의 대표적인 유물이다. 연회나 각종 행사에서 쓰이던 악기인 鐘은 원래 앞뒤에 세 개씩 여섯 줄의 돌기 '乳(유)'가 돌출되어

▶ 編鐘(편종).

있다. 이는 다른 유사한 모양의 청동기와 중요한 차이점이다. 이것이 나중에 鐘을 총칭하는 글자로 쓰인다.

'鼓(고)'는 '북'이다. '북을 친다'는 뜻도 있다.

고대 악기로 합주를 할 경우 일반적으로 '絲竹(사죽)'과 '鼓吹〔고취: 吹打(취타)라고도 한다〕의 두 종류로 나눈다. '鼓'의 초기 문자를 보면 커다란 걸개에 원통형의 북을 걸어놓은 옆에 북채를 쥔 손을 그려 넣었다.

鼓舞 고무
鼓笛隊 고적대

鼓動 고동
鼓膜 고막

'琴(금)'은 오동나무나 삼나무로 몸체를 만들고 絃을 걸어 타게 만든 전통적인 현악기이다. 초기에는 五絃(오현)이었는데 나중에 七絃(칠현)으로 바뀌면서 '七絃琴(칠현금)'이라고도 했다. '琴'으로는 통속적인 음악을 연주하기 어렵다.

'知音(지음)'이란 이렇게 '琴'으로 타는 고상한 음악을 이해할 줄 안다는 의미였던 것이 '자기 자신의 깊은 마음을 잘 이해한다'는 뜻으로 쓰였다.

琴瑟 금슬
心琴 심금

警笛 경적	'笛(적)'은 '피리'이다. 고대의 관악기는 대나무로 만
汽笛 기적	든 것이 많았기 때문에 이처럼 '竹'자가 들어 있는 악기
笙簧 생황	명이 많다.
上奏 상주	'奏(주)'는 아랫사람이 군주에게 올리는 말 또는 글을
	뜻한다.
奏樂 주악	음악을 연주하는 것도 '奏'라고 한다.
演奏 연주	

무술
武術

拳鬪 권투	'拳(권)'은 '주먹'이다.
拳術 권술	이것이 손으로 하는 무술을 가리키는 말로 쓰였다.

少林拳 소림권

'소림권'은 서기 495년 北魏(북위) 시기에 孝文帝(효문제)가 인도의 승려 '발타'를 위해 河南省(하남성)에 세운 '소림사'에서 발원한 무술을 가리킨다.

중국의 무술은 '소림파'를 중심으로 하는 '外拳(외권)'과 '武當派(무당파)'를 중심으로 하는

'內拳(내권)'으로 나뉜다.

明末淸初(명말청초)에 陳玉廷(진옥정)이 만든
권법을 乾隆(건륭)년간의 山西省(산서성) 王宗
岳(왕종악)이 '태극 음양'의 이론으로 해석하여
철학적 의미를 부여한 권법이 內拳에 속하는 '太
極拳(태극권)'이다.

'태극권'은 일반 무술과 건강 무술 그리고 중
의학이 결합된 운동으로, 河南省(하남성) 온양현
의 陳家溝(진가구)에서 전습되어 오다가 오늘날
에는 중국 전역은 물론 해외에까지 보급되었다.

우편
郵便

'郵(우)'는 먼 곳까지 편지나 물건을 보내는 일을 가
리킨다.

郵便 우편
郵票 우표

우편을 전달하는 사람과 말이 쉴 수 있도록 조성된
장소가 '驛(역)'이다.

驛前 역전

고대 역과 역 사이의 길이는 30리였으며, 중요하고

신속히 배달이 되어야 하는 우편 업무의 경우 말만 바꾸어 타는 방법으로 하룻밤에 300리 이상의 거리를 우송했다.

교통
交通

徒步 도보	'徒(도)'는 교통 수단을 이용하지 않고 가는 것을 말한다.
徒黨 도당	같은 부류의 일정한 무리 또는 집단을 가리킨다.
徒弟 도제 學徒 학도 門徒 문도	같은 학파 또는 정치 집단을 말하기도 한다. '徒'는 형용사로 쓰일 경우 '공연히'·'쓸데없이'·
徒勞無功 도로무공	'헛되이'라는 뜻으로 쓰인다.

부사로 쓰일 경우에는 '단지'·'다만'·'오직'이라는 의미가 있다.

戰車 전차 汽車 기차 乘車 승차	'車(차)'는 '수레' 또는 '군용 마차'를 가리킨다. 이 글자는 고대에 '거'로 읽혔다. 교통비라는 뜻으로 '車馬費(거마비)'가 있으며 오늘날 '自轉車(자전거)' 등에 쓰이고 있다.

'輿(여)'는 여러 사람이 들도록 고안된 '가마'를 가리

▶ 西周(서주) 시기의
馬車(마차).

킨다. 가벼운 대나무와 삼나무 등으로 무게를 경감시켜

서 만든 '輿'는 오늘날에도 중국 곳곳에서 사용된다. 사

람이 죽으면 시신을 넣어 장지로 가는 가마 '喪輿(상

여)'는 우리나라에서도 쓰인다.

'여럿'이라는 뜻이 있어서 '여러 사람의'라는 의미로

쓰인 '輿望(여망)'이나, '輿論(여론)' 등의 어휘가 있다.

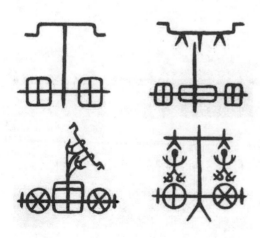

◀ '車(차)'와 관련된 각종 상형문자.

| 前轍 전철 | '轍(철)'은 '마차 바퀴가 지나간 자국'을 말한다. |

| 東軒 동헌 | '軒(헌)'은 '대부가 타던 마차'를 가리킨다. 나중에 |
| 烏竹軒 오죽헌 | '작은 방'이라는 의미로 쓰였다. |

| 運輸 운수 | '輸(수)'는 '운송하다'는 뜻이다. |

| 積載函 적재함 | '載(재)'는 마차·전차 등에 '싣는다'는 뜻이 모든 '싣 |
| 積載量 적재량 | 는 행위'를 뜻하게 되었다. |

| 記載 기재 | '기록한다'는 의미로도 쓰인다. |

'年(년)'과 같은 의미로 쓰일 경우 千載一遇(천재일우)
가 있다.

선박
船舶

| 一葉片舟 일엽편주 | '舟(주)'는 '배'이다. |

| 漁船 어선 | '船(선)'은 '舟'와 같이 '배'라는 의미로 쓰인다. |
| 帆船 범선 | |

| 舶來品 박래품 | '舶(박)'은 '큰 배' '장삿배'의 뜻이다. |

◀ 明淸(명청) 시기의 帆船(범선).

'凡(범)'은 원래 돛의 모양을 그린 글자이다. '모든' 이라는 뜻으로 차용된 뒤, '돛'이라는 뜻으로는 '帆(범)'이 생겼다. '凡'은 '평범하다'는 뜻이 '세속적이다'라는 의미로 쓰였다.

凡俗 범속
凡人 범인
大凡 대범
凡事 범사

'크게 개괄한다'는 뜻으로 쓰이기도 한다.

'모두'라는 뜻으로 쓰일 경우도 있다.

전투용 배는 '艦(함)'이라 했다.

軍艦 군함
戰艦 전함
艦隊 함대
航空母艦 항공모함

세금
稅金

貢物 공물   '貢(공)'은 제후가 천자에게 헌납하는 재물을 일컫는
다.

賦與 부여   '賦(부)'는 전쟁을 위해 징집하는 각종 재물 또는 인
天賦 천부   력을 총칭하는 말이다. '貢'과 '賦'는 초기의 납세방식
이다. 이것이 '수여하다' · '주다'라는 뜻으로 쓰였다.
고대에는 시를 짓는다는 뜻이나 문체의 일종으로 '賦
漢賦 한부   (부)'를 쓰기도 했다.

稅金 세금   '稅(세)'. 고대에는 수확된 농산물의 일부를 국가나
稅率 세율   주인에게 납부했는데 이를 '稅'라고 했다. '우물'을 의
納稅 납세   미하는 '井(정)'은 농토를 분할한 모습을 그린 것이다.
免稅 면세   중앙 부분은 '公田(공전)'이고 주위의 밭은 '私田(사
脫稅 탈세   전)'으로, '公田(공전)'에서 수확된 농산물은 공물로 중
앙에 바쳐져야 했다. 고대에도 노인과 신체 장애자에게
는 '稅'를 면제했다.

재물
財物

'貝(패)'는 조개의 껍질을 형상화 한 그림이다. 바다로부터 먼 거리에 있었던 황하 중상류의 토착민들은 진귀한 조개 껍질을 귀중품으로 사용했다. 이것이 재물이나 돈의 의미로 한자에 쓰인다.

貝殼 패각
魚貝類 어패류

'얻는다'는 의미인 '得(득)'의 초기 형태 문자를 보면 윗부분의 조개 껍질을 아랫부분에 있는 손이 쥐고 있는 형상이다.

所得 소득
利得 이득
得失 득실

조개 껍질은 귀중품으로만 여겨진 것이 아니라 때로는 공로가 있는 사람에게 주는 상이었다. '賞(상)'은 공적이 있는 사람을 장려한다는 뜻이다. 이것이 '좋아하다'는 의미로 쓰였다.

施賞 시상
褒賞 포상
賞金 상금

鑑賞 감상

美貨 미화
원貨 원화

'貨(화)'. 조개 껍질은 진귀한 장식품으로 쓰인 것 외에도 물건을 사고 파는 화폐로 쓰였다. 그러므로 '貨'의 초기 의미는 '貨物(화물)'·'財貨(재화)'라는 뜻이 아니라 '貨幣(화폐)'의 뜻이었다.

▲ 刀幣(도폐). 고대의 일상 생활에서 칼은 도구인 동시에 양도가 가능한 재산이기도 했다. 戰國(전국) 시기에는 그림처럼 '削(삭)'이라고 불리는 靑銅器(청동기)가 점차 초기 화폐로 쓰였다.

資本 자본
資產 자산
資金 자금
投資 투자
出資 출자
資質 자질
資格 자격

財產 재산
財政 재정
蓄財 축재

賃金 임금
賃借 임차

賂物 뇌물
受賂 수뢰

'資(자)'는 돈이나 재물의 총칭이다.

남에게 돈이나 재물을 제공한다는 뜻으로도 쓰인다.

'天性(천성)'이나 '作用(작용)'을 뜻하기도 한다.

'財(재)'는 재물이나 금전의 총칭이다.

'賃(임)'은 '품삯'의 뜻이다. '빌리다' · '세 내다'라고 도 쓰인다.

'賂(뇌)'는 재물을 뜻하는 글자였지만 재물 또는 선물을 남에게 보낸다는 뜻이 있다.

고대의 의미에는 오늘날과 같은 '뇌물'의 뜻은 없다. 고대의 뇌물이라는 뜻의 글자는 '賕(구)'이다. '賄(회)'는 '재물'이라는 뜻인데 선물을 남에게 보낸다는 의미가 있어 이것이 '뇌물을 주다'라는 의미로 쓰였다.

'貨' · '賂' · '賄' · '資' · '財'는 모두 '재물'이라는 비슷한 의미의 글자들이지만 약간의 차이가 있다. '貨'는 '金玉(금옥)'을 위주로 한 재물이고, '賂'와 '賄'는 '布

帛(포백)'을 재물로 한 재물이며, '資'는 금전을 가리키는 재물, '財'는 일상생활에 필요한 곡식 등의 생활 필수품을 가리킨다.

'貪(탐)'. 수단을 가리지 않고 재물을 취하는 것을 '貪'이라고 한다. '청렴하다'라고 할 경우의 '廉(렴)'과 반대되는 이 말은 만족할 줄 모르고 욕심을 내는 것을 말한다.

貪慾 탐욕
貪食 탐식
貪心 탐심

'責(책)'은 '빚'·'負債(부채)'라는 뜻으로 출발했지만, 나중에 '責任(책임)'이나 '責務(책무)'라는 뜻을 갖게 된다. 부채에는 '債(채)'가 쓰인다.

債券 채권
債權者 채권자

매매
賣買

'買(매)'. '사다'라는 뜻의 '買'에는 조개 껍질 '貝(패)'가 쓰였다. 윗부분은 그물을 뜻하는 '罒(망)'으로, '건지다'라는 뜻이다. '商代(상대)' 후기에는 조개 껍질을 모방하여 청동으로 주조한 화폐가 생겼다.

買收 매수
買占賣惜 매점매석

▲銅貝(동패). 商代(상대) 후기에서 西周(서주) 시기까지 상업무역의 범위가 점차 확대되어 海貝(해패) 공급이 어렵게 되자 금속화폐가 나타나게 되었다. 가장 이른 금속화폐는 貝型(패형)을 모방하였기 때문에 '銅貝(동패)'라고 불렀다.

賣渡 매도
賣物 매물
專賣 전매
賣盡 매진

'賣(매)'. '팔다'라는 뜻의 '賣'도 역시 조개껍질 '貝'가 있는데 그 위 부분은 물건을 '내어놓다'라는 뜻이다.

布木商 포목상
商人 상인
商業 상업

'商(상)'은 '장사하는 사람'의 총칭이다. 음악에서는 5개 음계 중의 하나이다. '商'이 '계산하다'는 뜻으로 쓰일 경우에는 '商議(상의)'가 있다.

商賈 상고

'賈(고)'는 '사고 팔다'라는 뜻이다. 이것이 장사하는 사람을 가리키게 되었다.

行商 행상
坐賈 좌고

상품을 싸들고 다니면서 판매하는 사람을 '商'이라고 했고, 쌓아놓고 판매하는 사람을 '賈'라고 했다.

購買 구매
購入 구입

'購(구)'는 원래 상금을 걸고 무엇을 '찾는다'는 뜻이다. 오늘날에는 돈으로 물건을 '산다'는 뜻으로 쓰인다.

'購'와 '買'는 다른 뜻이다. '購'는 '많은 돈을 걸고 특정 물건을 구한다'는 뜻인 반면 '買'는 단순히 '사는 행위'를 말한다.

'市(시)'는 물건을 사고 파는 장소인 '市場(시장)'을 뜻한다. 동사로 쓰일 경우에는 '사다'라는 뜻으로 쓰인다.

市勢 시세
市販 시판
撤市 철시

농사
農事

'稼(가)'는 벼와 과수의 열매를 가리킨다. 이것이 농사를 짓는다는 뜻으로 확대되었다. '穡(색)'은 벼나 보리를 수확하는 것이다. 따라서 '稼穡(가색)'이라고 하면 곡식 농사를 일컫는 말이다.

稼動 가동

'穫(확)'은 농산물을 거두는 것을 가리킨다. '穫'은 농사에서의 수확에만 쓰이고, '獲(획)'은 사냥 즉 수렵에서나 전쟁 등에서 취득된 것을 가리킨다.

收穫 수확
獲得 획득

'畔(반)'은 밭과 밭 사이의 경계 지역을 말한다. 이것이 '밭두렁'이라는 뜻으로 쓰였다.

湖畔 호반

'麥(맥)'은 '보리'이다. '밀'을 '小麥(소맥)'이라고 하면서 '보리'는 '大麥(대맥)'이라고 불리게 된다.

麥芽 맥아
麥酒 맥주

豆油 두유
豆腐 두부

'豆(두)'는 '콩'이다.

偶像 우상
對偶 대우

'耦(우)'는 일종의 농사짓는 방법을 말한다. 두 사람이 짝을 이루어 쟁기질을 하거나 밭을 일구는 행위를 뜻했다. 이것이 나중에 한 쌍 또는 배우자를 가리키게 되는데, 새로 '偶(우)'자가 생기면서 원래의 뜻으로 정착되었다. '耦(우)'의 '耒(뢰)'는 '쟁기'이다.

出納 출납
納付 납부
納稅 납세

'納(납)'은 '거두어들이다'라는 뜻으로 '出(출)'과 반대되는 말이다. '위에 바친다'는 뜻으로 '獻納(헌납)'이 있다.

收監 수감
收用所 수용소
稅收 세수

收(수)는 '체포하다'·'거두어들이다'라는 뜻이다. 나중에 '모으다'·'收集(수집)하다'라는 의미가 되었

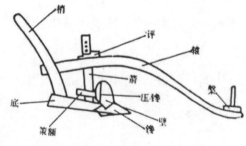

◀ 西漢 시기의 鐵製(철제) 쟁기인 '耕犁(경려)'의 날.
▲ 고대 쟁기의 설명도. '힘'을 의미하는 '力(력)'자의 형상이다.

다. 다 익은 농산물을 거둬들이는 것도 '收'라고 하여
'秋收(추수)'가 있다.

　'力(력, 역)'은 원래 '쟁기의 일종'으로 땅을 파서 뒤엎 ｜ 力量 역량
는 농기구를 가리켰다. 이것이 나중에 '힘'이라는 의미 ｜ 力作 역작
로 쓰였다. '力'과 관련이 있는 한자는 다른 항목에서
볼 수 있다.

8 몸과 동작

얼굴
面

'面(면)'은 '얼굴'을 뜻한다.

동사로 쓰일 경우 '마주하다'라는 뜻으로 쓰여서 군주가 남쪽을 향해서 앉는 것을 '南面(남면)'이라고 했다. '맞닥뜨리다' 또는 '그 자리'라는 의미에서 '當面(당면)'이라고 쓰인다.

現代 중국어에서 얼굴을 뜻하는 '臉(검)'이라고 하는 글자는 魏晉(위진) 시기 이후에 생긴 것으로 원래 얼굴의 '뺨' 부분을 가리키는 말이다.

'口(구)'는 '입'을 말한다.

이것이 나중에 '구멍'이라는 뜻으로 쓰였다.

'사람'을 나타내는 의미로 쓰이기도 했다. 이 경우 사람 이외에는 쓰이지 않는다.

현대 중국어에서 '입'을 뜻하는 '嘴(취)'는 '날짐승의 부리'이다.

面貌 면모
顏面 안면

當面課題 당면과제

口腔 구강

非常口 비상구
出入口 출입구

食口 식구
人口 인구

齒科 치과
齒石 치석
齒列 치열
蟲齒 충치

'齒(치)'는 입술 부분에 보이는 '이'를 일컫는다. 이것이 나중에 齒牙(치아) 전체를 가리켰다.

고대 한문에서는 '나이'를 상징하기도 한다. '함께 하다' 또는 '동렬에 놓다'라는 의미로 쓰이는 경우는 '君子不齒(군자불치)'가 있다. '군자는 (그들과) 함께 어울리지 않는다'라는 뜻이다. '齒'가 '앞니'를 가리키는 반면 '牙(아)'는 '어금니'를 가리킨다. 그러므로 '脣亡齒寒(순망치한)'을 '순망아한'이라고 하는 일은 없다.

牙城 아성
象牙 상아

耳目口鼻 이목구비
耳順 이순

'耳(이)'는 '귀'이다.

고대 한문에서는 '~일 뿐이다', 또는 긍정을 나타내는 語尾(어미)로 쓰였다.

眼目 안목

'目(목)'은 '눈'이다.

目睹 목도

동사로 쓰이기도 했다.

條目 조목
近視眼 근시안
眼帶 안대
眼疾 안질

'注目(주목)'이라는 말은 '눈길을 집중시키다'라는 뜻이다. '項目(항목)'을 나누는 단위로 쓰이기도 했다.

'眼(안)'과 '目'은 동의어인데 '目'이 동사로 쓰이거나 분류의 조목으로 쓰이게 되면서 '眼'이 생겼다.

'須(수)'는 원래 '鬚(수)' 즉 '鬚髥(수염)'의 뜻이다. 현재는 '반드시'라는 뜻으로 '必須'가 쓰인다.

'반드시 필요하다'라는 뜻으로는 쓰이는 것은 '必需

品(필수품)' 등의 '必需(필수)'이다.

용모
容貌

'容(용)'은 '용납하다'라는 뜻이다.

'容貌(용모)·容色(용색)'이라고 할 때처럼 '모습'이라는 뜻이 있다.

'容貌'에서 '容'과 '貌'는 동의어이지만 '容'이 마음의 표현을 가리킨다면, '貌'는 주로 외모를 가리킨다.

容許 용허
包容 포용
寬容 관용

模樣 모양
美貌 미모
風貌 풍모

'妖(요)'는 '아름답고 총명하며 매력이 있는 모습 또는 그런 여성'을 가리킨다.

그러나 지나치게 미색이 있는 여성은 祥瑞(상서)롭지 않다고 여기게 되면서 '妖'는 여성을 貶下(폄하)하는 의미로 쓰인다.

妖邪 요사
妖艶 요염

'蹙(축)'은 '찌푸리다'의 뜻인데 '嚬蹙(빈축)을 사다' 등의 표현에서 쓰인다.

'찡그리다'라는 뜻의 '嚬(빈)'은 '顰(빈)'으로도 쓴다.

고대 春秋(춘추) 시기 미인 중의 하나인 '西施(서시)'는 가슴에 통증을 느껴 항상 얼굴을 찌푸리고 다녔다. 그 찌푸린 모습이 더욱 매혹적이었기 때문에 유명했는데, 자칭 '東施(동시)'라는 醜女(추녀)가 그녀를 흉내내어 얼굴을 찌푸리고 다니자 온 마을 사람들이 모두 도망쳐 버렸다. 이런 고사에서 나온 성어가 '效顰(효빈)'이다. '效'는 '본받다', '흉내내다'라는 뜻이다.

피부
皮膚

肌骨 기골
肌膚 기부

'肌(기)'는 '사람의 살'을 뜻하는 말이다.

'사람의 살'을 '肌'라고 한다면, '짐승의 살'은 '肉(육)'이라고 했다. '肉'은 식용으로 쓸 수 있는 것을 가리킨다. 漢代(한대) 이후에는 이런 구분이 없어졌다. 그러나 짐승 등 동물의 살을 '肌'라고는 하지 않는다.

毛皮 모피

'皮革(피혁)'이라고 할 경우 '皮(피)'는 '털이 붙어 있는 가죽'이고 '털을 제거한 가죽'은 '革(혁)'이라고 한다. '膚(부)'는 '사람의 가죽'을 가리킬 때만 쓰인다.

皮相 피상
脫皮 탈피
皮膚 피부
革帶 혁대

손 동작

'招(초)'는 '사람을 부르다'라는 뜻이지만 왼쪽에 '손수 변'인 '扌'가 있어서 알 수 있듯이 '손으로 부르는 것'을 뜻한다. 이처럼 '手(수)'가 포함된 한자는 대개 손과 관련된 동작을 의미한다.

自招 자초
招待 초대

'持(지)'는 '가지다'라는 뜻이다. '扶持(부지)하기 힘들다'라는 말에서의 '持'는 '손으로 꽉 잡고 있는 것'을 의미한다. '버티다' 라는 뜻도 있다.

持參 지참
所持 소지
維持 유지
持久 지구

'措(조)'는 '손에 있던 물건을 놓다'라는 뜻이다. '섞이다'라는 뜻으로는 '錯(착)'과 같은 글자로 쓰인다.

措置 조치

'拱(공)'. 두 손을 가슴 앞에 모으는 자세를 '拱'이라고 하는데 일반적으로 왼손으로 오른손을 감싸쥐어서 상대방에게 경의를 표하는 자세이다.

拱手 공수

拾得 습득　'掇(철)'과 '拾(습)'은 손으로 바닥에 있는 것을 '줍다'
收拾 수습　라는 뜻이다. '拾(십)'으로 읽으면 '十'과 동일하게 쓰인
　　　　　다.

控除 공제　'控(공)'은 '활을 잡아당기다'라는 뜻이다. 또 '말고삐
　　　　　를 잡다'라는 의미가 '사물 또는 상황을 제어하다'라는
　　　　　뜻으로 쓰였다.

拂亂 불란　'拂(불)'은 손으로 무엇인가를 '털다'라는 뜻이다. '拂
　　　　　拭(불식)시키다'라는 말에서 '拂'은 '털어서 없애다'라는
　　　　　뜻이며, '拭(식)'은 '손으로 닦아서 지우다'라는 뜻이다.
　　　　　'어긋나게 하다'ㆍ'순조롭지 않게 하다'는 의미도 있다.

指摘 지적　'指(지)'는 '손가락'을 의미하던 것이 '손가락을 사용
指示 지시　하다'라는 뜻으로 쓰인다.

把握 파악　'把(파)'는 손으로 '쥐다'라는 뜻이다.

挑戰 도전　'挑(도)'는 '挑發(도발)하다'라는 뜻이다. '다른 사람
　　　　　의 마음을 유인하다' 라는 뜻이 있다.

　　　　　'搔(소)'는 '손톱으로 가볍게 긁다'라는 뜻이다. '搔
　　　　　癢(소양)'은 '가려운 데를 긁다' 라는 어휘이다.

'投(투)'는 '던지다'라는 뜻이다. '投入(투입)하다'라는 뜻이 확대되어 '投合(투합)'이 있다.

'依託(의탁)하다'라는 의미로는 '投降(투항)'이 있다.

投票 투표
投砲丸 투포환
投石 투석
意氣投合 의기투합
投宿 투숙

'擲(척)'은 '버리다 · 던지다'라는 뜻이다. '쓰레기를 投擲(투척)하다'라고 할 경우 '投'는 던진다는 뜻에 집중되어 있는 반면, '擲'은 버린다는 뜻이 강하다.

擲柶 척사

'擅(천)'은 '전유물로 하다' 또는 '점령 · 점유하다'라는 뜻이다. '제멋대로 하다'라는 뜻도 있다.

擅斷 천단

'披(피)'는 칼로 베어 '열어제치다'라는 뜻이다. 이것이 '열다'라는 일반적인 의미로 쓰였다. 옷 등을 '입다' 또는 '걸치다'라는 뜻으로 쓰였다.

披瀝 피력

'拉(랍, 납)'은 '부러뜨리다 · 꺾다'라는 뜻이다. '끌고 가다'라는 뜻으로 많이 쓰인다.

拉致 납치
被拉 피랍

'撫(무)'는 '어루만지다 · 누르다'라는 동작이다. 이것이 확대되어 '撫摩(무마)하다'처럼 추상적인 의미로도 쓰였다.

愛撫 애무
慰撫 위무

'揚(양)'은 '들어올리다'라는 뜻과 함께 '흩날리다'라

國旗揭揚 국기게양

意氣揚揚 의기양양   는 뜻으로 쓰였다. '흥분한 상태'도 '揚'이라고 한다. '아주 만족스럽고 기쁜 모습'을 '揚揚(양양)하다'라고 말한다.

國威宣揚 국위선양   '전파하다'·'펼치다'라는 의미로 쓰이기도 한다.

抗拒 항거   '抗(항)'은 '방어하다' 또는 '저항하다'라는 뜻이다.

對抗 대항   '굳건한 태도로 굽힘이 없음'을 뜻하기도 한다.

執行 집행
我執 아집   '執(집)'의 부수는 '土'이지만 손으로 '잡다'·'체포하
固執 고집
執着 집착   다'·'붙잡다'라는 뜻이다.

    이런 뜻이 확대되어 '가지다'라는 뜻으로 쓰이면서

執事 집사   '책임자'라는 의미로도 쓰인다

    고대 한문에서는 '지향하는 것이 같은 친구'도 '執'이 라고 하였다.

依據 의거
根據 근거   '據(거)'는 '손으로 기대는 것'을 말하던 본뜻에서,
證據 증거
據點 거점   '의탁하다'라는 뜻으로 확대되었다.

    '憑(빙)'이나 '據'는 '의탁하다'라는 의미에서 비슷한
憑藉 빙자
信憑 신빙   말이지만 손으로 하는 동작에는 '據'를 더 많이 쓴다.
證憑 증빙

擬聲語 의성어   '擬(의)'는 '어림잡다'라는 뜻이다. 이것이 '모방하다'
擬態語 의태어
擬古體 의고체   라는 뜻으로 쓰였다.

'采(채)'는 손가락으로 열매 등을 '따는 것'을 의미한다. 나중에 'ㅌ(수)'가 붙으면서 '따다'라는 의미로는 '採(채)'가 쓰였다.

採鑛 채광
採用 채용
採集 채집

'采'는 경우에 따라 화려한 색깔과 꽃무늬가 있는 綿(면) 등의 방직품을 가리킨다.

采緞 채단
風采 풍채
喝采 갈채

이것이 나중에 '색깔'이라는 말로 바뀌면서 '彩'처럼 오른편에 무늬를 의미하는 '彡(삼)'이 붙는다.

彩色 채색

고대 중국에서는 '卿(경)'이나 '大夫(대부)'가 배정 받은 토지를 '采' 또는 '采邑(채읍)'이라 하거나 또는 '食邑(식읍)'이라 하였다. '采'는 원래 한 글자였지만 뜻이 분화되면서 실을 뜻하는 '糸(사)'가 붙고 '채색의 비단'이라는 뜻으로 '綵(채)'가 쓰이기도 했다.

采地 채지

'振(진)'은 '흔들리다' 또는 '떨리다'라는 뜻이다. 이것이 '흔들다'라는 뜻으로 쓰여 '奮發(분발)'·'振興(진흥)'의 의미로 확대된다. '振'과 '震(진)'은 통용되는 글자였지만 엄밀히 말하면 '振'은 '진동'을 가리키며 '震'은 '천둥'을 가리키는 말이다. 그러므로 '震動(진동)'이 외부의 영향을 받아 흔들리는 것이라면 '振動(진동)'은 스스로 흔들리거나 떨리는 것을 가리킨다.

振作 진작
不振 부진
耐震 내진
地震 지진

'援(원)'은 '끌다' 또는 '잡아끌다'라는 뜻이다. 이것이 '가지고 오다'라는 뜻으로 쓰였으며 '남을 돕다'·'구원

援助 원조
援軍 원군
支援 지원

하다'라는 뜻으로 확대된다.

操縱 조종 　'操(조)'는 '손으로 쥐다'라는 뜻이다.

節操 절조
貞操 정조
　자신이 바르다고 생각하는 행동을 지켜 가는 것도 '操'라고 한다.

秉燭 병촉
秉權 병권
　'秉(병)'은 '벼의 줄기'를 말한다. 이것이 '손으로 잡다'라는 뜻으로 쓰이면서 '장악하다' 등의 추상적인 의미로까지 확대되었다.

擧名 거명
擧論 거론
薦擧 천거
　'擧(거)'는 '들어올리다'라는 뜻의 글자이다. 손으로 하는 동작이 추상적인 의미로까지 확대되어 '추천하다'라는 의미로 쓰였다.

　'어떤 일을 일으키다'라는 뜻으로 '擧事(거사)', '병력을 발동시키다'라는 의미로 '擧兵(거병)'이 있다. '들어

擧世囑目 거세촉목
올리다'라는 의미는 '공격하다'는 뜻과 '전부' · '모두'라는 뜻으로도 분화되었다.

扶助 부조
扶養家族 부양가족
　'扶(부)'는 겨드랑이에 끼는 동작이다. '부축하다' 또는 '부축해서 일으키다'라는 뜻이 '보좌하다'라는 뜻으로 확대되어 쓰였다.

折半 절반
骨折 골절
屈折 굴절
　'折(절)'은 어떤 물건을 '절단하다' · '부러뜨리다'의 뜻이다. 이것이 '꺾이다'라는 뜻으로 쓰여 '挫折(좌절)'

이라는 말이 생겼다. '꺾이다'라는 뜻은 '부러지다' 또
는 '구부러지다'라는 뜻으로 쓰이면서 '夭折(요절)'·
'折腰(절요)' 등의 어휘가 생겼다.

'抑(억)'은 '손으로 누르는 동작'으로 '揚(양)'과 반대
되는 말이다.

'抑鬱(억울)'이라고 할 경우에는 '抑(억)'과 '답답하
다'·'빽빽하다'라는 뜻의 '鬱(울)'이 함께 쓰인 것으로,
고민하고 번민하는 심리 상태를 일컫는다. 고대 한문에
서 '抑'은 '~아니면' 등의 뜻으로 쓰였다.

抑揚 억양
抑壓 억압
抑制 억제

鬱憤 울분
鬱寂 울적
鬱火 울화
沈鬱 침울

'按(안)' 역시 '손으로 누르다'라는 뜻이다.

'巡視(순시)'·'巡察(순찰)'의 뜻으로 쓰이기도 한다.

'抑(억)'과 '按(안)'은 모두 '손으로 누르다'라는 뜻이
지만 '抑'은 '按'보다 더 무거운 의미가 있어서 '抑壓
(억압)'·'抑制(억제)' 등으로 쓰이지만 '按'은 '따라서'
라는 뜻으로만 쓰인다.

按兵不動 안병부동

按察使 안찰사
按舞 안무
按摩 안마

'拔(발)'은 '뽑다' 또는 '뽑아내다'라는 뜻이다. 이것
이 '선발하다'라는 의미로 쓰였다. '뛰어나다'·'돌출되
다'라는 뜻이 있다.

고대 한문에서는 '공격해서 점령하다'라는 뜻으로
'拔城(발성)' 등이 쓰인다.

拔群 발군
拔本塞源 발본색원
拔萃 발췌
奇拔 기발
海拔 해발

拔擢 발탁   '擢(탁)'은 '뽑아내다'라는 뜻이다. 이것이 '뽑아 올리다'라는 뜻으로 쓰였다.

    '拔(발)'과 '擢(탁)'은 동의어이지만 '擢'에는 뽑아내는 동작만 있고 '拔'에는 결과까지 포함하는 의미가 있다. 예를 들어 '拔'이 관직이 없는 사람을 뽑아 관직을 주는 것이라면, '擢'은 이미 관직이 있는 사람을 승급해 올리는 경우를 말한다.

義捐金 의연금   '捐(연)'은 '제거하다'·'버리다'라는 뜻이다. 이것이 '내어놓다'라는 의미로 쓰인다.

接客 접객
接境 접경
接受 접수   '接(접)'은 '만나다'라는 뜻이며 '接觸(접촉)'·'接近(접근)' 등에서와 같이 물리적이거나 추상적인 것을 모두 표시한다. '接待(접대)하다'·'迎接(영접)하다'는 모두 '초대하다'라는 뜻에서 나왔다.

奉送 봉송
奉祝 봉축
奉獻 봉헌   '奉(봉)'은 두 손으로 공손히 무엇인가를 받쳐들고 있는 것을 의미한다. 그것이 추상적인 개념으로 확대되어 '奉仕(봉사)'·'奉命(봉명)'으로 쓰였다. 윗사람을 모시는 것을 '侍奉(시봉)'이라고 하고, 음식으로 모시는 것을 '奉養(봉양)'이라고 했다.

排泄 배설   '排斥(배척)'의 '排(배)'는 '밀어 제치다'라는 뜻이다.

'밀어서 거절하다'라는 뜻으로 쓰인다.

排球 배구
排除 배제

'攘(양)' 역시 '배척하다' 또는 '물리치다'라는 뜻이다.

斥攘 척양

발 동작

'蹈(도)'는 '밟다'라는 뜻이다. '발을 구르다'라는 의미로 쓰였다. 이처럼 '발'을 의미하는 '足(족)'이 붙은 한자는 대부분 발의 동작과 관련이 있다.

舞蹈 무도

'跌(질)'은 '넘어지다'라는 뜻이다. 같은 의미의 '蹉(차)'와 함께 쓰여서 '하는 일이 어긋나다'라는 의미로 '蹉跌(차질)'이 되었다.

跌蕩 질탕

'跆(태)'는 '밟다'라는 뜻이다. '跆拳道(태권도)'라는 어휘에서 쓰였다.

'跛(파)'는 '절뚝거리며 걷다'의 뜻으로 '跛行(파행)' 등에 쓰인다. '피'로 읽을 경우 '기대어 서다'라는 의미도 있다.

跛立 피립

'跳(도)'는 '뛰어 오르다'의 뜻으로 '跳躍(도약)'에서
처럼 쓰인다.

'失踪(실종)'이라고 할 때의 '踪(종)'은 '자취'라는 의
미이다. '縱跡(종적)'· '縱迹(종적)'의 '縱'과 통한다.

'蹂躪(유린)'의 경우 모두 '足(족)'이 붙었으며 '짓밟
다'라는 의미로 쓰인 것이다.

'蹶起(궐기)'의 '蹶(궐)'은 '벌떡 일어나다'라는 뜻으로
쓰였다.

가는 동작

走行 주행
行進 행진
步行 보행

'行(행)'은 원래 '사거리'를 가리키는 도로의 의미였
다. 이것이 '止(지)'와 반대되는 의미로 '가다'· '걷다'
라는 뜻으로 확대되었다.

行爲 행위

'실제로 행동하다'라는 의미는 '實行(실행)'이라고 쓰
인다.

'等級上(등급상)'의 위치를 나타내는 뜻으로는 '行'을
'항'으로 읽으며, '行列(항렬)'이 그 경우이다.

'走(주)'는 '달리다' 또는 '도망하다'라는 뜻이다.

競走 경주
疾走 질주
敗走 패주

'之(지)'는 '어느 목적지로 가다'라는 뜻이다. 한문에서는 '이것' · '저것' 또는 '이 사람' · '그 사람'이라는 의미의 대명사나 목적어로 쓰인다. '~의'라고 하는 조사의 역할도 있다.

易地思之 역지사지
人之常情 인지상정

'止(지)'는 '멈추어 서다'라는 뜻이다. '行'과 반대말이다. 이것이 '멈추게 하다' · '막다' · '그만두다'라는 뜻으로도 쓰였다.

禁止 금지
抑止 억지
沮止 저지

'已(이)' 역시 '그치다'라는 뜻이다. '不得已(부득이)'라는 말은 '그만 둘 수 없다'는 뜻이다. '이미'라는 뜻으로 쓰인다.

已往 이왕

'致(치)'는 남에게 무엇인가를 '주다'라는 뜻이다. 예를 들어 '致命的(치명적)'이란 '목숨을 내놓을 정도의'라는 뜻이며, '致辭(치사)'라는 말은 '드리는 말씀'이라는 뜻이다.

'어느 지점에 이르도록 한다'는 뜻으로 쓰일 경우가 많다. '學而致用(학이치용)'이라는 성어는 '배운 것이 실용에 이르도록 하다'라는 말이다.

'至(지)'와 '致(치)'는 비슷해 보이지만 '至'는 '다다르

致富 치부
致死 치사
蟲致 충치

다'라는 뜻의 '到(도)'와 같고, '致'는 '다다르게 하다'라
는 뜻이다.

'招致(초치)하다' 또는 '誘致(유치)하다'라는 것은 어
떤 대상을 어디에 이르도록 부른다는 뜻이다.

'風致(풍치)'·'韻致(운치)' 등의 뜻으로도 쓰인다.

適者生存 적자생존　　'適(적)'은 '어느 목적지로 가다'라는 뜻의 동사이다.
이것이 '시집 가다'라는 의미로도 확대되었는데 나중에
는 '알맞다' 또는 '딱 맞는 시간이다'라는 의미로 '適時
(적시)'·'適當(적당)'·'適材適所(적재적소)'에서 쓰인
다.

嫡子 적자　　'適'은 '嫡(적)'과도 통하는 말로서 '嫡'은 본부인의
자식을 가리켰다. 이처럼 '辶(착)'이 붙은 한자는 움직
여 가는 동작과 관련이 있다.

禮遇 예우　　'遇(우)'는 '약속이나 예상한 일 없이 사람이나 사건
處遇 처우　　을 맞닥뜨리는 경우'를 말한다. '待遇(대우)하다'라는 뜻
으로 쓰일 경우가 있다.

군주의 '신임을 받아서 자신의 뜻을 펼치는 것'도
'遇'라고 했다. '不遇(불우)'는 그런 '좋은 기회를 만나
지 못한 것'을 말한다.

'過(과)'는 '지나가다'·'경과하다'라는 뜻이다. 이것

이 '초과하다' 또는 정도를 '지나치다'라는 뜻으로 쓰였다. '지나침'은 옛사람들의 생각으로는 '잘못됨'과 같은 것이므로 '過誤(과오)'라고 여겼다.

功過 공과
罪過 죄과
過失 과실

'逼迫(핍박)'의 '逼(핍)'은 '가까이 다가가다' 또는 '침범하다'라는 뜻으로서, '사실에 가깝다'는 뜻으로 '逼眞(핍진)'이 있다.

逼近 핍근

'迫(박)'은 '가깝다'는 뜻이다.
이것이 강제적으로 '밀어붙이다'라는 뜻으로 쓰였다.

臨迫 임박
强迫 강박
逼迫 핍박

'運(운)'은 '빙글빙글 돌다'라는 뜻이다. 이것이 '돌리다' 또는 '이동시키다'라는 뜻으로 쓰였다.
또한 어떤 물건을 '옮겨가다' 또는 '나르다'라는 뜻으로 쓰인다.
'運命(운명)'이라는 의미도 있다.

運轉 운전
運輸 운수
運送 운송
運數 운수
財物運 재물운
時運 시운

'迹(적)'은 '跡(적)'과 같은 글자로서 '발자국'을 가리킨다.
이것이 '痕迹(흔적)'이라는 뜻으로 쓰였다.
'迹(적)'과 '跡(적)' 두 글자는 완전히 같지만 '跡'은 '人跡' 등에 쓰인다.

踪迹 종적
行迹 행적
潛跡 잠적
追跡 추적
足跡 족적

隱逸 은일　　'逸(일)'은 '도망하다'라는 뜻이 '빨리 달리다'라는 뜻
과 '은둔하다'라는 뜻으로 쓰였다.

　　'감춰진 이야기'라는 뜻으로 '逸話(일화)'가 있다.

　　'탁월하다'라는 의미가 담긴 '逸品(일품)', '벗어나다'
라는 뜻이 담긴 '逸脫(일탈)' 등이 쓰인다. '安樂(안락)'
과 '放縱(방종)'의 상태는 '安逸(안일)'이라고 한다.

歸還 귀환　　'還(환)'은 '돌아가다' 또는 '돌아오다'라는 뜻이다.
償還 상환
'交還(교환)하다'라는 뜻도 있다.

逝去 서거　　'逝(서)'는 '가다'라는 뜻이다.

往復 왕복　　'逝(서)'·'往(왕)'·'去(거)'는 모두 '가다'라는 뜻으로
往診 왕진
쓰여서 비슷하지만 '往'은 목적지가 있는 반면, '逝'는
목적지가 없는 경우이다. '逝'에는 한번 가면 다시 돌아
오지 않는다는 뜻이 있다. '去'는 '떠나가다'라는 뜻이
다.

違反 위반　　'違(위)'는 '떠나다' 또는 '피하다'라는 뜻이다. 이 뜻
違背 위배
이 나중에 '벗어나다'라는 의미로 쓰였다.

遊覽 유람　　'遊(유)'는 한가하게 산책하거나 여행하는 것을 말한
遊牧 유목
遊興 유흥　다. 나중에 '어떤 목적을 가지고 여행하는 것', 예를 들
交遊 교유
면 '관직을 찾거나 학문을 위해서 떠나는 여행'을 일컬

었다. '遊說(유세)'라고 하면 '상대방을 설득하기 위하여 다니는 것'을 말한다. '遊'에는 '교제하다'·'사귀다'라는 뜻이 있다.

'逮(체)'는 '다다르다'라는 뜻이다. 손으로 '잡다'라는 뜻이 있다.

逮捕 체포

'遣(견)'은 '派遣(파견)하다'·'보내다'라는 뜻의 한자로 '추방하다' 또는 '귀양을 보내다'라는 의미로 쓰였다. 고대 한문에서는 '석방하다'·'놓아보내다'라는 뜻도 있다.

'逢(봉)'은 '만나다'라는 뜻으로 우연히 마주친 경우를 말한다. '맞이하다'라는 의미로도 쓰인다.

逢着 봉착

'逢(봉)'·'遇(우)'·'遭(조)'는 모두 '마주치다'·'맞닥뜨리다' 등의 의미인 '만나다'라는 뜻이지만 '영접하다'라는 뜻으로는 '逢', '대우를 하다'라는 뜻으로는 '遇', '좋지 않은 일을 맞닥뜨리는 일'은 '遭'가 주로 쓰인다.

遭難 조난
遭遇 조우

'速(속)'은 '빠르다'라는 뜻이다. '초대받지 않은 손님'이라는 뜻의 성어인 '不速之客(불속지객)'에서처럼 '초청하다'라는 뜻으로 쓰이기도 한다.

快速 쾌속
低速 저속
速度 속도

郵遞局 우체국
遞信廳 체신청

'遞(체)'는 '交替(교체)하다' 또는 '代替(대체)하다'라
는 뜻이다. '運送(운송)'의 의미가 있다.

變遷 변천
遷都 천도

'遷(천)'은 '장소를 바꾸다'라는 뜻이다.

관리가 '직책을 바꾸는 것'을 말하기도 하며 승급되거
나 좌천되는 것 모두를 '遷'이라고 했다. 고대에는 오른
쪽이 위이고 왼쪽이 아래였으므로 '左遷(좌천)'이라는
말은 降等(강등)되는 경우를 표시하는 말이 되었다.

遺失 유실

'遺(유)'는 '잃어버리다'라는 뜻이 '잊다'라는 뜻으로
도 쓰였다.

遺物 유물
遺書 유서
遺憾 유감

'남기다'라는 뜻으로 쓰일 경우에는 '遺腹子(유복자)'
가 있다. 남겨서 남에게 선물로 주거나 또는 편지를 보
내는 것으로도 쓰였다.

遵法 준법

'遵(준)'은 '길을 따라서 걷는 것'을 말한다.

이것이 '따라서'라는 말로 쓰이면서 '遵守(준수)하다'
라는 의미로 쓰였다.

逆行 역행
叛逆 반역
逆走行 역주행

'逆(역)'은 원래 '迎接(영접)하다'라는 뜻으로 '送
(송)'과 반대되는 말이다. 이백의 「春夜宴桃李園序(춘
야연도리원서)」에 나오는 '逆旅(역려)'란 '賓客(빈객)'을
맞이하는 집'이라는 뜻으로 '客舍(객사)'·'旅館(여관)'

을 말한다. 이와는 달리 '거꾸로'라는 뜻이 있다. 이는 '순조롭다'라는 뜻의 '順(순)'과 반대되는 뜻으로 '거스르다'라는 의미이다.

'通(통)'은 '왕래가 가능하게 연결되다'라는 뜻이다.

'交通(교통)'은 고대 한문에서 '주고받다'라는 뜻이었다.

'融通(융통)'이라는 말로 쓰인다.

한문에서는 '정당하지 않은 남녀 관계'를 가리키기도 했다.

'막힘 없이 사방으로 통하다'라고 할 경우 '四通八達(사통팔달)'이라고 하는데 여기서 '通'은 '막히다'라는 뜻의 '窮(궁)'과 반대되는 말이다. 이것이 '널리 알다'라는 뜻으로 쓰이기도 한다.

疏通 소통
通譯 통역

便通 변통

私通 사통

通達 통달
中國通 중국통

'達(달)'은 어디에 '다다르다'라는 뜻이다.

'사물의 이치에 대해서 훤히 아는 것'을 가리킨다.

'세속적인 견해에 구애를 받지 않는 것'을 말한다.

사회적인 성공을 의미한다. 그 반대도 역시 '窮(궁)'이다. '通(통)'과 '達(달)'은 비슷하지만 '通'에는 '통하다'라는 뜻이 강한 반면, '達'에는 '도착하다'라는 뜻이 강하다. 따라서 '通人(통인)'이라고 하면 업무에 능통한 특정 직업을 가리키는 반면, '達人(달인)'은 정신적으로

到達 도달

達通 달통

達人 달인
豁達 활달
榮達 영달

높은 수준의 사람을 가리킨다.

달리는 동작

赴任 부임   '赴(부)'는 어느 곳을 향해서 '달려가다'라는 뜻이다.

奔放 분방
狂奔 광분
東奔西走 동분서주
    '奔(분)'은 '달리다'라는 뜻이다. '奔走(분주)'는 달린다는 뜻의 글자가 모여서 '바삐 달리다'라고 쓰인다.
    고대 한문에서는 외국으로 도망가는 것을 뜻하기도 하고, 남녀가 정식의 예법과 규정을 따르지 않고 함께 사는 것을 가리킨다.

    '亡(망)' 역시 '逃亡(도망)하다'라는 뜻으로 쓰여서, 정치적인 핍박을 피해서 외국으로 탈출하는 것을 '亡命(망명)'이라고 했다. '滅亡(멸망)' 또는 '死亡(사망)'의 의미도 있다.
    '亡身(망신)'은 잘못을 저질러 명예가 실추된 경우를 말한다.

    '逐(축)'은 '追擊(추격)'의 뜻으로 '추격하여 잡다'라는 의미이다.

　사람을 '멀리 쫓아내다'라는 의미도 있다.

　'追(추)'와 '逐(축)'은 비슷한 뜻이지만 '쫓아내다'라
는 뜻으로는 '逐', '따라잡다'라는 의미로는 '追'로 구별
된다.

逐出 축출

追越 추월

눈물과 울음

　'涕(체)'는 '눈물을 흘리다'라는 뜻이다. 上古(상고)
시기에는 '淚(루)'자가 없었기 때문에 눈물을 흘린다는
의미로 쓸 경우에는 이 글자를 썼다.

泣訴 읍소

　'泣(읍)' 역시 '눈물을 흘리다'라는 뜻이다. 소리 없이
눈물만 흘리는 것을 '泣'이라고 한다.

　'哭(곡)'은 '눈물을 흘리면서 소리내어 우는 것'을 말
한다. 눈물을 흘리면서 말까지 하는 것은 '號(호)'라고
한다. '호소'는 '號訴'로 쓰기도 하지만 오늘날 우리말
한자어에서는 '呼訴(호소)'라고 쓴다.

'號'의 원뜻은 '소리 높여 고함을 치는 것'을 말한다. 이것이 '죽은 사람에게 곡을 하다'라는 뜻으로 쓰였다.

怒號 노호   '바람이 불다'라는 뜻이 있다. '陰風怒號(음풍노호)'의 '號'가 그 경우이다. 여기서 '怒(노)'는 '세차다'라는 뜻이다.

'號令(호령)'에서처럼 '명령을 내리다'라는 뜻이 있다.

國號 국호
名號 명호
尊號 존호
諡號 시호
雅號 아호
別號 별호

'이름'이라는 의미로도 쓰인다.

'哭(곡)'·'泣(읍)'·'號(호)'·'涕(체)'는 모두 구분이 있는데 '哭'이 소리를 내면서 우는 것이라면, '泣'은 소리 없이 눈물만 흘리는 것이다. 눈물을 흘리면서 작은 신음소리를 내는 것은 '嗚咽(오열)'이라고 한다. '號'는 '哭'을 하면서 말까지 하는 것이며 '涕'는 통곡하는 것이다.

청각
聽覺

所聞 소문
見聞 견문
新聞 신문

'듣는다'는 의미의 다른 글자인 '聽(청)'과 '聞(문)'은 모두 같은 뜻이지만 '聽'은 '듣다'라는 뜻에 그치는 반면 '聞'은 '들리다'라는 뜻을 강조한다.

'聞'은 '들리다'라는 뜻으로 '들어서 알게 되다'라는 의미까지 포함한다.

'聽'에는 드물기는 하지만 '듣다'라는 의미 외에도 '이해하고 따르며 판단하다'라는 뜻이 있다.

聽取 청취
傾聽 경청
聽而不聞 청이불문
垂簾聽政 수렴청정
聽許 청허

시각
視覺

'目(목)'은 사람의 눈을 그린 한자이다.

'見(견)'은 '보다'라는 뜻이다.

이 '見'은 '현'으로도 읽히며 '아랫사람이 윗사람을 만나다'라는 의미의 '謁見(알현)'이라는 낱말에서 쓰인다. 또 한문에서는 '현'이라고 읽힐 경우 '出現(출현)'의 '現(현)'과 동일하게 '나타나다'라는 의미로 쓰인다.

目擊 목격

見解 견해
見識 견식
高見 고견
見物生心 견물생심
先見之明 선견지명

'示(시)'는 '보여주다'라는 뜻이다.

展示 전시
表示 표시
例示 예시
示範 시범

'視(시)'는 '보다'라는 의미가 확대되어 대상을 어떤 것으로 '간주하다'라는 의미로 쓰인다.

無視 무시
蔑視 멸시
白眼視 백안시

不察 불찰	'察(찰)'은 '관찰하다'라는 뜻으로, '자세히 이해하다'
警察 경찰	라는 의미로 쓰인다.

'察(찰)'은 '관찰하다'라는 뜻으로, '자세히 이해하다'라는 의미로 쓰인다.

觀察 관찰	'觀(관)'은 '어떤 목적을 가지고 사물을 관찰하는 것'
觀相 관상	으로 '감상하다'라는 뜻이 있다.
觀賞樹 관상수	
壯觀 장관	이것이 감상할 만한 사물 자체를 가리키게 된다.
大觀 대관	일반적 의미의 '보는 것'도 '觀'이라고 한다.
觀覽 관람	

'觀'은 크고 웅장한 건축물을 가리키는데 종묘나 궁궐 대문 밖 양쪽에 세우는 높은 건축물을 말한다.

望鄕 망향	'望(망)'은 '멀리 바라보다'라는 의미이다.
素望 소망	나중에 '희망하다'라는 뜻으로 쓰인다.
德望 덕망	'名譽(명예)'나 '名望(명망)'을 가리키기도 한다.
聲望 성망	음력으로 '15일'을 '望'이라 하고, 초하루인 '朔(삭)'
朔望 삭망	과 반대되는 뜻으로 쓰였다. '怨望(원망)'이라고 쓰일
	경우에는 '怨恨(원한)'이라는 의미도 있다.

이상의 '보는 동작'을 비교해 보면 다음과 같다.

'視(시)'는 가까운 데 있는 것을 보는 것이므로 '視察(시찰)'의 의미가 있다. 이와는 달리 '望(망)'은 멀리 보는 것이기 때문에 '展望(전망)'·'希望(희망)'이라고 쓰이는 것이다.

'觀(관)'은 목적을 가지고 보기 때문에 '鑑賞(감상)'이 라는 의미가 있다.

觀戰 관전

'見(견)'은 '視'나 '望'의 결과이다. 『禮記(예기)·大學 (대학)』의 '心不在焉, 視而不見(심부재언, 시이불견)'이 그 경우이다.

'睹(도)'는 '見'과 같은 의미이다.

目睹 목도

'看(간)'은 '찾아가서, 방문해서 보다'라는 뜻이다.

看守 간수
看做 간주

'眺(조)'는 '멀리 바라보다'라는 뜻이다.

眺望 조망

'瞻(첨)'은 '멀리 보다'라는 뜻이다. '瞻'과 '眺'는 모 두 '멀리 보다'라는 뜻이지만, 풍경이나 경치 등을 본다 는 뜻에는 '眺'가 많이 쓰인다. '睇(제)'는 '곁눈질로 보 다'라는 뜻이다. '眄(면)' 역시 '곁눈으로 보다'라는 뜻 이다. '睇(제)'와 '眄(면)'은 모두 '옆눈으로 본다'는 뜻 이지만, 정감을 가지고 보는 눈길은 '睇(제)'를 쓴다.

瞻仰 첨앙

左顧右眄 좌고우면

'顧(고)'는 고개를 돌려 '돌아보는 것'을 말한다. '관심을 가지고 본다'는 의미도 있다.

回顧 회고
顧客 고객

省察 성찰   '省(성)'은 '자세히 보다' 또는 '관찰하다'라는 뜻이다. 자기 자신을 자세히 본다는 뜻으로 '反省(반성)'이 있

歸省 귀성   다. 이것이 부모 또는 윗사람을 '찾아뵙다'라는 뜻으로
省親 성친   쓰였다.

'줄이다'라는 뜻의 '생'으로 읽으며 '省略(생략)'이 있
다.

中書省 중서성   천자가 거처하는 궁전 또는 고대의 중앙행정기구 등
을 가리키기도 한다.

후각
嗅覺

體臭 체취   '臭(취)'의 윗부분의 '自'는 '코'를 형상화한 글자이
다. 아래 부분은 '개'를 의미하는 '犬(견)'이다. 즉 개의
코가 냄새를 잘 맡는다는 것에 착안한 글자가 '臭'이다.

'臭'는 냄새, 특히 나쁜 냄새를 가리키기 때문에 '香
(향)'과 반대되는 말이다.

입에서 나는 냄새를 '口臭(구취)', 겨드랑이에서 나는
냄새를 '腋臭(액취)'라고 한다.

총명
聰明

'聰(총)'은 청각이 예민해서 '청력이 좋은 것'을 말한다. 즉 '잘 듣는 것'을 '聰'이라고 하는데, 이것이 '지혜롭다'는 뜻으로 쓰였다.

聰氣 총기
聰敏 총민

'明(명)'은 '빛나다'·'밝다'는 뜻이다. 이것이 나중에 '분명하다'는 뜻으로 변했다. '明'은 시력이 좋아서 '잘 보는 것'을 뜻하기도 해서, '聰明(총명)'이라고 할 경우처럼 '지혜가 있다'는 말로 쓰인다.

明瞭 명료
明確 명확
失明 실명

9 생각과 마음

생각
思

'思(사)'는 '생각하다'·'고려하다'의 뜻이다.

思考 사고
思想 사상

'想(상)'은 '보고싶거나 그리워하는 생각'을 가리킨다. 이것이 '생각하다'라는 의미로 광범위하게 쓰였다.

想像 상상
想念 상념
豫想 예상

'思'와 '想'은 다소 차이가 있다. '思考(사고)'라고 할 경우에는 '思'에 가깝고, '回想(회상)'이라고 할 경우에는 '想'으로 써야만 된다. '想'은 '思'로 나타나는 여러 가지 활동의 하나이다.

'覺(각)'은 '잠에서 깬 상태'로, 잠이 들은 상태인 '寐(매)'와 반대되는 뜻이다. '깨닫다'라는 뜻이 있다.

覺悟 각오

'느끼다'라는 뜻으로도 쓰인다.

觸覺 촉각
感覺 감각
發覺 발각

'悠(유)'는 '忄(마음 심)'이 있는 것으로 알 수 있듯이 '생각하다'라는 뜻이다. 『詩經(시경)』 등에 나오는 '悠' 자는 대개 이런 의미로 쓰였다. '遙遠(요원)하다' 또는 '深遠(심원)하다'는 뜻으로 詩歌(시가)에 많이 쓰였다.

悠長 유장
悠久 유구

'고요하다'라는 뜻으로도 쓰인다.

悠悠自適 유유자적

思慮 사려 配慮 배려 心慮 심려	'慮(려)'는 '헤아리다' 또는 '考慮(고려)하다'라는 뜻이다. 이것이 '생각하다'라는 의미로 쓰였다. '念慮(염려)'의 경우 고대 한문에서는 '근심'·'걱정'이라는 의미로 쓰이지는 않았다.
考慮 고려 熟考 숙고	'考(고)'는 마음속으로 구상을 하는 것이며 '慮'는 반복해서 생각함으로써 어떤 일을 깊이 있게 파악하는 것이다.
企圖 기도 意圖 의도 謀免 모면 謀議 모의	'圖謀(도모)'라고 할 경우 '圖(도)'는 생각한 후에 일정한 결론과 구상이 있을 경우를 말하고 '謀(모)'는 '圖'와 비슷하지만 어떤 일에 대하여 '알아보다'라는 뜻이 포함되어 있다.
思惟 사유 惟獨 유독 唯一無二 유일무이	'惟(유)'는 '생각하다'라는 뜻이다. '단지'·'다만'이라고도 쓰인다. 문장이나 구절의 앞 또는 중간에서 語氣(어기)를 연결하는 역할을 하기도 한다. 『孟子(맹자)』「藤文公上(등문공상)」에 나오는 '維新(유신)'이라는 말에서 '維'에는 원래 특별한 뜻이 없다. '惟'·'唯(유)'·'維(유)'에서 각각의 부수로 알 수 있듯이 '惟'는 '생각하다'라는 뜻이고, '唯'는 '대답하는 말'이다. '維'는 '묶다'라는 뜻이다. 그러나 '다만'·'단지'의 뜻으로 쓰일 때에는 '惟'와 '唯'가 통용된다.

정신
精神

'精神(정신)'의 '精(정)'은 上等品(상등품)의 고급 쌀을 말한다. '거친 쌀'을 가리키는 '粗(조)'와 반대되는 글자이다.

이것이 '드물면서도 아주 좋은 것'이라는 의미로 쓰였다.

'미묘하다'라고 쓰일 경우에는 '精妙(정묘)'가 있고, '세밀하다'라는 의미로는 '精密(정밀)'이 있다. '진실된 마음'·'성실한 마음'이라는 뜻으로 '精誠(정성)'이 있다.

고대 중국에서는 心身(심신)의 힘이 '精(정)'·'氣(기)'·'神(신)'에서 나온다고 믿었다. '精神'의 '神'은 마음과 사고를 주관하는 추상적인 개념이다.

精華 정화
精銳 정예

精神 정신
精力 정력
精氣 정기

기쁨
喜

'喜(희)'는 壇上(단상) 위에 북을 올려놓은 모습의 글

喜悅 희열	자이다. 기쁨을 알린다는 의미가 '기쁘다'라는 뜻으로
喜色 희색	쓰였다.
歡喜 환희	

興起 흥기
發興 발흥

'興(흥)'은 '일어나다'라는 뜻이 '들어올리다' 또는 '출발하다'라는 뜻으로 확대되어 쓰였다.

'발달하다' · '창성하다'의 의미로는 '興亡盛衰(흥망성쇠)' 등에서처럼 쓰인다.

'재미'라는 의미로 쓰인 '興趣(흥취)' · '興味(흥미)'는 나중에 생긴 어휘이다.

사랑
愛

慈悲 자비
慈愛 자애

'慈(자)'는 윗사람이 아랫사람에게 관심과 사랑을 베푸는 것을 말한다.

慈母 자모
慈堂 자당

이것이 '자상한 어머니'라는 의미로 쓰였다.

親愛 친애
博愛 박애
戀愛 연애
愛情 애정

'愛(애)'는 '사랑하다'라는 의미이다.

愛惜 애석
愛憐 애련

그 외에도 '아까워하다' · '안타까워하다'는 의미가 있다.

'恕(서)'란 남의 입장에 서서 생각해 주는 것을 말한
다.

容恕 용서

'恤(휼)'은 '염려하고 근심하다'라는 뜻이다.
또 재난으로부터 사람들을 구제한다는 의미도 있다.

矜恤 긍휼

救恤 구휼

지향
志向

'志(지)'는 '마음이 어느 방향으로 향하는 것'을 말한
다. 윗부분의 '士(사)'는 원 글자가 '가다'라는 의미의
'之(지)'였던 것이 변한 것이다.

志望 지망
志願 지원

'志'는 '기록하다'라는 의미도 있다. 이 경우 오늘날
에는 '誌(지)'로 쓰인다.

日誌 일지
雜誌 잡지

'意(의)'는 '意味(의미)' 즉, '뜻'이다. 동사로 쓸 경우
에는 '추측하다' 또는 '헤아리다'라고 쓰인다.

意思 의사
意慾 의욕
意向 의향
自意 자의

'意志(의지)'라고 할 경우 '意(의)'가 '마음에서 일어나
는 생각'이라고 한다면 '志(지)'는 '그 생각이 추구하는
방향'을 가리킨다.

존경
尊敬

恭遜 공손	'恭(공)'은 예절을 갖추어 공경하는 것이다.

敬虔 경건	'敬(경)'은 '엄숙하다'라는 의미이다. 동사로 쓰이면서
敬愛 경애	'尊重(존중)'의 의미가 생겼다. '恭敬(공경)'의 경우 '恭
恭敬 공경	(공)'은 예절 등의 외형적인 것인 반면, '敬(경)'은 마음
	속 작용을 가리키는 말이다.

슬픔
哀

哀傷 애상	'哀(애)'. '슬픔' 또는 '슬퍼하다'라는 뜻의 이 글자는
哀愁 애수	'憐憫(연민)' 또는 '同情(동정)'의 뜻으로 쓰인다.
哀憐 애련	

可憐 가련	'憐(련)'은 '가엾이 여기다'라는 뜻이다. 이것이 '사랑
愛憐 애련	하다'라는 뜻으로도 쓰였다.

'慟(통)'은 '몹시 슬퍼하는 것'이다. '慟(통)'과 '痛 (통)'은 다른 의미의 다른 글자이다. '痛'은 '疼痛(동통)' 에서처럼 '아프다'는 뜻인 반면, '慟'은 '悲哀(비애)'나 '커다란 슬픔'을 표시한다.

원한
怨恨

'恨(한)'은 마음속에 싫은 감정이 있는 것을 말한다.

怨恨 원한
怨望 원망

'遺憾(유감)'이라고 할 경우의 '憾(감)'과 '恨(한)'은 동 의어이다. 그러나 '怨恨(원한)'이라고 할 때 '怨'과 '恨' 은 다르다.

'怨'은 마음속에 불만스러움이 상당히 누적되어 있는 상태 또는 몹시 한스러워하는 것을 말한다.

'怨'은 속 깊이 새겨져 있는 싫은 감정이고 '恨'은 그 보다는 비교적 가벼운 감정이다.

悔恨 회한

'憾(감)'은 마음속에 불만과 고민이 가득 찬 것을 말한 다.

私憾 사감

우환
憂患

'患(환)'은 '근심하고 걱정한다'는 뜻이다.

'憂患(우환)'의 경우 '憂(우)'와 '患(환)'은 동의어이다. 그러나 '憂'는 '患'보다 심각한 경우를 말한다. '병이 든 사람'이라는 뜻으로 '患者(환자)'가 있다.

'悵(창)'은 마음이 허전해서 무엇인가를 잃어버린 듯한 심정을 말한다.

'慨(개)'는 '탄식'을 뜻한다. 격앙된 상태를 말하기도 한다.

'愁(수)'는 '근심하다'라는 뜻이다.

'慮(려)'는 '생각하다'라는 뜻 외에도 '근심하다'라는 의미로 쓰인다.

질투
嫉妬

'嫉(질)'은 '자기보다 능력이 뛰어난 사람을 싫어하 嫉視 질시
다'라는 뜻이다.

'妬(투)'는 '자기보다 아름다운 사람을 미워하다'라는 妬忌 투기
뜻이다.

수치
羞恥

'恥(치)'는 '부끄러워하다'라는 뜻이다. 俗字(속자)로 廉恥 염치
는 '耻(치)'가 쓰인다. 恥部 치부

'羞(수)'는 원래 맛있는 음식 또는 그 음식을 윗사람에 羞恥 수치
게 바친다는 뜻이다. 이 글자가 '부끄럽다'라는 뜻으로
쓰이면서 원뜻을 나타내는 글자로 '饈(수)'가 만들어졌
다.

榮辱 영욕
恥辱 치욕
侮辱 모욕

'辱(욕)'은 '수치스럽다'라는 뜻으로 榮光(영광)의 '榮
(영)'과 반대된다.

'羞(수)'는 비교적 가벼운 의미의 부끄럽다는 뜻이며,
'恥(치)'나 '辱(욕)'은 '羞(수)'에 비해 무거운 뜻이다.

분노
憤怒

憤慨 분개
憤痛 분통
悲憤 비분

憤激 분격

'憤(분)'은 '煩悶(번민)'이다.

'憤'이 가슴속에 잠겨 있는 鬱憤(울분)이나 義憤(의분)
이라면, '忿(분)'은 '성을 내는 것'을 말한다. 우리말에서
는 '憤怒'와 '忿怒'를 함께 쓰지만 다소 다른 의미이다.

'고민을 털어 버린다'는 뜻의 '發憤(발분)'에서처럼
'憤(분)'에는 '고민'·'울분'의 뜻이 있는 반면 '忿怒(분
노)'는 '한스러운 마음을 드러낸다'는 뜻이다.

怒號(노호)에서 '怒(노)'는 '성을 내다'라는 의미로,
'忿'과 같지만 '怒濤(노도)' 등에서는 '세차다'라는 뜻으
로 쓰인다.

오만
傲慢

'驕(교)'는 '크고 건장한 말의 모습'을 가리킨다. 이것 이 '자만하다'라는 뜻으로 쓰였다. '驕'와 '傲(오)'는 다 소 다르다. '驕慢(교만)'의 '驕'는 심리적인 의미라면, '傲慢(오만)'의 '傲'는 예의가 없는 등 행동상의 것을 가 리킨다.

驕慢 교만

'慢(만)'은 '오만하다'는 뜻으로 '敬(경)'과 상대되는 말이다. 이것이 '게으르다'는 뜻으로도 쓰였다.
'방만'은 '放漫'으로 쓴다. '放恣(방자)'와 비슷한 뜻으 로 '함부로 하다'라는 뜻이다.

倨慢 거만
怠慢 태만

고독
孤獨

'獨(독)'은 '單獨(단독)'·'孤獨(고독)'이라고 할 때처럼 '無依無托(무의무탁)'의 상황을 말한다. '獨'이 사용된 성

獨裁 독재

어로는 '병사 없이 혼자서는 장수가 될 수 없다'는 뜻의 '獨不將軍(독불장군)'이 있다.

獨居 독거　　고대 한문에서는 '늙어서 자식이 없는 사람'을 가리켰다.

孤兒 고아　　'孤(고)'는 '獨'과는 달리 '어려서 부모가 없는 것'을 말한다.

'獨'이 부사로 쓰일 경우에는 '치우치게'라는 뜻으로 '惟獨(유독)'이라는 어휘가 있다.

'獨逸(독일)'이라고 부른 것은 중국에서 '도이치'를 음역하여 만들어진 글자로, 중국 한자 중의 외래어인 셈이다.

성정
性情

性品 성품
性質 성질　　'性(성)'은 태어나면서부터, 가지고 있는 본능적인 특질을 말하는 것으로 일반적으로 사물의 '本質(본질)'·'本性(본성)'·'特徵(특징)'을 가리킨다.

情感 정감
友情 우정
四端七情 사단칠정　　'情(정)'은 '感情(감정)·情緖(정서)'를 말한다.

때로는 '사물의 본성'을 뜻하기도 하며 '사물의 모습' 을 의미하기도 한다.

情況 정황
情景 정경
物情 물정

'愛情(애정)'이라는 뜻도 있다.

'性(성)'과 '情(정)'은 비슷하지만 '性'은 '천연의 본질 적 정신 상태'라고 한다면 '情'은 '流動的(유동적)인 마 음가짐'을 가리킨다.

기타

'欲(욕)'은 '바라다'라는 뜻이다. 여기에 '心(심)'이 붙 으면 '탐내다'라는 뜻의 '慾'이 된다.

欲求 욕구
貪慾 탐욕

'感(감)'은 감동을 시킨다는 뜻이다. '느끼다'라는 뜻 외에도 '고마워하다'라는 의미로 쓰인다.

感應 감응
感激 감격
感謝 감사

'忽(홀)'은 '주의를 기울이지 않는다'는 뜻이다. '별안간'이라는 뜻이 있다.

疏忽 소홀
忽視 홀시
忽然 홀연

마음이 가다듬어지지 않은 상태를 말할 때는 '惚(홀)' 을 쓴다.

恍惚 황홀

구조로 읽는 한자어

제**2**부

1 부수로
이해하는 한자어

언어와 관련된 한자
言語

'言(언)'은 말을 하는 행위와 그 말을 가리킨다. '語(어)'는 다른 사람의 질문에 답하거나 또는 남과 어떤 일에 관해서 이야기하는 것을 의미한다. 그러므로 이 두 글자는 상당히 다르게 쓰인다. 예를 들면 '言'에는 '言行(언행)'·'言動(언동)' 등에서처럼 '發言(발언)'의 의미가 강조된다.

言及 언급
言辯 언변
言爭 언쟁
格言 격언

'語(어)'는 말하는 대상이 있어야 하므로 '外國語(외국어)'·'語法(어법)' 등의 낱말에 쓰인다. 이처럼 '말'과 관련된 한자에는 대부분 '言'이 있다.

語感 어감
語不成說 어불성설
語弊 어폐
隱語 은어

'說(설)'은 설명하고 해석한다는 뜻이다. 이것이 학설이나 주장·설법 등으로 쓰였다.

'說'을 '세'라고 발음 할 경우에는 상대방을 설득·설복 시킨다는 뜻으로 쓰인다. '열'로 읽을 때에는 '기쁘다'는 뜻이다. '悅(열)'과 같은 글자로 쓰인다.

設敎 설교
說明 설명
說破 설파

遊說 유세

悅樂 열락

可謂 가위　　'謂(위)'는 말하는 상대방이 있는 경우, 또는 '~로 불린다'는 의미로 쓰이므로 '所謂(소위)' 등에서 쓰인다. 그러므로 '謂' 다음에는 반드시 이끄는 말이 있다. 이와 같은 용도로 쓰이는 말이 '曰(왈)'이다. 입의 모양을 그린 것이 변해서 된 이 '曰'은 "孔子曰(공자왈)"이라고 할 때처럼 '말하다'라는 의미로 쓰인다. '謂'나 '曰'은 그 뒤에 반드시 이끄는 말이 붙기 때문에 '言(언)'·'語(어)'와는 크게 다르다.

講和條約 강화조약
講義 강의
講壇 강단
特講 특강
講論 강론

　　'講(강)'은 처음에는 '화해하다'라는 뜻으로 쓰였다. 그 뒤 '講究(강구)하다'에서처럼 '계획하다'·'연구하다'라는 뜻으로 쓰였는데 이것이 '토론'이나 '의논'으로 확대된다.

請託 청탁
請願 청원
訴請 소청
提請 제청

　　'請(청)'자는 '요청하다'·'청구하다'라는 의미로 쓰였다.

訪問 방문
探訪 탐방
尋訪 심방
來訪 내방

　　'방(訪)'의 원뜻은 자문을 구한다는 의미이다. 특히 사람에 관한 일이 아닌 어떤 사건 사물에 관하여 자문을 구할 때 이 한자를 쓴다. 이런 '諮問(자문)'의 의미가 나중에는 '방문하여 알아본다'는 의미로 확대되었다.

感謝 감사

　　'謝(사)'는 원래 '사죄의 말'이라는 뜻이다. 자신의 잘못을 인정하는 말을 하는 행위이다. 그래서 '謝過(사과)'라는 말이 있다. 거절한다는 의미로 '謝絶(사절)'이라는 말이 쓰인다. 우리말에서 가장 많이 쓰이는 의미로는 다른 사람의 정신적 또는 물리적 도움에 대한 감사를 표하는 경우이다.

謝恩會 사은회
厚謝 후사

'訣(결)'은 '이별'을 '알리다'라는 뜻이다.

永訣辭 영결사

'警(경)'은 '경계하다'라는 뜻이다.

警告 경고
警報 경보
警備 경비

'讀(독)'은 '글을 읽다'라는 뜻이다. '讀'을 '두'로 읽을 경우 문구에서 쉬는 부분을 말한다.

讀書 독서
購讀 구독
通讀 통독
句讀點 구두점

'訊(신)'은 '묻는다'라는 뜻이다. 윗사람이 아랫사람에게 묻는 것을 말한다.

訊問 신문

'詰(힐)'은 책임을 묻는 것이다.
'問(문)'·'訊(신)'·'詰(힐)'은 언뜻 비슷한 뜻처럼 보이지만 '問'이 일반적인 물음을 가리킨다면, '訊'의 원뜻은 '審問(심문)'에 가깝고, '詰'은 어떤 일을 추적해 가며 캐묻는 '추궁'을 말한다.

詰責 힐책
詰問 힐문

'諫(간)'은 군주나 부모 등 자기보다 윗사람이 잘못을 했을 때, 바로잡기를 권하며 말하는 것이다.

討論 토론
討議 토의
檢討 검토

'討(토)'는 '연구하다'는 뜻과 '다스리다'라는 뜻이었다. 그 뜻이 확대되어 '성토하다'라는 의미로 쓰였는데 오늘날의 '討伐(토벌)'이 그에 해당한다. '討'는 '언어로 공격하는 것'이며 '伐'은 '무기로 공격하는 것'이다.

謀略 모략
圖謀 도모
參謀 참모

'謀(모)'는 '고려하다' · '계획하다' · '상의하다'라는 뜻이다. 이 의미가 나중에 '추구하다'라는 뜻으로도 확대되었다.

許諾 허락
允許 윤허
何許 하허

'許(허)는 '허락하다'라는 뜻으로 '辭讓(사양)'한다는 뜻의 '辭(사)'와 반대되는 말이다. 고대의 '許'는 윤허한다는 뜻으로만 쓰였고 용납한다는 의미의 '容許(용허)'로는 쓰이지 않았다. 고대 한문에서는 '어느 정도'라는 의미로 불특정의 숫자 또는 장소를 표현하기도 했다.

詐欺 사기
詐稱 사칭

'詐(사)'는 '진실되지 못하다' 또는 '거짓'을 의미한다. 이것이 '거짓말을 하다' 또는 '남을 속이다'라는 뜻으로 쓰였다.

誣告罪 무고죄
誣陷 무함

'誣(무)'는 말이 진실되지 않거나 남을 속인다는 뜻이다. 거짓으로 죄를 꾸며서 남을 곤경에 빠뜨리는 것을 말한다.

　'詳(상)'은 '자세하다'·'자세히 알다'라는 뜻이다.

　'辯(변)'은 '변론하다'라는 뜻이다. 이것이 '말솜씨가 있다'는 의미로 쓰이기도 한다.

　'訴(소)'는 '고통이나 억울함을 呼訴(호소)하다'는 뜻이다. '告訴'의 소는 '愬(소)'로도 쓰인다. '告訴'의 원뜻은 '고통이나 억울함을 남에게 알리다'는 뜻이다.

　'讓(양)'은 원래 남의 잘못을 지적하는 것이다. 우리말에는 그 흔적이 거의 남아 있지 않고 '讓步(양보)'의 의미로 많이 쓰인다. 권익이나 직위 등을 다른 사람에게 양보하는 것으로 '爭(쟁)'과 반대의 뜻을 갖고 있다.

　'對(대)'는 윗사람의 질문에 대답·회답하는 것이다. 질문에 대한 대답이 아니더라도 질문에 이어서 말을 할 경우에도 '對'라고 했다. 고대 한문에서는 아랫사람의 질문에 답하는 것은 '對'라고 하지 않고 '曰(왈)'이라고만 했다. 얼굴을 마주하는 것도 '對'라고 한다.

　'託(탁)'은 '맡기다'·'의지하다'라는 뜻이다. 이 '託'

付託 부탁 請託 청탁 托鉢 탁발	은 '托(탁)'과 구별된다. '손'이라는 의미의 '扌(수)'가 들어간 '托'자는 '손으로 받쳐든다'는 의미가 강하다.
拜謁 배알	'謁(알)'은 '알리다'는 원래의 뜻이 '찾아뵙는다'라고 바뀌었다. 이것을 '謁見(알현)'이라고 했는데, 고대의 '謁見'은 자신의 성명과 본관·관직 등을 명함에 쓰고, '무슨 이유로 뵙고자 하는지를 밝히고 만나는 것'을 말한다.
榮譽 영예	'譽(예)'는 '칭찬하다'라는 뜻이 '名譽(명예)'라는 뜻으로 확대되었다.
建議 건의 提議 제의 發議 발의	'議(의)'는 '意見(의견)을 발표하다'라는 뜻이다. 특히 공식적인 일에 관해서 論議(논의)하는 것을 가리킨다. 고대에는 황제에게 올리는 문장의 한 종류로, 옳고 그름과 이해득실을 따져 밝히는 문장 형식을 가리켰다.
議論 의논 論說 논설 討議 토의 討論 토론	'論(론)'은 '評論(평론)하다' 또는 '辯論(변론)하다'라는 뜻이다. 이는 문체의 한 종류로서, 다른 사람 또는 어떤 일에 관해서 논리적으로 기술하는 문장 형식을 말한다. '議'와 '論'은 다소 구분이 있는데 '議'는 '이해득실을 따지는 것'이므로 여러 사람이 '議'를 통해서 결정

과 결론을 내리지만, '論'은 '시비를 가리는 것'이므로
판단을 도출해 낸다.

'諂(첨)'은 '阿諂(아첨)하다'라는 뜻이다.

'諛(유)' 역시 아첨한다는 뜻이다. '諂'과 '諛'는 모두   阿諛 아유
'말로써 상대방이나 윗사람의 비위를 맞춘다'는 뜻이지
만, '諂'은 말로 하는 것을 넘어서서 태도까지도 가리킨
다.

다음은 입이라는 의미의 '口(구)'가 들어간 한자의 예
이다.

'問(문)'은 '물어보다'라는 뜻이 '안부를 묻다' 또는   慰問 위문
                                                  問候 문후
'심문하다'라는 뜻으로 쓰였다.   審問 심문
                                                  問安 문안
                                                  質問 질문

'召(소)'는 윗사람이 아랫사람을 부른다는 뜻이다.   召喚 소환
                                                  召集 소집
                                                  召命 소명

'弔(조)'는 마음 아픈 일에 대하여 동정을 표하고 위   弔問 조문
                                                  謹弔 근조
문한다는 뜻이다. 오늘날에는 '弔(조)'가 더 많이 쓰인
다. 이것이 죽은 사람을 애도하고 옛사람을 추념한다는
의미로 쓰였다.

'叩(고)'는 '자세히 묻다'라는 뜻이 '두들기다'라는 뜻으로 변했다. '叩頭(고두)'란, 무릎을 꿇고 땅에 머리를 대는 고대의 예법이다.

報恩 보은
報答 보답
報復 보복
業報 업보

'報(보)'자는 원래의 뜻이 '죄인을 단죄하다'라는 의미였다. 이 뜻이 나중에 확대되어 남에게 받은 것을 '되갚는다'는 의미로 쓰였다. '報告(보고)'라는 낱말에서 '報(보)'와 '告(고)'는 서로 다른 의미이다. '報'는 아랫사람이 윗사람에게 전하는 '결과 보고'라는 의미인 반

通告 통고
告知 고지

면, '告'는 '일방적인 전달'을 강조하는 글자이다. '告'와 '語(어)'는 상대방에게 말한다는 의미이기 때문에 유사하지만, 아랫사람이 윗사람에게는 '告'라고 할 수는 있어도 '語'라고는 할 수 없다. 윗사람이 아랫사람에게 일방적으로 하는 말도 '告'이다. '일방적으로 말하다'라는 뜻이 오늘날 '告訴(고소)'·'告發(고발)' 등에 쓰인다.

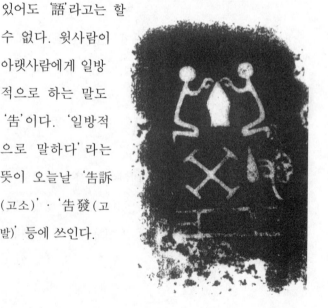

산과 관련된 한자
山

'嶽(악)'은 '높은 산'을 가리킨다.

山嶽 산악
雪嶽山 설악산

'丘(구)'는 '작은 산언덕'을 뜻한다. '墳墓(분묘)'를 뜻하기도 한다.

丘陵 구릉

'嶺(령)'은 '산허리'·'산 고개'를 뜻한다. 원래는 '領(령)'으로 썼다. '산의 등줄기'라는 의미로 쓰인다.

分水嶺 분수령
峻嶺 준령

'巒(란·만)'은 '작고 뾰족한 산' 또는 '산등성이'를 가리킨다.

巒岡 만강

'巖(암)'은 '높은 산'이나 '바위'를 가리킨다. '높다'는 뜻으로 쓰인다. '산 속에 있는 굴'을 가리키기도 한다. '岩(암)'은 '巖'의 속자로 같은 글자이다. 이처럼 '山(산)'이 부수로 된 글자 외에도 '산'과 관련이 있는 한자는 다음과 같다.

巖盤 암반
巖壁 암벽
鎔巖 용암

'阿(아)'는 '산 언덕' 또는 '산이 꺾어지는 곳'을 말한

阿附 아부
阿諂 아첨

다. 건물의 지붕에서 처마 끝의 '모서리 진 부분'을 뜻한다. '본심을 감추고 남의 생각에 영합하는 것'을 말하기도 한다. 명사의 접두어로 쓰인다.

溪谷 계곡
深山幽谷 심산유곡

'谷(곡)'은 '산과 산 사이에서 흐르는 작은 물줄기'를 가리킨다. 이것이 '두 산 사이의 좁은 지형 장소'를 가리키는 말로 쓰였다. 이 말이 상징적으로 쓰이면서 '꽉 막혀 출구가 없는 것'을 '進退維谷(진퇴유곡)'이라고 한다.

'壑(학)'은 '산에 있는 물구덩이'를 말한다.

물과 관련된 한자
水

永住 영주
永久 영구
永遠 영원

'永(영)'은 '물이 길게 흐르다'라는 뜻의 글자이다. 여기에서 '길다'라는 의미가 파생되었다. 대체로 '시간이 긴 것'을 가리킨다.

春川 춘천
鎭川 진천
順川 순천

'川(천)'은 초기 한자 모형으로 보면 강 하류의 양안을 중심으로 가운데 물이 흐르는 형상의 모습이다. 하류가 흙을 밀어내어 침적된 평야를 이루는데, 이렇게 강 근처에 비옥한 평야가 조성된 곳 역시 '川'이라고 했다. 이 때문에 우리나라나 중국의 여러 지명에 '川'이라고 불리는 곳이 있다.

'治(치)'의 원뜻은 '강물을 잘 관리하여 흐름을 안전하게 하고 홍수를 막는다'라는 뜻이다. 이것이 나중에 '어떤 일을 진행하거나 처리하다' 또는 '다스리다'라는 의미로 확대되었다. '나라가 잘 다스려지는 것'을 뜻하기도 해서, '亂(란)'과 반대되는 의미로 쓰였다.

法治 법치
治國 치국
治水 치수
治療 치료
政治 정치
治世 치세

'治'와 '理(리)'는 모두 '잘 처리하다'라는 의미로 쓰이지만 '治'는 '물'과 관련이 있고 '理'는 '玉(옥)'과 관련이 있다. '玉'을 잘 다듬는 것이 '理'이다.

'流(유, 류)'는 '물이 흐르다'라는 뜻이다. 명사로 쓰일 경우에는 '강물의 흐름'을 말하는 것으로, '강물의 발원'이라고 하는 의미의 '源(원)'과 반대되는 말이다. 이것이 '전파되다'·'유포되다'라는 뜻으로 확대되었다.

流動 유동
流浪 유랑
流暢 유창
放流 방류

고대 형벌의 하나로 '流'는 '추방'을 의미했다.
'구별이나 등급을 매기다'라고 쓰일 경우에는 '流派(유파)'의 의미로 쓰인다.

流配 유배
一流 일류

'決(결)'은 '물길을 터서 물의 흐름을 이끌어내다'라는 뜻이다. 이것이 나중에 '判定(판정)하다'라는 의미로 '決定(결정)'·'決斷(결단)'에서 쓰인다.

초기의 한자는 모든 사물과 개념을 한 글자로 나타냈다. '水(수)'가 붙은 한자는 대부분 '물'과 관련이 있으며, 상당수의 한자가 곳곳에 있는 '강물'의 고유명사였다. 이것이 오늘날 다양한 개념으로 파생되거나 전이되어 쓰인다. '漢(한)'이 그 대표적인 경우이다.

漢(한)은 중국 양자강으로 흘러드는 한 하류의 명칭이다. '漢水(한수)'라고 불리는 이 강과 그 일대 지역은 기원전 206년 劉邦(유방)의 封地(봉지)였고, 중국의 왕조 漢은 바로 이 지역에서 일어난 劉邦(유방)의 세력에 의해서 세워졌다. '漢'의 왕이 된 유방은 나라를 통일하고 '漢'이라는 왕조의 명칭을 쓰게 된다. 천하 통일은 秦始皇(진시황)이 이루었지만, 십 몇 년 만에 멸망하고 '漢'나라로 통일된 중국은 사회 문화적으로도 통일된 문명대국이 되면서 '漢'이라는 글자가 중국을 대표하는 의미로 쓰였다. 漢은 주변의 소수민족 등 이민족과 다르다는 의미에서 '漢人(한인)'이라고 불렸는데, 초기나 이민족이 통치하던 元代(원대)·淸代(청대)에는 '漢'이라는 글자가 이민족으로부터 멸시와 모욕의 의미로도 쓰였다.

오늘날에는 중국문화와 문명을 대표하는 의미로 쓰인다.

오늘날 중국에서 중국어를 '漢語(한어)'라고 하는 것은 중국에서 공용어로 쓰이는 여러 가지의 소수민족 언어와 구별하기 위한 까닭이다.

癡漢 치한
怪漢 괴한
無賴漢 무뢰한
破廉恥漢 파렴치한

漢族 한족
漢學 한학
漢詩 한시
漢文 한문

'消(소)'는 '감소되다'·'없어지다'라는 뜻이다. '생장하다'라는 뜻의 '息(식)'과 반대되는 말이다. 고대 한문에서 '消息(소식)'이란 세상 만물이 증감하고 생멸하는 일체의 현상을 가리킨다. 이것이 나중에 '소식'이라는 의미로 확대되었다.

消失 소실
消滅 소멸

'漏(루)'는 '물이 스며들다'·'물이 새다'라는 뜻이다. '비밀이 漏泄(누설)되다'라고 할 때의 '漏泄'은 '새나가다'라는 뜻이다. 고대에는 '시간을 재는 기구'를 가리켰다.

刻漏 각루

'泛(범)'은 '물 위에 뜨다'라는 뜻이다. '汎(범)'으로 쓰이기도 한다. '帆船(범선)'의 '帆(범)'에는 '천'을 나타내는 '巾(건)'이 있다.

汎濫 범람　　'넘치다'라는 뜻이 있다. '배를 띄우다'라고 할 경우 '泛舟(범주)'라고 쓴다.

泛稱 범칭　　보편적이라는 뜻도 있다.

涵養 함양　　'涵(함)'은 '물 속에 가라앉다'·'적시다'라는 뜻이다. 이것이 '포함하다'·'포용하다'라는 뜻으로 쓰였다.

沐浴 목욕　　'沐(목)'은 머리를 감는 것이며, '浴(욕)'은 몸을 닦는 것이다.

激流 격류　　'激(격)'은 '물의 흐름을 가로막다'라는 뜻이 나중에 '급류'를 의미하게 되었다.
激情 격정
激烈 격렬　　감정이 자극을 받아 충동적이 되는 것을 말한다.

測量 측량　　'測(측)'은 '물의 깊이를 재다'라는 뜻이다. 이것이
實測 실측　　'추측하다'라는 뜻으로도 쓰였다.
測定 측정
不測 불측

潛水 잠수　　'潛(잠)'은 '수면 아래로 가다'라는 뜻이 '물 속에 잠
潛行 잠행　　기다'라는 의미로 쓰였다. 군대에서는 비밀리에 병력을
潛伏 잠복
潛在能力 잠재능력　　움직이는 것을 말한다. 따라서 '비밀리에' 또는 '몰래'

라는 뜻이 생겼다.

'漫(만)'은 '물이 끝없이 많다'는 뜻이다. 이것이 '끝이 없다'는 뜻으로 쓰였다. '모두' 또는 '넓은 모습'이라는 뜻이 있다. 또한 '마음대로 하다'라는 뜻도 있다.

漫漫 만만
浪漫 낭만
漫談 만담
漫畵 만화
漫筆 만필

'游(유)'는 '물 위에 떠서 가다'라는 뜻이다. '游'는 '遊'와 상통하는데 '물에서 움직이는 것'은 '游'로만 쓰고 '遊'로는 쓰지 않는다.

遊泳 유영

'游(유)'와 '遊(유)'는 독음이 같기 때문에 동일하게 쓰이지만, 'ㆍ'이 붙어 있는 '游'는 '물'과 관련이 있고 'ㆍ'이 붙어 있는 '遊'는 '걷는 것'과 관련이 있다. 이 두 한자는 보통 같은 뜻으로 사용되지만 '수영'을 의미하는 경우 '遊'는 쓰지 못한다.

野遊會 야유회

'浮(부)'는 '물 위에 뜨다'라는 뜻으로 '沈(침)'과 반대되는 말이다. 이것이 '거짓됨' 또는 '사실과 다름'이라는 의미로 쓰이기도 한다.

浮動 부동
浮浪 부랑
浮力 부력
浮生 부생
浮說 부설

'滅(멸)'은 물로 '불을 끄다'라는 뜻이다.
'불이 없어서 깜깜한 상태'를 뜻하기도 한다. '明滅(명멸)'은 '불빛이 반짝이다'라는 뜻이다.
한 나라나 한 집안이 망하는 것을 가리킨다.

撲滅 박멸
消滅 소멸

滅亡 멸망
滅族 멸족
滅種 멸종

淫亂 음란　　'淫(음)'은 '넘치다'·'지나치다'라는 뜻이다.
賣淫 매음
　　'분에 넘치다'라는 의미의 이 글자는 나중에 정당하지
않은 남녀 관계와 그 행위를 말하게 되며 색을 탐하거
나 성욕에 탐닉하는 것을 말한다.

　　'滋(자)'는 물을 줘서 '增長(증장)시키다'라는 뜻으로
'滋養分(자양분)' 등에서 쓰인다. '너무하다'는 의미로
'蠻行(만행)이 자심하다'에서처럼 '滋甚(자심)'이 있다.

漸次 점차　　'漸(점)'은 '물이 흘러 들다'라는 뜻이다. 이것이 스며
漸漸 점점
들어 잠긴다는 뜻이 되어 천천히 스며들거나 물이 드는
것을 말한다.

漸進 점진　　'나아가다'라는 뜻이 있어서 어떤 상황이 점점 발전
해 가는 것을 말한다.

恩澤 은택　　'澤(택)'은 일반적인 호수를 가리킨다. 이것이 '潤澤
德澤 덕택
(윤택)하게 하다'라는 뜻으로 쓰였다.
　　또한 '은혜를 베풀다'라는 뜻이 있다.

渾濁 혼탁　　'渾(혼)'은 '물이 흐리다'·'탁하다'라는 뜻이다.
　　'渾濁(혼탁)'은 '뒤섞이다'라는 뜻의 '混(혼)'을 넣어
'混濁'으로도 쓰인다. '混沌(혼돈)'을 '渾沌(혼돈)'으로
도 쓴다.

'뒤섞여 하나가 되다'·'온'·'모두'의 뜻이 있다.

渾身 혼신
渾然一體 혼연일체

'沈沒(침몰)'이라고 할 경우 '沈'과 '沒'은 다르다.

'沈'은 '물 속에 빠져 잠기다'라는 의미이며, '물에 뜨
다'라는 뜻의 '浮(부)'와 반대되는 말이다.

'깊다'는 뜻으로도 쓰이는 '沈'은 '沉(심)'과 같은 글자
이지만 姓(성)으로 쓸 경우에는 '沈(심)'이라고 쓴다.

沈沒 침몰
浮沈 부침
沈下 침하

'沒(몰)'은 '물 속에 깊이 들어가다'라는 뜻이다. 이것
은 '出(출)'과 반대되는 의미로 쓰인다.

법에 따라 범인의 재산 등을 압수하는 것을 가리킨다.

'죽음'을 뜻하기도 했다. 전쟁터에서 죽는 것은 '戰歿
(전몰)'이라고 쓴다.

埋沒 매몰
出沒 출몰
神出鬼沒 신출귀몰

沒收 몰수
沒世 몰세

불과 관련된 한자
火

'熟(숙)'은 '불을 때어 익히다'라는 뜻이다. 이것이
'깊다'는 뜻으로 쓰였다. '오곡이 무르익은 것'도 '熟
(숙)'이라고 하여 '饑(기)'와 반대되는 말로 쓰였다.

이처럼 '火(화)'가 붙은 한자는 대개 불과 관련이 있다.

熟考 숙고
能熟 능숙
成熟 성숙

燦爛 찬란
絢爛 현란
天眞爛漫 천진난만
爛熟 난숙

'爛(란)'은 '불의 빛이 비추다'라는 뜻이 '익어서 문드러지다'라는 뜻으로 확대되어 쓰이기도 했다. 나중에는 '썩어 문드러진 것'을 가리키게 되었다.

烈火 열화
熾烈 치열
猛烈 맹렬

'烈(열)'은 '불이 사납게 타오르는 것'을 말한다. 이것이 '强烈(강렬)하다' · '猛烈(맹렬)하다'라는 뜻으로 쓰여서 '죽음을 무릅쓴 용사'를 '烈士(열사)'라고 했고 '節操(절조)를 지키는 사람'을 '烈女(열녀)'라고 했다.

然後 연후
然而 연이
然則 연즉
燃料 연료
燃燒 연소

'然(연)'은 '불을 지펴 태우다'라는 뜻이다. 나중에 '이렇다' 또는 '저렇다'라는 뜻으로 쓰이면서 '태우다'라는 뜻에는 '火(화)'가 붙어서 '燃'이 쓰였다.

고대 한문에서는 '그렇다'라는 '대답'으로 쓰여서 '아니다'라고 할 경우에는 '不然(불연)'이라고 했다. 낱말의 끝에 붙으면서 '어떤 모습'을 형용하는 경우에는 '茫然自失(망연자실)'의 '然(연)'이 있다. '悽然(처연)하다'나 '自然(자연)스럽다' 등의 경우에도 쓰인다.

'蒸(증)'은 '火氣(화기)가 上昇(상승)하는 것'을 의미하지만 이것이 '열기가 왕성한 것' 또는 '水蒸氣(수증기)' 자체를 가리키게 되었다.

비와 관련된 한자
雨

'雨(우)'가 붙은 한자는 대부분 '비'와 관련이 있다. 다음의 일부 한자는 그 의미가 변용된 경우이다.

'靈(령, 영)'은 신을 섬기는 '여자 무당'을 의미한다. 이것이 나중에 '神靈(신령)'이라는 뜻으로 쓰이고, '귀신의 정신 또는 그 반응'이라고 쓰였다.

靈驗 영험

죽은 사람에 대한 칭호로 쓰이기도 한다.
육체와 상대되는 의미로 '사람의 정신'을 말하기도 한다. 머리가 총명하고 민활한 것에도 '靈'이라고 했다.

英靈 영령
靈柩車 영구차
靈魂 영혼
靈感 영감
靈長類 영장류

'零(령, 영)'은 '비가 떨어지는 것'을 가리킨다. 이것이 나중에 일반적인 의미의 '落下(낙하)' 또는 '흩날리는 것'을 가리켰다. '시들다'의 뜻도 있다.

零落 영락
零細 영세

얼음과 관련된 한자
氷

'氷(빙)'이 붙은 한자 중 그 의미가 변용된 것으로는 다음과 같은 것이 있다.

'凝(응)'은 '얼음이 언 것', 즉 '結氷(결빙)'을 가리킨다. 나중에는 '凝結(응결)' · '凝固(응고)'라는 의미로 쓰였다.

凝視 응시   '정신을 집중하는 것'을 말하기도 한다.

'凜(름, 늠)'은 '춥다' · '차갑다'라는 뜻이다. '凜凜(늠름)'이란 '함부로 하기 어려운 위엄 있는 모습'을 가리킨다.

'凋(조)'는 '초목이 시드는 것'을 말한다. '凋落(조락)'이란 '초목이 시들어 떨어지다'라는 뜻이다.

凌駕 능가   '凌(릉, 능)'은 '범하다' 또는 '넘다'라는 뜻이 '제압하다' 등의 뜻으로 확대되었다.

나무와 관련된 한자
木

'棋(기)'는 장기나 바둑 등을 가리킨다. 춘추전국 시기에는 '棋(기)'를 '奕(혁)'이라고 했다.

棋院 기원
棋士 기사

'析(석)'은 '나무를 자르다'라는 뜻이 '分析(분석)하다'라는 의미로 쓰인다.

辨析 변석

'材(재)'는 '나무로 된 재료', 즉 '목재'를 가리킨다. 이것이 나중에 '才能(재능)'이라는 뜻으로 쓰였다. '才能(재능)'이라고 할 경우의 '才(재)'와 '材(재)'는 함께 쓰이지만 '목재(木材)' 또는 '材料(재료)'라고 하는 의미에서는 '材'만 쓰인다.

建築資材 건축자재

材質 재질
素材 소재
人材 인재

'口(구)'가 부수로 되어 있는 '喬(교)'자는 '나무가 높고 큰 것'을 가리킨다. 여기에 '木(목)'이 붙어서 '다리'를 가리키는 '橋(교)'가 되었다.

喬木 교목
橋脚 교각
架橋 가교

'梗(경)'은 '식물의 가지나 줄기'를 가리킨다. 이것이 '곧다' 또는 '정직하다'라는 의미로 확대되었다. '梗直

梗塞 경색
剛梗 강경

(경직)'이라는 낱말은 강직하다는 뜻이다. 오늘날에 쓰이는 '몸이나 정신이 뻣뻣한 것'은 '硬直(경직)'이다. 동사로 쓰일 경우에는 '막히다'라는 뜻도 있다.

節槪 절개
氣槪 기개
景槪 경개
大槪 대개

'槪(개)'는 쌀 등의 곡식을 다루는 데 쓰이는 도구이다. 쌀을 말[斗(두)] 등의 용기에 담을 때 위에 수북한 부분을 훑어내는 용도로 쓰인 작은 나무판자가 '槪(개)'이다.

이 '槪'가 '節操(절조)'라는 의미로 쓰이기도 했다.

'상황' 또는 '모습'이라는 뜻으로도 쓰인다.

부사로는 '대략' · '대강'이라는 의미가 있다.

核心 핵심
核武器 핵무기

'核(핵)'은 식물의 '씨'를 가리킨다. 이것이 '세포의 핵'이나 '원자의 중심 입자'에도 쓰였다.

方案 방안
法案 법안

'案(안)'은 나무로 만든 '托盤(탁반)'을 말하는 것으로, 다리가 있으며 음식물을 놓는 데 쓰이는 '상'의 하나이다. 이것이 나중에 관청의 '문서'를 가리키게 되었다.

極點 극점
極度 극도
極限 극한
極刑 극형
太極 태극
罔極 망극
至極 지극

'極(극)'은 집의 구조물 중 가장 높은 곳에 있는 '대들보'를 가리키는 글자였다. 이것이 '끄트머리' 또는 '최고 한도'라는 의미로 확대되었다.

'片(편)'은 나무를 얇게 자른 형상의 글자이다. 이것   一片丹心 일편단심
이 평평하고 얇은 물건을 세는 양사로 쓰인다.

'版(판)'은 '얇고 넓은 나무판'을 가리킨다.   版畵 판화
  종이를 발명하기 전에, 사람들은 대나무 편이나 목판   出版 출판
등에 글씨를 썼다. 이것이 오늘날까지 서적·문헌이라
는 의미로 '版(판)'을 쓰게 된 계기이다.
  '版圖(판도)'는 원래 '戶籍(호적)'과 '地圖(지도)'를 뜻
하는 두 개의 의미가 합쳐진 것으로 쓰였지만 오늘날에
는 '領域(영역)'·'領土(영토)'라는 의미로 쓰인다.

'樹(수)'는 '나무를 심다'라는 의미의 동사이다.   植樹 식수
'나무'라는 의미로도 쓰인다.   針葉樹 침엽수
  '樹(수)'와 '木(목)'은 크게 다른 의미의 글자인데,   闊葉樹 활엽수
'樹'는 동사로 쓰이기도 하지만 '木'은 동사로 쓰는 일
이 없다. '木'은 '나무'라는 일반적인 의미 외에도 '木
材(목재)'라는 뜻이 있지만 '樹'에는 목재라고 쓰는 경
우가 없다. '樹'를 동사로 쓸 경우에는 나무를 심는 동   樹立 수립
작 외에도 사물을 세운다는 의미로 쓰인다.

'木(목)'은 '나무'의 총칭이다.   樹木 수목
'나무로 된 재료'를 가리키기도 한다.   材木 재목

'葉(엽)'은 '나뭇잎'이다.

'19세기 初葉(초엽)' 등에서처럼 '世代(세대)'나 '時期(시기)'를 가리킨다. 중국 광동지방의 방언은 지금도 '잎'으로 발음한다.

'條(조)'는 원래 '나뭇가지'를 뜻하는 말이었는데 나중에 '條目(조목)'이라는 뜻으로 쓰였다. '條理(조리)가 있다'고 할 경우 '條理(조리)'는 '秩序(질서)'·'順序(순서)'라는 뜻이다.

'漆(칠)'은 '옻'이라는 나무 이름이다. 이 나무의 껍질에서 흐르는 액체는 塗料(도료)로 쓰였다. 우리말에서 '칠하다' 또는 '칠'이라는 말은 바로 이 한자에서 전해지는 것이다. '漆液(칠액)'은 오늘날 가구 등 목재용품에 바르는 각종 도료와 같은 것으로 천연의 '니스'인 셈이다. '漆(칠)'의 색깔은 원래 옅은 붉은빛을 띠고 있지만 나중에 다양한 색깔을 섞어서 썼다.

'漆'을 바른 漆器(칠기)는 벌레가 먹지 않고 습기에도 썩지 않는 내구성을 갖고 있어 자연의 플라스틱이라고 할 수

▲ 漆器(칠기).

있다.

'機(기)'는 나무로 만든 옷감 짜는 기계 등의, '기계' 를 가리킨다. '機'는 어떤 일의 감추어진 '機微(기미)' 또는 그 '萌芽(맹아)의 움직임'을 가리키는 말이다. 이 것이 '조짐'이라는 뜻으로 쓰였다.

機械 기계

'機務(기무)'의 원뜻은 행정적인 사무를 가리킨다. 이는 '幾(기)'로도 쓰이는데 '가깝다'는 뜻이 있다. 수량을 묻는 의문사로도 쓰인다.

幾死之境 기사지경

幾何 기하

'幾'와 '機'는 원래 다른 글자이다. '幾'는 '微(미)'와 같은 뜻이다. '낌새'라는 뜻의 '機微'는 '幾微'로도 쓰 인다.

'果(과)'는 '나무의 열매' 즉 '果實(과실)'을 말한다. 이것이 '충실하다'라는 뜻으로 쓰이면서 '단단하다'라 는 의미로 확대됐다.

果斷性 과단성
果敢 과감

'결실을 맺다'라는 의미가 '마침내'라는 뜻으로 '果然 (과연)'이라고 쓰였다.

效果 효과

'實(실)'은 '과실의 씨앗'을 말하는 것이다. 이것이 '虛(허)'와 반대되는 의미의 '알맹이'·'충실'의 의미로 쓰였다. '名(명)'과 반대되는 '실제 내용'이라는 의미로 도 쓰인다.

名實相符 명실상부
實際 실제
實施 실시
實踐 실천
眞實 진실
確實 확실

풀과 관련된 한자
草

英才 영재
英雄 영웅

'英(영)'은 '꽃'을 가리킨다. 이것이 '화려한 장식'이라는 의미로 쓰이면서 '아름다운 용모의 사람'이나 '걸출한 인물'을 가리켰다.

蔭德 음덕

'蔭(음)'은 '나무 그늘'을 가리킨다. 고대에는 고관의 자제에게 관직이나 특권을 부여하는 등 일종의 특혜를 주었는데 이를 '蔭'이라고 했다.

薦擧 천거

'薦(천)'은 '艹(풀초)'가 있는 것으로 알 수 있듯이 원래는 '짐승이 먹는 풀'을 가리켰다. 이것이 나중에 동물을 희생으로 올리지 않는 제사에서, '귀신에게 바치는 제물' 또는 그 제사를 가리키게 되었다. 나중에는 인물을 발탁하는 과정에서 남을 推薦(추천)하는 것을 가리키게 된다.

祈雨祭 기우제

'薦'은 '祭(제)'와 함께 '제사'의 뜻이지만 희생동물이 바쳐지지 않은 제사는 '薦'이라고 하였고, 희생동물이 바쳐진 제사를 '祭'라고 했다.

'蓋(개)'는 풀이나 짚으로 엮어서 집을 덮도록 만든 '지 붕'을 가리킨다. 이것이 나중에 '덮다'라는 의미로 쓰였 다. '氣蓋世(기개세)'란 '기운이 세상을 덮는다'는 말이 다. 일반적으로 그릇을 덮는 '뚜껑'을 말하기도 한다.

고대에는 군주나 귀족의 머리 위를 가리거나, 전차나 마차의 위에 세우는 커다란 洋傘(양산)을 가리켰다. 고 대 한문에서는 '大概(대개)'라는 뜻으로도 쓰였다.

蓋然性 개연성
覆蓋工事 복개공사

'藉(자)'는 '풀로 만든 방석'이다. 그 위에 눕거나 앉 을 수 있는 '자리'인데 추상적인 의미로도 쓰였다. '자 리'라는 우리말은 이 한자에서 비롯된 것이다.

'의지하다' · '빌리다'라는 뜻으로도 쓰인다.

'선혈이 狼藉(낭자)하다'라고 할 경우, '狼藉'는 '흩뿌 려진 모습' 또는 '흐트러진 모습'을 가리킨다.

藉草 자초
藉藉 자자

憑藉 빙자
慰藉料 위자료

'藝(예)'는 원래 '씨를 심다'라는 의미의 글자이다. 이 것이 나중에 '재능' · '기능' 등의 의미로 확대되었다.

藝術 예술
技藝 기예
書藝 서예

'藩(번)'은 '울타리'를 말한다. 이것이 국가나 국경을 '지키다'라는 뜻으로 쓰였다.

藩鎭 번진

'蒙(몽)'은 '덮다'라는 뜻이다. 진상을 '덮고 속이다'라 는 의미가 있다. '啓蒙(계몽)'이란 無知蒙昧(무지몽매)한

蒙塵 몽진
童蒙 동몽

것으로부터 '깨우쳐 열어 주다'라는 뜻이다.

'藻(조)'는 수초의 일종이다. 이 물풀은 무늬와 색깔이 있기 때문에 문장에서의 '修飾(수식)'이라는 의미로 쓰였다.

'蓮(연)'은 '연꽃'을 가리킨다. 중국의 남방에서 '蓮'이라고 불리는 것을 북방사람들은 '荷(하)'라고 했다. 蓮의 뿌리는 '藕(우)'라고 한다.

불교에서는 진흙밭에 뿌리를 내리고 더러운 물 속에서도 더러움에 물들지 않고 수면 위로 아름다운 꽃을 피어내는 연꽃을 成佛(성불)의 상징으로 삼았다. 부처가 앉아있는 자세를 보면 두 다리가 교차되어 있고 양쪽 발바닥이 위를 향해 있는데 이를 '蓮花座勢(연화좌세)'라고 한다. 일상생활에서는 '跏趺坐(가부좌)'라고 하고, 그렇게 앉는 것을 '結跏趺坐(결가부좌)'라고 했다. 한

쪽 다리를 다른 다리에 올리고 앉는 것은 '半跏(반가)'라고 했다. 부처가 앉아 있는 자리 역시 '蓮華座(연화좌)'라고 하며 觀世音菩薩(관세음보살)은 손에 寶瓶(보병)이나 蓮花(연화)를 들고 있다.

다음은 '竹(죽)'이 붙
어 '대나무'와 관련된
한자이다.

'節(절)'은 대나무나
나무의 마디 부분을 가
리키는 말이다.

'制約(제약)'이라는 의
미로도 쓰였다.

윤리적으로 지켜야 될
원칙을 말하기도 한다.

關節 관절

節約 절약

禮節 예절
凡節 범절
節度 절도

時節 시절
季節 계절

태양의 움직임이 어느 일정한 위치에 처하는 시간을
'節'이라고 한다.

고대에 신분증 등의 증표로 쓰이던 것을 '節'이라고
했다. 대나무로 만든 牌(패) 등에 내용을 적어 반으로
쪼갠 다음 각각의 반쪽을 증명으로 삼았던 것이다. 고
대 악기 중에 박자를 맞추는 악기를 '節'이라고 했다.

'第(제)'는 대나무와 관련된 의미가 완전히 없어지고
'順序(순서)' · '次例(차례)'를 가리키는 말이 되었다.

숫자에서 序數(서수)를 표시할 때 쓰인다.

과거 등의 시험에서 그 결과를 써넣는 이른바 '榜
(방)'에 올려진 이름 순서를 말하기도 하였다.

第一 제일
第三 제삼

及第 급제
落第 낙제

'집'이라는 뜻이 있기 때문에 자신의 집으로 편지를 부칠 때 '本第入納(본제입납)'이라고 쓴다.

'벼'를 가리키는 '禾(화)'가 있는 것은 곡식과 관련이 있다.

秀麗 수려
秀才 수재
俊秀 준수

'秀(수)'는 곡식에 이삭이 나와서 꽃이 피는 것을 말한다. 나중에는 모든 종류의 꽃이 피는 것을 '秀'라고 하고, 추상적인 의미로 확대되면서 '뛰어나고 특출함'을 가리키게 되었다.

集積 집적
蓄積 축적

'積(적)'은 '곡식을 모아서 쌓다'라는 의미이다. 이것이 일반적인 의미의 '쌓다'라고 쓰였다. '貯蓄(저축)하다'라는 뜻도 있다.

'穎(영)'은 '벼의 끄트머리'를 가리키는 것으로 나중에 '尖端(첨단)'이라는 의미가 되었다. '英敏(영민)하다'라고 할 경우 '穎敏(영민)하다'라고도 쓴다.

새와 관련된 한자
隹

'雌雄(자웅)'은 '새'를 의미하는 '隹(추)'가 있는 것으로 알 수 있듯이 '새의 암수'를 가리킨다. 나중에는 동물 전반에 쓰이게 되며, '雌雄(자웅)을 겨루다'라는 경우처럼 '분별하다'라는 의미로도 쓰인다.

'雕(조)'는 원래 '사나운 날짐승' 또는 '독수리'를 가리키던 글자이다. 이것이 '彫(조)'와 같이 쓰이면서 '새기다'라는 의미로 사용되었다. 우리말에서는 대부분 '彫'를 쓴다. 추상적인 의미로 '새기고 다듬다'라는 뜻으로 '彫琢(조탁)'이 있다.

彫刻 조각
浮彫 부조

'奮(분)'은 '새가 날개를 펼치고 나는 것'을 뜻한다. 이것이 '振作(진작)하다' · '들어올리다'라는 뜻으로 쓰였다.

興奮 흥분
奮鬪 분투

'翰(한)'은 새의 한 종류를 가리키는 한자이다. 다른 이름으로는 '天鷄(천계)'라고도 한다. 이 때문에 초기 한문에서 '翰(한)'은 '높이 떠서 빠르게 날아가다'라는

公翰 공한
書翰 서한

뜻으로 쓰였다. '붓'을 가리키기도 해서 '문장'이나 '문체'를 뜻하게 되었다.

　唐代(당대) 이후에 문학활동에 종사하는 관리를 '翰林(한림)'이라고 했다. 당대에 설립된 '翰林院(한림원)'이란 '文苑(문원)'의 뜻이다.

合竹扇 합죽선

　'扇(선)'은 '부채'이다. 원래는 문의 한 짝이나 병풍처럼 열고 닫을 수 있는 모양으로 된 것, 또는 새의 날개 형상 같은 것을 가리켰다. '扇風機(선풍기)'는 '부채'라는 의미가 사용된 낱말이다.

禽獸 금수
家禽 가금

　'禽(금)'은 원래 '새나 짐승' 모두를 가리키는 뜻이었다. 중국 三國(삼국) 시기의 화타가 창제했다고 전하는 '五禽戲(오금희)'라고 하는 무술은 호랑이·사슴·곰·원숭이·새 등 다섯 가지 짐승의 자세와 동작을 본 따서 만든 무술이다. 나중에 '禽'은 鳥類(조류) 동물만 가리키게 된다.

말과 관련된 한자
馬

'馳(치)'는 '말이 빨리 달리다'라는 뜻의 한자이다. 이 의미는 나중에 '전파'나 '유포되다'라는 뜻으로 확대된 다.

背馳 배치
相馳 상치

'驅(구)'는 '馳'와 비슷하지만 '驅'는 '말을 달리게 하다'라는 使役(사역)의 의미가 강하여 '어휘를 驅使(구사)하다' · '기생충을 驅除(구제)하다' 등으로 쓰인다.

驅迫 구박
驅步 구보
先驅 선구

'騎(기)'는 '말을 타다'라는 뜻이다. '말을 타는 병사'를 의미하기도 한다.

騎馬 기마
單騎 단기
騎兵隊 기병대

'羈(기)'는 '그물'을 뜻하는 '罒(망)'의 부수에 속하지만 말의 머리에 씌우는 장비나 소의 '굴레'를 가리키는 것으로 '구속되다'라는 의미를 갖고 있다.
'他地(타지) 또는 남의 처소에 기거하는 것'도 '羈'라고 한다.

羈旅 기려

'駐(주)'는 '말과 마차를 멈추다'라는 뜻이다.
'군대를 머무르게 하다'라는 뜻이 있다.

駐車 주차
駐屯 주둔

駐在員 주재원
駐韓大使館
주한대사관

'머물다'라는 뜻이 확대되어서 쓰인다.

驚愕 경악
驚異 경이
驚歎 경탄

'驚(경)'은 '두려움에 놀란 말이 날뛰다'라는 뜻이다. 이것이 '驚氣(경기)를 일으키다'처럼 동물이나 사람이 '놀라다'라는 뜻으로 쓰였다.

양과 관련된 한자
羊

'羊(양)'의 초기 한자 모양은 '양'의 정면 모습을 형상화했다. 이 '羊'이 들어간 한자는 '美(미)'·'義(의)'·'善(선)'처럼 대부분 좋은 의미로 쓰인다.

養老 양로
養成 양성
養殖 양식
療養 요양

'養(양)'은 '살아가게 하다'라는 뜻이다. 이것이 부모 등 윗사람을 '奉養(봉양)하다' 또는 '扶養(부양)하다'의 뜻으로 쓰였다.

'養'과 '畜(축)'은 모두 '기르다' 또는 '扶養(부양)하다'라는 뜻이지만 '養'은 사람을 살아가게 한다는 뜻이고 '畜(축)'은 '禽獸(금수)'를 살아가게 하는 것이다.

'畜'은 '家畜(가축)' 그 자체를 가리키기도 한다.

'저장하다'라는 뜻으로 쓰일 경우에는 '풀 艹(초)'가 붙은 '貯蓄(저축)'·'蓄積(축적)'이 있다.

畜舍 축사
畜産 축산

고대의 가축은 '六畜(육축)'이라 해서, 牛(우)·馬(마)·羊(양)·鷄(계)·犬(견)·豕(시)의 여섯 가지 동물을 키웠다.

'畜'의 경우 예외적으로 사람에게 쓰이는 '蓄妾(축첩)'이라는 표현이 있는데 이는 '첩을 데리고 있다'는 뜻으로 첩에 대한 멸시의 의미가 내포되어 있다.

'群(군)'은 '양이나 들짐승의 무리'를 가리키는 것이 '사람이나 사물의 무리'를 뜻하기도 한다.

群衆 군중
群小 군소

개와 관련된 한자
犬

다음은 개를 뜻하는 '犬(견)'이나 개사슴록변인 '犭'이 붙은 한자들이다.

'伏(복)'은 '엎드리다'라는 뜻이다.

埋伏 매복
伏兵 복병
伏地不動 복지부동

'伏'은 중국 夏(하)나라 때의 '여름 제사'를 가리킨다. 夏至(하지)가 지난 뒤 세 번째 '庚日(경일)'을 '初伏(초

복'이라고 했고, 네 번째 '庚日(경일)'을 '中伏(중복)',
立秋(입추)가 지난 뒤 첫번째 '庚日(경일)'을 '末伏(말
복)'이라고 했다.

狂亂 광란   '狂(광)'은 '개가 미치다'라는 뜻이다. 이것이 사람에
게도 쓰여 정상적인 정신 상태가 아닌 것을 뜻한다.

猖狂 창광   또한 방탕하고 방자하다는 의미가 있다.

狂風 광풍   세력이 대단히 큰 것에도 광이라고 쓰인다.
狂暴 광폭

厭世 염세   '厭(염)'은 입 안에 고기를 잔뜩 물고 있는 개의 모습
厭症 염증 을 형상화한 글자이다. 너무 많이 먹어서 물렸다는 의
미가 있다. 이런 '배부르다'라는 '飽食(포식)'의 뜻이 나
중에 '만족'이라는 뜻으로 확대된다. '厭症(염증)'을 느
끼다'라는 말에서처럼 '혐오하다'라는 뜻으로까지 쓰였
다. '飽(포)'와 '厭(염)'은 동의어이지만 '飽'는 배불리
먹었다는 의미로 쓰이는 반면 '厭'은 비교적 추상적인
의미로 쓰인다.

虜獲 노획   '獲(획)'은 날짐승이나 들짐승을 사냥하여 잡는 것을
獲得 획득 뜻한다. 이것이 전쟁에서 '탈취하다'라는 뜻, 또는 '얻
다'라는 뜻으로 쓰였다.

   '개'와 관련된 의미는 사라졌지만 '猶(유)'는 '같다'·

'마치~같다'라는 뜻이다. 부사로는 '아직'이라고도 쓰인다. '猶豫(유예)'라고 할 경우에는 '결정을 내리지 못하고 미루다'라는 뜻이다.

過猶不及 과유불급

'獄(옥)'의 초기 의미는 '소송'이나 '재판'을 가리키는 말이다. '獄吏(옥리)'는 오늘날의 교도소에 근무하는 '矯導官(교도관)'이라는 뜻이 아니라, '소송을 처리하는 관리'를 가리킨다. '獄'이 '監獄(감옥)'이라는 뜻으로 쓰인 것은 漢代(한대) 이후이다. 漢代 이전에는 감옥을 '囹圄(영어)'라고 했다.

獄苦 옥고
地獄 지옥
投獄 투옥

소와 관련된 한자
牛

'牛(우)'가 붙은 글자는 '소'와 관련이 있다.

'特(특)'은 '소의 수컷'을 가리키는 글자이다. 이것이 '특별하다'라는 뜻으로 파생되어 쓰이게 된다.

特殊 특수
奇特 기특

'牧(목)'은 채찍을 들고 소를 물가로 인도하는 의미의 한자이다.

牧師 목사
放牧 방목

物質 물질
物體 물체

'物(물)'의 본뜻은 '털에 무늬가 있는 소'이다. 소는 사람이 접하는 중요한 '事物(사물)'로서, 나중에 '萬物(만물)'이라는 의미로 고정된다.

'犧牲(희생)'의 '犧'는 제사지낼 때 '犧牲'으로 쓰이는 세 종류의 동물인 '牛(우)'·'羊(양)'·'豕(시)' 등을 가리키는 말이다. '牲'은 병들거나 결함 등의 문제가 없는 '소'이다.

牽引車 견인차

'牽(견)'은 '잡아끌다'라는 뜻이 나중에 '구속하다'·'牽制(견제)하다'라는 뜻으로 쓰였다.

물고기와 관련된 한자
魚

生鮮 생선
鮮魚 선어
鮮血 선혈

鮮明 선명

'鮮(선)'은 '신선한 물고기'를 가리키는 것으로, 이것이 '新鮮(신선)하다'는 뜻으로 쓰였다.

또는 '분명하다'라고도 쓰인다.

고대 한문에서는 '적다'라는 의미로 쓰이기도 한다.

'고래'를 의미하는 '鯨(경)'에 '잡다'라는 의미의 '捕

(포)'가 붙어서 '고래를 잡는 일'을 '捕鯨(포경)'이라고
한다.

鯨船 경선

'鰍(추)'는 '미꾸라지', '鮒(부)'는 '붕어', '鯉(리)'는
'잉어'이다.

'鱗(린)'은 물고기의 '비늘'을 가리키는 것으로 '片鱗
(편린)'이란 '극히 작은 일부분'이라는 의미이다.

鱗甲 인갑

언덕과 관련된 한자
阜

'阝(부)'는 '언덕'을 뜻하는 '阜(부)'이다. 이 부수가
붙은 한자는 대부분 땅언덕과 관련이 있다.

'險(험)'은 '평탄하지 않아 통과하기가 어려운 지형'
을 말한다. 이것이 '險難(험난)한 지형' 전체를 가리키
게 되었다. '음흉하다'라는 뜻으로도 쓰인다.

危險 위험
險峻 험준
險談 험담

'陷(함)'은 '구덩이'라는 뜻이다.
사냥을 위해 파놓은 구덩이를 가리키기도 한다.

陷沒 함몰
陷穽 함정

國際 국제   '際(제)'는 '두 개의 담장이 서로 만나는 지점'을 가리
킨다. 이것이 일반적인 의미의 '교차점'이나 '만남'이라
는 뜻으로 쓰였다.

交際 교제   '피차간에 왕래하는 것'을 가리킨다.

    '此際(차제)'라고 할 경우 '사이'라는 뜻 또는 그 시간
을 가리킨다.

邊際 변제   '가장자리'라는 뜻이 있다.

陳設 진설   '陳(진)'은 '陳列(진열)하다' · '펼치다'라는 뜻이다.
陳情 진정
開陳 개진 '사물을 벌려서 늘어놓는다'는 뜻의 이 말이 '말을 펼쳐
풀어놓다'라는 의미로 쓰일 때에는 '陳述(진술)'의 경우
가 있다. '새롭다'는 의미의 '新'과 반대되는 뜻으로 '오
래된' · '낡은'이라는 의미로 쓰일 경우에는 '陳腐(진
부)'가 있다.

    '除(제)'의 본뜻은 궁전의 '계단'을 가리킨다.

除去 제거   '버리다' · '가다'라는 뜻이 있어서 '除夜(제야)'라고
除草劑 제초제
할 경우에 쓰인다.

除授 제수   어떤 직책에 임명하는 것도 '除'라고 했다.

집과 관련된 한자
家

'갓머리'라고 불리는 '宀(면)'이 있는 한자는 대부분 '집'과 관련이 있다.

'宿(숙)'은 '묵다'·'밤을 지내다'라는 뜻이다.

'宿'에는 '옛날의' 또는 '오래된'이라는 뜻이 있다. '宿願(숙원)'은 '오래된 소원'이라는 의미이다. '묵은 대변'은 '宿便(숙변)'이라고 한다. 星座(성좌)를 말할 때에는 별의 28宿을 가리킨다.

宿泊 숙박
宿命 숙명
宿題 숙제
宿患 숙환

'居(거)'·'住(주)'·'宿(숙)'에서 '居'는 어느 한 곳에 자리를 잡고 사는 것을 말하며, '住'는 일정 기간 잠시 머물러 있는 것을 뜻한다. '宿'은 일시적으로 며칠 밤을 지내는 것을 의미한다.

投宿 투숙
寄宿舍 기숙사

'寧(녕)'은 '편안하다'라는 뜻이다.

'歸寧(귀녕)'이란 여자가 결혼한 뒤에 '친정으로 가서 부모님을 찾아 뵙는 것'을 가리킨다.

安寧 안녕
遼寧省 요녕성

'寄(기)'는 '남에게 의탁해서 사는 것'을 뜻한다.

寄生蟲 기생충

寄託 기탁	언어나 서신에 자신의 마음을 싣는 것을 의미하기도 한다.

平定 평정 決定 결정 確定 확정 配定 배정	'定(정)'은 '안정되다'라는 뜻이다. 또한 '결정하다'라는 뜻으로 쓰인다.

寓言 우언	'寓(우)'는 '잠시 머물러 사는 것'을 말한다. 이것이 '남이나 다른 것에 의탁하다'라는 뜻으로 쓰이기도 했다.

廉價 염가 廉恥 염치 廉探 염탐 低廉 저렴	'엄호'라고 하는 '广' 역시 '집'을 의미하는 부수이다. '廉(렴, 염)'의 원뜻은 '집의 가장자리 부분'을 말하던 것이다. 재물을 주거나 받거나 할 경우 스스로 엄격하게 절제하는 것을 말하며 '貪(탐)'과 반대되는 말이다. 이것이 '고결하고 절조가 있다'는 뜻으로 쓰였다.

'孝廉(효렴)'이라는 말은 孝心(효심)과 청렴함을 갖추었다는 뜻으로 漢代(한대)의 관리 선발 제도에서 제후국의 추천을 받아 합격한 사람을 호칭하는 말이다. 나중에 생긴 의미로는 '가격이 싸다'라는 뜻이 있다.

동굴과 관련된 한자
洞窟

'穴(혈)'은 '굴' 또는 '구멍'이라는 뜻이다. 산이나 언덕을 파고 거처를 삼아 살던 先史(선사) 형태의 집이다.

'굴'은 한자로 '窟(굴)'이라고 쓴다.

穴居 혈거
洞穴 동혈

洞窟 동굴
石窟 석굴

'窮(궁)'은 '막혀서 통하지 않는 것'을 말한다. 그러므로 '通(통)'과 반대되는 말이다.

'막혔다'라는 말은 '窮僻(궁벽)한 산골'에서처럼 '맨 끄트머리'라고도 쓰였다.

'의지할 데 없어 생활이 곤란한 것'을 '窮'이라고 했다.

'사회적인 진출이나 출세의 길이 막힌 것'도 '窮'이라고 하여 '榮達(영달)'의 '達(달)'과 반대되는 말이다.

'貧窮(빈궁)'의 경우 '貧'과 '窮'은 전혀 다른 의미의 글자이다. '衣食(의식)이나 金錢(금전)이 부족한 경우'는 '貧'이다. '자신의 뜻을 사회적으로 펼치지 못하는 것'은 '窮'이다. '貧'의 반대말이 '富(부)'인 반면, '窮'의 반대말은 '通(통)'이나 '達(달)'인 것으로 보아도 의미가 확연히 다름을 알 수 있다.

困窮 곤궁
無窮無盡 무궁무진
無窮花 무궁화

窮乏 궁핍

돌과 관련된 한자
石

碑閣 비각
碑銘 비명
口碑 구비

'碑(비)'는 '비석'을 뜻하는 글자이다.

'碑'는 집안에 세워 두는 돌기둥을 가리키던 것으로, 해 그림자의 변화를 관찰하며 시간과 계절을 판별하던 것이다. 사람이 죽으면 매장하는 과정에서 墓穴(묘혈)의 외부에 나무로 된 커다란 말뚝을 세워놓고 밧줄을 연결하여 관을 내리던 일종의 장례도구가 있다. 이것이 나중에 돌로 쓰이며 묘의 앞에 세우는 碑石(비석)이 된다. 초기의 묘비에는 윗부분에 구멍을 뚫어서 관을 내리는 용도로 쓰던 흔적을 유지했다. 묘비에는 일반적으로 墓主(묘주)의 성명과 貫籍(관적), 그리고 생전의 事迹(사적)을 기록한다. 비석의 머리 부분에 용이나 호랑이 등이 조각된 것을 碑額(비액)이라고 하고, 문장을 써 놓은 전면을 碑版(비판), 碑版의 내용을 碑文(비문)이라고 한다.

'確(확)'은 '굳다'·'확신하다'라는 뜻이다. '石(석)'은
의미 부분이고 '隺(각)'은 발음 부분이다.

確固 확고
確答 확답
明確 명확

'碎(쇄)'는 '부수다'·'부서지다'의 뜻이다.

碎氷 쇄빙
粉碎 분쇄

'礎(초)'는 '주춧돌'을 가리킨다.

礎石 초석
基礎 기초

'砂(사)'는 '모래'이다. '砂漠(사막)'은 '沙漠(사막)'으
로도 쓴다.

砂金 사금
砂防 사방
沙器 사기
土沙 토사

옥과 관련된 한자
玉

'玉(옥)'은 고대인들에게 귀중품이
었을 뿐만 아니라 祭禮(제례) 등 각종 행사에 쓰
이는 중요한 재료였다. '玉'은 미덕과 고결함을
상징하기도 했으며 건강과 장수에 도움이 된다
고 믿었다. 한나라 때의 中山靖王(중산정왕) 劉
勝(류승)의 壽衣(수의)는 금으로 된 가는 실
1.1kg으로 2,498개의 옥 조각을 연결하여 만들

었다. 이는 '玉'으로 된 수의를 입혀 놓으면 屍身(시신)이 영원히 썩지 않을 것이라는 믿음에서 고려된 것이다. '玉'에는 긍정적인 의미의 뜻으로만 쓰였기 때문에 이를 部首(부수)로 한 수많은 어휘가 생겼다.

全體 전체
全部 전부
保全 보전

'全(전)'은 '완전하다'·'고루 갖추다' 등의 뜻이다. '完全(완전)'이라고 할 경우, '完'과 '全'은 동의어이지만, '完'은 '完璧(완벽)하다'라는 뜻에 가깝고 '全'은 '골고루 갖추어져 있다'라는 뜻으로 쓰인다.

治理 치리
理髮 이발

'理(리)'는 '옥을 가공하다'라는 뜻이다. 이것이 나중에는 '다스리다'라는 의미로 쓰인다.

또한 '整理(정리)하다'·'料理(요리)하다'라는 뜻으로 쓰이기도 했다.

天理 천리
物理 물리
生理 생리

'규율'·'규칙'이라는 의미도 있다. '道理(도리)'라는

▲ 옥으로 만든 중산정왕의 壽衣(수의).

뜻으로 사용되는 어휘에 '義理(의리)'가 있다.

'玩(완)'은 '가지고 놀다'라는 뜻이 있다.

이것이 '감상하다'라는 뜻으로도 쓰였다.

국내 지명 중의 하나인 '玩月洞'의 '玩月(완월)'은 '달을 감상하다'라는 뜻이다.

玩具 완구
愛玩動物 애완동물

금속과 관련된 한자
金屬

'金(금)'은 '금속'의 총칭이다.

金塊 금괴
金融 금융
鍍金 도금

중국에서는 금속을 '五金(오금)'이라고 하는데 이는 金(금)·銀(은)·銅(동)·鉛(연)·鐵(철)을 말한다.

고대에 '金'의 개념은 사실 '銅'을 의미하는 것이었다. '銅'은 용해점이 낮기 때문에 발견과 제련이 쉬웠고, 따라서 제일 먼저 발견되고 제련되었던 것이다. '銅'은 금·은·연·철 등의 발견 이후 원래의 '金'자와 구별하기 위하여 만들어진 글자이다.

靑銅器 청동기

　　'鼎(정)'은 고대 청동기의 대표적인 그릇인 '솥'을 의미한다.

> 鼎(정)은 대부분 다리가 3~4개 있고 양쪽에 귀가 붙어있다. 원래의 용도는 음식을 넣고 아래 부분에 불을 때도록 고안된 것이다. 현존하는 최대의 '鼎'은 1939년 하남성 안양현에서 출토된 '司母戊方鼎(사모무방정)'으로 높이는 133cm, 폭은 78cm, 길이는 111cm, 무게는 875kg이며 鼎 안에 '司母戊(사모무)'라는 명문이 적혀 있다.

　　'錯(착)'은 금속으로 된 기물의 표면에 무늬를 새기고 다른 금속을 녹여 부은 다음, 그 금속이 식으면 표면을 갈아서 평평하게 하는 象嵌(상감) 기법을 말한다.

　　이런 의미가 확대되어 '교차하다'라는 뜻으로 쓰였
다. 현대에는 '錯誤(착오)' 등 '잘못 되다'라는 뜻으로 쓰이지만 원래는 象嵌(상감) 외에도 '돌을 갈다' 등의 의미로 쓰인다.

　　'監(감)'은 대야(皿)에 있는 물에 자신의 모습을 비추어 보는 형상의 글자이다. 이것이 '거울'을 의미하게 되었다.

윗사람이 아랫사람을 살펴본다는 의미로 '監督(감독)'이라고 쓰였다. 고대에는 물을 담을 대야를 거울로 삼았는데 나중에 銅鏡(동경)이 생기면서 '거울'이라는 의미로 쓸 경우에는 '金'이 붙은 '鑑(감)'·'鑒(감)'이 쓰였다. '비추어 보다' 라는 뜻은 추상적인 의미로도 쓰인다.

校監 교감
監視 감시
監察 감찰
監査院 감사원

鑑別 감별
鑑賞 감상
寶鑑 보감

칼과 관련된 한자
刀

칼로 '나누다' 라는 뜻의 '判(판)'은 '구별하고 분별하다' 라는 뜻으로 확대되어 쓰였다. 이것이 관청에서 案件(안건)을 판단한다는 뜻으로 쓰인다. 이 때문에 예전에는 지방의 관직명을 '判'이라고 했다. 이처럼 '刀(도)'가 붙은 한자는 '칼'과 관련된 의미가 포함되어 있다.

判斷 판단

裁判 재판
判官 판관
判決 판결
通判 통판
參判 참판

'切(절)'은 '칼로 자르다' 라는 뜻이다. 이것이 '뼈를 갈아서 도구로 만든다'는 뜻으로 확대되어 쓰이기도 한다. '切齒拊心(절치부심)'이라는 말은 '이를 갈고, 가슴을 치다'라는 분노의 표현을 비유한 것이다. '切齒腐

切磋琢磨 절차탁마

心'으로 많이 쓰이지만 '切齒拊心(절치부심)'이 맞는 표현이다. '腐心'은 '마음을 썩이다'라는 의미이므로 '손으로 치다'라는 뜻의 '拊'가 바른 글자이다.

切迫 절박

'切'에는 '급박하다'라는 뜻도 있다.

'懇切(간절)하다'라고 쓰일 경우 비슷한 의미로 '切切(절절)하다'라고도 한다. '전부'라는 의미로 쓸 때는 '체'로 읽으며, 그 예로는 '一切(일체)'가 있다.

辨理士 변리사
辨別力 변별력

'辨(변)'은 '분별' 또는 '판별하다'라는 뜻이다.

'辨'과 '辯(변)'은 모양은 비슷하지만 '辨'은 칼로 사물을 자른다는 뜻이며, '辯'은 '말을 잘하다'·'말로 다투다'라는 뜻이다.

劍道 검도
劍客 검객
刀劍 도검

'劍(검)'은 '양쪽에 날이 있는 칼'을 가리킨다. '刀(도)'는 한쪽에만 날이 있는 칼이다.

'刻(각)'은 '조각하다'·'새기다'라는 뜻이다. 예전의 물시계를 '刻漏(각루)' 또는 '漏刻(누각)'이라고 했는데, 이는 물이 떨어져 일정한

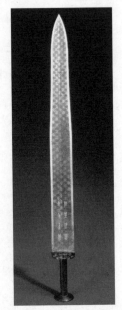

▶ 劍(검).

수면이 이르게 되는 곳에 時刻(시각)을 칼로 파서 표시
해 두었기 때문이다. 고대에는 24시간 一晝夜(일주야)
를 100刻(각)으로 나누었다. 오늘날의 계산으로 따지면
14.4분에 해당하는 시간마다 '刻'을 표시해 놓았던 것
이다. 마음이 후덕하거나 관대하지 못한 것도 '刻'이라
고 한다.

刻薄 각박

'刺(자)'는 뾰족한 무기, 즉 尖銳(첨예)한 물건으로 남
을 殺傷(살상)하는 동작이다.

刺客 자객
刺戟 자극
刺繡 자수

   날카로운 말로 다른 사람의 잘못을 직접 지적하는 것
도 '刺'라고 했다. '諷刺(풍자)'는 이러한 의미로 '다른
사람의 잘못이나 결점을 비유로 표현하다'라는 뜻을 갖
고 있다.

'契(계)'는 '칼로 새기다'라는 뜻이다. '鍥(계)'와 같은
뜻이다. 고대에는 증명서를 만들 경우 대나무 판 등에
글씨를 쓴 뒤, 둘로 쪼개어 각각 하나씩 갖고 此後(차
후)의 증거로 삼았다. 이를 '契'라고 한다. '약속'이라는
뜻으로 쓰인다.

契券 계권
默契 묵계

'剪(전)'은 '칼'의 일종이다. '자르다'라는 뜻이 확대
되어 '소멸시키다'라는 뜻으로도 쓰인다. 오늘날에는
'가위'를 뜻한다.

剪刀 전도
剪枝 전지

剛健 강건
剛直 강직
外柔內剛 외유내강

'剛(강)'은 오른쪽에 '刀'가 있는 것으로 알 수 있듯이 칼이 '단단한 것'을 말한다.

'金剛山(금강산)'의 경우에도 쓰이는데. 여기서 '金剛'이란 다이아몬드로 불리는 '금강석'을 가리킨다.

制裁 제재
抑制 억제
統制 통제

'制(제)'는 '재단하여 옷 등을 만들다'라는 뜻이다. 이것이 나중에 '규정'이라는 뜻으로 쓰이면서 '제조하다'라는 의미에는 '옷 衣(의)자'가 붙은 '製'를 썼다. '금지하다'라는 뜻으로도 쓰인다.

排列 배열
列擧 열거
列國 열국
列侯 열후

'列(열)'은 '칼로 나누다'라는 뜻이 '行列(행렬)'이라는 의미로 전이되었다.

'많다'라는 뜻으로 쓰이기도 한다.

몸과 관련된 한자
身

'躬(궁)'은 '신체'를 가리키는 말로서 '자신' 또는 '자기'·'몸소'라는 뜻이다. '實踐躬行(실천궁행)'이라는 말에서 '躬行'은 '몸소 행하다'라는 뜻이다.

'身(신)'은 四肢(사지)를 제외한 '몸뚱이'를 일컫던 것이 나중에 몸 전체를 뜻하게 되었다.

'躬(궁)'과 '身'은 동의어이지만 '躬'은 '사람의 몸'에만 쓰이는 글자이고 '身'은 사물에도 쓰인다.

또는 추상적인 의미로도 사용된다.

身體 신체
肉身 육신
自身 자신

修身 수신

'胡(호)'는 짐승의 목 앞부분의 살인 '肉(육)'을 가리키는 말이다. 중국의 북방 소수민족, 특히 흉노족을 가리키던 것이 나중에는 모든 이민족을 지칭하게 된다.

胡亂 호란
胡虜 호로

'領(령, 영)'은 신체의 일부인 '목'을 가리킨다. '首領(수령)'이라는 낱말은 '머리와 목'의 두 부분을 일컫는 단어이다. 이것이 나중에 한 집단의 지도자를 가리키는 '頭目(두목)'이라는 의미로 쓰였다.

'옷깃'이라는 의미는 '領'의 본뜻에서 파생된 것이다. '領袖(영수)'란 '옷깃과 소매'를 일컫는 말이다. 이것이 한 집단의 대표자를 가리키는 말로 전이되어 쓰였다.

'統率(통솔)하다'라는 뜻으로 쓰이는 예는 '領導(영도)'가 있다.

領域 영역
領土 영토
占領 점령

'項(항)'은 '목의 뒷부분'을 가리킨다. 나중에 '분류'라는 의미가 생겼다.

'領(령)'·'項(항)'·'頸(경)'에서 '領'은 목 전체를 가

項目 항목
問項 문항
事項 사항
頸椎 경추

리키지만 '項'은 목의 뒷부분을, '頸'은 목의 앞부분을 가리킨다. '刎頸之友(문경지교)'라는 말은 '목을 베어줄 수 있는 아주 가까운 친구'라는 뜻이다.

위의 경우는 '이마'나 '얼굴'과 관련이 있는 '頁(혈)'이 부수로 되어 있다. 다음은 '肉(육)'이 부수로 된 경우이다.

'脇(협)'은 겨드랑이에서 갈비뼈인 肋骨(늑골) 아래까지를 가리키는 글자이다.

脅迫 협박 　'脇'은 '脅(협)'과 같은 글자이다. '威脅(위협)'이라는 의미로 쓰인다.

脚氣病 각기병 　'脚(각)'은 '종아리' 부분을 말한다.

'要(요)'는 '허리'를 가리키는 말이다.

'要領(요령)'이라는 글자에서 '要'는 '허리'이고 '領'
斬首 참수 은 '목'이다. '허리와 목'은 고대의 형벌에서 '斬(참)'되
斬要 참요 는 부분이다.

要點 요점 　이 '要領'이라는 어휘는 옷에도 해당이 되어 '옷의 허
重要 중요 리와 옷의 깃'을 가리키며 '어떤 일의 핵심적인 부분이나 내용'을 뜻하게 되었다.

要求 요구 　방법을 구하여 획득하려고 노력하는 것 역시 '要'로 쓰였다. 가장 기본적인 것은 '要點(요점)'이라고 하며,

핵심적인 것을 '緊要(긴요)'라고 한다.

전략적인 가치가 있는 곳은 '要衝地(요충지)'라고 한다.

'要'가 이렇게 다양한 의미로 분화되자 '허리'를 뜻하는 글자로는 '肉'을 붙여 '腰(요)'로 쓰게 되었다.

腰帶 요대
腰痛 요통

'體(체)'는 신체 전체를 가리킨다. '體制(체제)' 또는 '體裁(체재)'라고 할 경우에는 문장의 형식과 틀을 가리켰다. 자신이 직접 몸으로 겪고 파악하는 것을 의미하기도 한다.

體驗 체험

'藏(장)'은 '穀物(곡물)을 보관하다'라는 뜻이다. 이것이 '거두어들이다'라는 의미로 쓰였다.

물건, 특히 보물 등을 저장하고 보관하는 장소를 가리킨다.

貯藏 저장
收藏 수장
所藏品 소장품
意味深藏 의미심장
無盡藏 무진장

'藏'은 '臟(장)'으로도 쓰여 고대에는 '五臟六腑(오장육부)'라고 할 경우에도 쓰였는데, 오장은 心(심)·肝(간)·脾(비)·肺(폐)·腎(신)을 가리키고, 육부는 膽(담)·胃(위)·膀胱(방광)·三焦(삼초)·大腸(대장)·小腸(소장)을 가리킨다. 오늘날에는 '內臟(내장)'이라는 의미의 '藏府(장부)'를 '臟腑(장부)'로 쓴다.

'肖(초)'는 '骨相(골상) 등 육체적으로 닮다'라는 뜻이

肖像 초상

일반적인 의미의 '비슷하다'·'유사하다'라는 뜻으로
쓰였다.

不肖小生 불초소생　　'不肖(불초)'란 '현명하지 못하다'라는 뜻이다. 만약
군주나 부모에 대하여 자신을 '不肖'라고 할 경우, 그것
은 '군주나 부모만큼 현명하지 못하다'는 겸손의 표현
이다.

사람과 관련된 한자
人

　　부수 '人(인)'이 붙은 것은 대부분 '사람'이나 그 동
작과 관련이 있다.

官僚 관료　　　'僚(료)'는 '관청' 또는 '관직'을 가리킨다. 이것이 '同
幕僚 막료　　僚(동료)'라는 뜻으로 쓰였다.

住所 주소　　　'住(주)'는 '남다'·'남아 있다'라는 뜻으로, '떠나다'
住民 주민　　라는 뜻의 '去(거)'와 반대가 되는 말이다.
移住 이주　　　이것이 '居住(거주)'라는 의미로 쓰였다.

依據 의거
依託 의탁
依賴 의뢰　　　'依(의)'는 '의지하다'·'기대다'라는 뜻이다.

'倚(의)'는 '비스듬히 기대다'라는 뜻이다. 이것이 '의지하다'라는 뜻으로 쓰인다. '倚門而望(의문이망)'은 문에 기대어 누군가를 기다린다는 뜻이다.

'偶(우)'는 흙이나 나무로 만든 사람의 모형을 말한다.

土偶 토우
木偶 목우

'配偶者(배우자)'의 경우처럼 '짝'이라는 뜻으로 쓰이는 경우에는 '耦'라고도 썼다.

시나 산문에서 서로 짝을 이루는 문장 형식을 '對偶(대우)'라고 한다.

뜻하지 않은 상황을 말하기도 한다.

偶然 우연

'俑(용)'은 장례를 치를 때 무덤에 함께 묻기 위해 만든 사람 모양의 모형을 말한다. 진흙으로 만든 것은 '陶俑(도용)'이라고 했다.

1974년 중국 산서성 임동현의 진시황릉에서 사람의 실제 크기만 한 군마와 병사 도용이 8,000여 개나 출토되었다. 호남성 장사시 馬王堆(마왕퇴) 墓(묘)에서는 160여 개의 木俑(목용)이 출토되기도 했다.

使節團 사절단	'使(사)'에는 다른 사람에게 무엇인가를 '하게 하다'
使者 사자	라는 의미가 있다. 이 의미가 '大使(대사)·特使(특사)'

'使(사)'에는 다른 사람에게 무엇인가를 '하게 하다'라는 의미가 있다. 이 의미가 '大使(대사)·特使(특사)'의 경우처럼 '使役(사역)'이라는 뜻으로 쓰였다.

用途 용도	'使用(사용)'이라고 할 경우 '用'은 '이용하다' 또는
用例 용례	'응용하다'라는 뜻이다. 이것이 추상적인 의미로 쓰이

'使用(사용)'이라고 할 경우 '用'은 '이용하다' 또는 '응용하다'라는 뜻이다. 이것이 추상적인 의미로 쓰이면서 '轉用(전용)'에서처럼 '시행'·'실행' 등 무엇을 '하다'라는 뜻 외에도 '任用(임용)하다'의 뜻 등으로 쓰였다. 명사로 쓰일 경우에는 '費用(비용)' 등에서처럼 금전을 가리켰다.

奢侈 사치	'侈(치)'는 '지나치게 많다'라는 뜻이다. 이것이 나중

'侈(치)'는 '지나치게 많다'라는 뜻이다. 이것이 나중에 방자하고 함부로 한다거나 절약하지 않는다는 뜻으로 쓰여서 '儉素(검소)'의 '儉'자와 반대말이 되었다.

保姆 보모	'保(보)'는 '보살펴 키우다'라는 뜻이다.
安保 안보	나중에 '안전하다'라는 뜻으로 바뀌었다.
保安 보안	
保護 보호	'지키다'라는 의미로 '保守(보수)'·'確保(확보)'가 있

'保(보)'는 '보살펴 키우다'라는 뜻이다.
나중에 '안전하다'라는 뜻으로 바뀌었다.
'지키다'라는 의미로 '保守(보수)'·'確保(확보)'가 있다.

工作 공작	'作(작)'에는 '振作(진작)'에서와 같이 '일어나다'라는
作業 작업	뜻이 있다. 현재는 '창작'이나 '제작'의 의미로 더 많이
作家 작가	쓰인다.
作文 작문	

'作(작)'에는 '振作(진작)'에서와 같이 '일어나다'라는 뜻이 있다. 현재는 '창작'이나 '제작'의 의미로 더 많이 쓰인다.

'任(임)'은 '부담'이라는 뜻이다. 즉 '등에 짐을 지다'라는 뜻인데 이것이 '담당하다' 또는 '任務(임무)'·責任(책임)'·職務(직무)' 등의 뜻으로 확대되었다.

任期 임기
任意 임의
擔任 담임

'俱(구)'는 '함께 가거나 함께 오는 것'을 뜻하는 한자로, 나중에 '모두'라는 의미가 되었다. '俱'와 '具(구)'는 크게 다르다. '俱'(함께)는 두 사람 이상이 하나의 일을 하는 것이며, '具'(모두)는 어떤 행위의 범위를 가리킨다.

俱全 구전
俱存 구존
具備 구비
具色 구색

'休(휴)'는 '쉬다'라는 뜻이다. 한문에서는 '완료' 또는 '하지 마라'는 뜻으로 쓰인다.

休暇 휴가
休息 휴식
休日 휴일

'倡(창)'은 노래나 춤, 즉 가무와 연극 등을 직업으로 하는 사람이다. '창도하다'라는 뜻이 있다.

倡導 창도

'優(우)'는 연극·잡극에 출연하는 사람을 가리킨다. '뛰어나다'·'좋다'라는 뜻으로, '劣等(열등)'이나 '拙劣(졸렬)'이라는 의미의 '劣(열)'과 반대되는 글자이다.

俳優 배우
女優 여우
優勝 우승
優劣 우열

'儀(의)'는 각종 행동거지에서 '禮(예)'에 맞는 양식을 가리키는 말이다. 이것이 '법도'라는 의미로도 쓰였다.

儀典 의전
禮儀 예의
儀禮 의례

方便 방편
便宜 편의
便宜店 편의점

'便(편)'은 '편안하다'라는 뜻이다. 이것이 '편리하다'라는 뜻으로도 쓰였다. 고대 한문에서 '便宜(편의)'는 '마땅히 해야 할 일'이라는 뜻이었다. 요즘은 규정된 절차를 거치지 않는 것을 가리킨다.

郵便 우편

'便紙(편지)'라는 뜻도 있다.

大小便 대소변
便器 변기
用便 용변
便秘 변비

'변'이라고 읽을 경우 사람이나 동물의 배설물을 뜻한다.

修養 수양
修理 수리

'修(수)'는 '양성하다'·'증진하다'라는 뜻으로 쓰인다. '修'와 '脩(수)'는 원래 다른 한자로서 '修'는 '修飾(수식)'·'裝飾(장식)'의 뜻이 있는 반면 '脩'는 '마른 고기'를 가리킨다.

'做(주)'는 어떤 행위를 '짓다'라는 뜻이다. 어떤 것을 '그렇다고 보아주다'라는 뜻으로 '看做(간주)'가 있다. '做錯(주착)'은 '잘못인 줄 알면서도 저지르는 잘못'을 말한다.

群衆 군중
大衆 대중
衆生 중생

'衆(중)'과 '聚(취)'의 아랫부분은 '人'이 세 개가 중첩된 '무리 衆(중)'의 초기 문자 모양이다. '衆(중)'은 '사람이 많다'는 뜻이 '무리'라는 뜻으로 확대되어 쓰였다.

'聚(취)'는 '백성들이 모여 살도록 하다'라는 뜻이 나중에 '村落(촌락)'이라는 의미로 변한다. '집합'이라는 뜻으로도 쓰인다.

聚落 취락
聚合 취합

'豪(호)'는 원래 길고도 뾰족한 털을 뜻하는 말이다. 이 경우 오늘날에는 '毫(호)'로 쓴다. '豪'는 일반적으로 '출중하고 탁월한 능력을 가진 사람'을 말한다. 평범함을 넘어서서 '거침없다'는 뜻으로 '豪放(호방)'·'豪邁(호매)'가 있다.

豪傑 호걸

'嬰(영)'은 '끈으로 묶다'라는 뜻이 있지만 대개 '갓 태어난 아이'를 가리킨다. 원뜻으로는 '갓끈'을 가리키기도 하는 '纓(영)'으로 쓰인다.

嬰兒 영아

'孩(해)'는 '어린 아이가 웃다'라는 뜻으로, 또는 그 '웃음소리'를 가리키는 말로 쓰였다. '咳(해)'로도 쓰인다. 나중에 '어린 아이'를 가리키는 말로 되었다.

여성과 관련된 한자
女性

'女(여)'는 '결혼하지 않은 여자'를 말한다. 이 글자는

淑女 숙녀
處女 처녀
修女 수녀

나중에 기혼녀에게도 사용되지만 '婦女(부녀)'라고 할 때의 '婦'는 결혼한 여자에게만 쓰인다.

姑母 고모
姑母夫 고모부
姑婦之間 고부지간
姑婦葛藤 고부갈등

'姑(고)'는 '아버지의 자매'나 '남편의 어머니'를 지칭한다.

好感 호감
好學 호학

'好(호)'는 여자가 아이를 안고 있는 의미의 글자이다. 이것이 '좋다' · '좋아하다'라는 뜻으로 쓰이게 된다.

仲媒 중매

'媒(매)'는 '女(여)'가 들어간 것으로 알 수 있듯이 여성을 중매인으로 했다. 春秋(춘추) 시기의 노래 중에 '伐柯(벌가)'라는 민요가 있는데 이 노래는 "나무를 베려면 어떻게 할까? 도끼가 없으면 안되지. 아내를 얻으려면 어떻게 할까? 媒婆(매파)가 없으면 안되지"라고 하고 있다. 고대에도 중매하는 사람이 없이 결혼하는 일은 드물었다.

歸省 귀성
歸順 귀순
歸着 귀착
復歸 복귀
不歸 불귀

'歸(귀)'는 여성이 '자신이 가야 할 곳으로 돌아가다'라는 의미로 시작된 글자이다. 즉 초기에는 '결혼하다'라는 의미로 쓰였다. '婦(부)'에서처럼 오른쪽에 빗자루를 의미하는 '帚(추)'가 있는 것은 여자가 빗자루를 들고 집안일을 하는 것을 뜻한다. 이렇게 '집으로 돌아가다'

또는 '나라로 돌아가다'라는 의미가 있어 '원래의 지점
으로 복귀하다'라고 쓰인다.

'歸'와 '還(환)'은 '돌아가다'라는 의미에서는 비슷한
말이지만 '歸'에는 '歸家(귀가)'나 '歸國(귀국)'에서처럼
출발 지점으로 돌아간다는 의미가 강한 반면 '還'은 단
순히 '오던 길을 돌아가다'라는 뜻이다.

還俗 환속
還元 환원
返還 반환
生還 생환

'妃'는 초기에 '배우자 여성'이라는 뜻이었다. 이것이
나중에 '천자나 황제의 妾(첩)' 또는 '皇子(황자)의 아
내'라는 뜻으로 쓰였다.

妃嬪 비빈
廢妃 폐비

'后妃(후비)'에서 '后(후)'의 초기 형태를 보면 여자가
아이를 낳는 모습으로 그려져 있다.

戰國(전국) 시기에서부터 秦(진)나
라 漢(한)나라로 내려오며 여성의 지위가 낮아진
다. 이 당시에 만들어진 나쁜 의미의 한자에는
'女'자가 붙어 있는 것이 많다. '奸邪(간사)하다'
라는 의미의 '奸', '嫉妬(질투)하다'라는 의미의
'妬', '妄靈(망령)되다'라는 의미의 '妄(망)' 등이
이에 해당한다. 宋代(송대)에 들어와서는 性理

學(성리학)의 영향을 받아 여성의 지위가 급격히 낮아진다.

奸惡 간악 弄奸 농간 奸計 간계 奸臣 간신 奸雄 간웅	'奸(간)'은 '奸邪(간사)하다'·'邪惡(사악)하다'라는 뜻이다. '惡人(악인)'이라고 할 때처럼 '나쁜 일을 꾸미는 사람'을 가리키기도 한다.
姦通 간통 强姦 강간	'姦(간)'은 '姦淫(간음)하다'라는 뜻이다.
輕擧妄動 경거망동 妄靈 망령 虛妄 허망 妄想 망상	'妄(망)'은 '是非(시비)'나 '得失(득실)' 등을 고려하지 않고 '함부로 하는 것'을 말한다. '언행이 바르지 못한 것'을 뜻하는 것이다. '사실과 다르다'라는 의미도 있다.

힘과 관련된 한자
力

行動 행동 動作 동작 振動 진동 衝動 충동	動(동)은 '이동하다'라는 뜻으로 '靜(정)'과 반대되는 말이다. 　'힘'이라는 뜻의 '力(력, 역)'은 '쟁기'의 모양을 상형화시킨 글자이다. 이 '力'이 붙은 한자는 대부분 '힘'이나 그 작용과 관련된 것이 많다.

'勸(권)'은 督勵(독려)하고 獎勵(장려)한다는 뜻으로 '懲(징)'과 반대되는 말이다.

勸善懲惡 권선징악
勸勉 권면
勸學 권학
勸告 권고

'勢(세)'는 '권력'이나 '힘'을 의미한다.

어떤 상황이 '변해 가는 推移(추이)'를 의미하기도 했다.

氣勢 기세
權勢 권세
勢道 세도
形勢 형세
趨勢 추세
市勢 시세

'勤(근)'은 '피로' 또는 '수고로움'을 가리키는 말이다. 이 뜻이 나중에 '열심히 일하다'라는 뜻으로 쓰였다.

出勤 출근
退勤 퇴근
勤勉 근면
勤勞 근로

'務(무)'는 어떤 일에 힘을 쏟는 것을 말한다. 이것이 盡力(진력)을 다해 임무를 완성하는 것 또는 '추구함'을 가리킨다. '務(무)'는 '事務(사무)' 또는 어떤 일 그 자체를 가리키기도 한다.

業務 업무
公務 공무
實務 실무
義務 의무
務實力行 무실역행
常務 상무

'功勞(공로)'의 '功'은 농사나 노역 등 각종 '일'을 말한다. 이것이 '成就(성취)'라는 의미로 쓰여서 '成功(성공)' 또는는 '功勞(공로)'의 뜻으로 변했다.

功勳 공훈
功德 공덕
功績 공적
武功 무공

'加(가)'는 어떤 사물을 다른 사물의 위에 올려놓는 것을 말한다. 늘어난다는 뜻이 있다.

加重 가중
加算 가산
雪上加霜 설상가상
增加 증가
加減 가감

2 반대로 짝을 이룬 한자어

유무
有無

'有(유)'는 '점유하다'·'소유하다'라는 뜻이다. '고정되었다'는 의미가 붙여진 어휘로는 '固有(고유)' 등이 있다. 일반적으로 '있다'라는 뜻으로 쓰인다.

固有名詞 고유명사
有故 유고
有能 유능
有望 유망
保有 보유

'無(무)'. '없다'라는 의미의 이 글자는 고대 한문에서 동사 앞에 쓰일 경우 '금지'의 뜻이 있다. '無(무)' 뒤에는 명사가 오는 경우가 많은데 '無窮(무궁)'·'無限(무한)'·'無常(무상)' 등이 그 예다. 이와는 대조적으로 '不(불)' 뒤에는 동사가 붙어 '不必要(불필요)'·'不可能(불가능)' 등처럼 쓰인다.

無垢 무구
無顏 무안
無爲徒食 무위도식

시비
是非

'是(시)'는 '옳다'·'이치에 맞다'라는 뜻으로 '非(비)'와 상대되는 글자이다. '是是非非(시시비비)'라는

是非 시비
是認 시인

是正 시정
國是 국시

성어는 '옳은 것은 옳다고 하고, 그른 것은 그르다고 하다'라는 뜻이다. 대명사로는 '이' 또는 '이것'이라는 뜻이 있다.「是日也放聲大哭(시일야방성대곡)」이라는 張志淵(장지연)의 글 제목에서 '是'는 이런 의미로 쓰였다.

非理 비리
非難 비난

非一非再 비일비재

'非(비)'는 '그르다'·'이치에 맞지 않다'라는 뜻이다. 부정의 의미로 쓰일 경우에는 '아니다'라는 의미로 쓰인다.

곡직
曲直

婉曲 완곡
曲尺 곡척

'曲(곡)'은 '구부러지다', 즉 '彎曲(만곡)'의 의미로 '直(직)'과 반대되는 말이다.

鄕曲 향곡

이것이 '삐뚤어짐'·'바르지 못함'·'부정당함' 등의 의미로 쓰였다. 편벽한 시골마을을 '曲(곡)'이라고 했다.

曲卽全 곡즉전

한문에서는 어떤 사물의 일부분, 즉 '局部(국부)'를 가리키는 말로 '全(전)'과 반대되는 의미로 쓰였다.

作曲 작곡
曲調 곡조
曲目 곡목

'노래'·'樂曲(악곡)'·'歌曲(가곡)'이라는 뜻으로도 쓰인다.

'直(직)'은 '구부러지지 않은 상태'·'곧음'을 일컫는다. 이것이 '正直'이라는 의미로 쓰였다.

'담당하다' 또는 '마주하다'라는 뜻이 있다.

直接 직접
直線 직선
是非曲直 시비곡직

當直 당직

'枉(왕)'은 '나무가 구부러지다'라는 뜻으로 '直(직)'과 상대되는 말이다. 고대 한문에서는 정직하지 않음을 뜻한다. '불공정하다'라는 뜻도 있다. 그러나 오늘날 우리말에서는 '枉臨(왕림)' 등에서처럼 '구부리다'의 뜻으로 쓰인다. '枉臨'은 상대방이 '몸을 굽히고 나를 찾아오다'라는 의미로 상대방에 대한 공경의 표시로 쓰였다.

장단
長短

'長(장)'은 '短(단)'의 반대말로 '길다'라는 뜻이다. 이것이 시간적으로 '길고 영원한 것'까지 의미했다.

특별히 잘하는 분야나 기술을 가리킬 경우에는 '長技(장기)'·'長點(장점)'의 낱말이 있다.

'자라다'라는 의미로는 '生長(생장)'·'成長(성장)' 등에서 쓰인다.

長久 장구
延長 연장

助長 조장
揠苗助長 알묘조장

長幼有序 장유유서	나이가 많은 것을 의미할 때에는 '幼(유)'와 반대말로 쓰였다.
	'長者(장자)'는 '나이가 많은 사람' 외에도 '인품이 훌륭한 사람'을 가리킨다. 초기에는 관직의 명칭에 쓰
面長 면장	일 경우 현령보다 낮은 직급의 책임자를 '長(장)'이라고 했다.
長短 장단 短小 단소 短點 단점	'短(단)'은 '짧다'는 뜻이다. 이것이 '過失(과실)'·'부족하다' 또는 '缺陷(결함)' 등의 뜻으로 쓰였다.

다소
多少

觀衆 관중 聽衆 청중 衆愚政治 중우정치	'衆(중)'은 해 아래 여러 사람이 모여 있는 모습의 글 자이다. 이것이 '많다' 또는 '많은 사람'이라고 쓰였다.
衆寡不敵 중과부적	'寡(과)'는 '적다'라는 뜻이다.
寡人 과인	고대에는 제후가 자신을 겸손하게 표현해서 自稱(자칭)하는 경우에 쓰였다.
寡婦 과부	늙고 남편이 없는 것을 '寡(과)'라고 했는데 나중에는

남편이 죽은 여성을 가리키게 되었다.

'多(다)'는 '寡(과)'·'少(소)'와 반대되는 말이다. '많 　　多數黨 다수당
다'라는 뜻이다.

'少(소)'는 '많다'라는 뜻의 '多'와 반대말이다. 　　少年 소년
'약간'이라는 의미로도 쓰였다. 　　　　　　　　少量 소량
　또한 '老(로, 노)'와 반대로 쓰이면서 청년 또는 소년 　少數 소수
의 연령을 가리키는데, 일반적으로 30세 미만의 사람을
'少'라 하였다. '寡'와 '少'는 동의어로서 습관적으로 　男女老少 남녀노소
구분되어 쓰인다.

'老(노)'는 시기에 따라 다르기는 하지만 고대에는 70
세가 되었을 때 '老人(노인)'이라고 했다.

대소
大小

'大(대)'는 '크다'라는 뜻이다. '小(소)'와 반대되는 말 　大權 대권
이다. 이것이 고대 한문에서는 '아주'·'대단히'라는 의 　大膽 대담
미로 쓰였다. 　　　　　　　　　　　　　　　　大勢 대세
　　　　　　　　　　　　　　　　　　　　　　大小 대소

'小'는 '작다'라는 원래의 뜻이 '小人(소인)' 또는 '小人輩(소인배)'에서 '사악하다' '인품이 보잘것 없다'는 뜻으로 파생되어 쓰이기도 했다. 자칭으로 쓰이는 '小人'은 자신을 겸손하게 표현하는 칭호였다.

微行 미행   '微(미)'는 '감추다' 또는 '은폐'·'은닉'의 뜻을 가지고 있다. 이것이 나중에 '몰래'라는 뜻으로 쓰인다.

이는 '작다'라는 뜻으로도 쓰여서 '細微(세미)'·'微賤(미천)' 등에 쓰였다.

경중
輕重

輕量 경량   '輕(경)'은 '무겁다'라는 의미의 '重(중)'과 반대되는 뜻으로 '분량이 작고 가볍다'는 뜻이다.

輕蔑 경멸   '작고 가볍게 보다'라는 뜻으로 '輕視(경시)'가 있다.
減輕 감경

肉重 육중   '重(중)'은 '분량이 크고 무겁다'는 뜻이다.
重厚 중후
莊重 장중   나중에 '중요하다'는 의미로 쓰였다. '다시' 또는 '더
重視 중시 하다'는 의미로 '重複(중복)' 또는 '重疊(중첩)'으로 쓰
重責 중책 이기도 한다.
貴重 귀중

전후
前後

'前(전)'은 원래 배를 타고 앞으로 나아간다는 뜻이다. 이것이 '앞'이나 '앞 부분'을 가리키게 되었다.

前進 전진

'後(후)'와 반대되는 말로 얼굴이 바라보는 곳을 가리킨다. 이것에 시간적인 개념이 들어가서 '從前(종전)'·'以前(이전)'·'紀元前(기원전)' 등의 말처럼 쓰였다.

面前 면전
前面 전면

'後(후)'는 '뒤에서 걷는 동작'을 의미한다.

落後 낙후

나중에 '뒷면'이나 '뒷부분'을 가리키게 되었으며, 시간적인 개념이 들어가 '先(선)'과 반대되는 의미가 되었다.

前後 전후
後進 후진
後發 후발

'先(선)'은 어떤 일을 '먼저 하다'라는 의미의 동사이다.

先行 선행
優先 우선

'後'와 반대되는 의미로 쓰이는 경우는 '先後(선후)'·'先見之明(선견지명)'이 있다. 세상을 떠난 사람을 가리키는 말로 '先祖(선조)'가 있고 도덕과 학문이 있는 사람을 가리키는 존칭으로 '先生(선생)'이 있다.

내외
內外

內面 내면
內部 내부
內心 내심

'內(내)'는 원래 '내시'를 가리켰다. 이것이 나중에 '안쪽'이라는 의미로 확대되었다. 겸손한 표현으로 '자신의 처'를 '內子(내자)'라고 한다.

外部 외부
外面 외면
內外 내외

'外(외)'는 '內'와 반대의 뜻으로 '바깥쪽'을 말한다.

출입
出入

出入 출입
出發 출발
出國 출국
出家 출가

'出(출)'은 '나가다' 또는 '나오다'라는 뜻이다. '入(입)'의 반대말이다. '뛰어나다'라는 뜻으로 쓰일 경우에는 '出衆(출중)하다'라는 말이 있고, 그 반대말로는 '不出(불출)'이 있다.

入國 입국
入社 입사
入學 입학
進入 진입

'入(입)'은 '들어가다' 또는 '들어오다'라는 의미이다. '받아들이다'라는 뜻으로 '入金(입금)'·'納入(납

입)'이 있다.

진퇴
進退

'進(진)'은 앞을 향해서 '나아가다'라는 뜻으로 '退   前進 전진
(퇴)'와 반대되는 말이다.

자기보다 윗사람에게 獻辭(헌사)하는 것도 '進'이라   進言 진언
했다.

'退(퇴)'는 '뒤쪽을 향해서 걷는 동작' 또는 '뒤로 물   退職 퇴직
러나는 동작'으로 '進'과 반대되는 말이다. 이것이 한문   退社 퇴사
에서는 '조정으로부터 물러나다'라는 뜻으로도 쓰였다.   退行 퇴행
                                                後退 후퇴
                                                進退兩難 진퇴양난

거취
去就

'去(거)'는 '~로부터 떠나다'라는 뜻이다. '就(취)'와
반대되는 글자이기 때문에 우리말에서도 떠날 것인지

去勢 거세 　　아닌지 물을 경우 '去就(거취)를 묻다'라고 쓰고 있다. 다른 뜻으로는 '제거하다'라는 의미로 쓰인다

就職 취직
就業 취업 　　'就(취)'는 '접근하다'·'다가가다'라는 뜻으로, '去' 와 반대되는 글자이다.

成就 성취 　　이런 뜻이 '성공' 또는 '목적을 달성하다'라는 의미로 쓰인다.

拘留 구류
抑留 억류 　　'留(류)'는 '머무르다'라는 뜻으로 원래의 지점을 떠 나지 않는다는 뜻이다. 역시 '去'와 반대되는 말이다. 이는 '떠나지 않게 하다'라는 뜻으로도 쓰인다.

　　'卽(즉)'은 '접근하다'·'다가가다'라는 뜻이다.

　　성어 '若卽若離(약즉약리)'는 '가까워지는 듯 멀어지 는 듯'이라는 뜻이다.

　　어느 위치에 임하는 것을 뜻하기도 해서 '卽位(즉위)' 라고도 쓰이며 '卽席(즉석)'이라고 할 때에는 '當場(당 장)'·'卽時(즉시)'와 같은 의미이다.

一觸卽發 일촉즉발 　　'곧'이라는 뜻의 '則(즉)'과 통한다.

왕래
往來

'往來(왕래)'의 '往(왕)'은 어느 곳으로 '가다'라는 뜻 이다. 이런 의미가 시간의 흘러감까지 포괄하면서 과거 를 가리키게 되었다.

往年 왕년
旣往 기왕

'來(래)'는 원래 '小麥(소맥)'으로도 불리는 '밀'을 가 리키는 한자이다. 이것이 '往(왕)'의 반대말로 쓰이면서 '오다'라는 뜻이 되었다.

來年 내년
來日 내일
未來 미래
去來 거래
將來 장래

'去(거)'와 '往'은 모두 '가다'라는 뜻이지만 '來'와 반대되는 말은 '去'가 아니라 '往'이다.

'往'은 가는 그 행위만을 가리키므로 목적어가 없지 만 '去'는 대부분 목적어를 갖고 있다.

고대 한문에서 '去國(거국)'이라고 하면 '그 나라를 떠나다'라는 뜻이므로 '往'의 쓰임새와는 전혀 다르다.

안위
安危

'安(안)'은 '편안하다'라는 뜻으로 '危(위)'와 반대된다.

'閑(한)'은 '안정이나 진정'의 뜻을 가지고 있다. '閑暇(한가)하다'라고 할 경우의 '閑暇(한가)'는 원래 침착하고 신중한 모습을 뜻한다. '바쁘다'는 의미와 반대되는 뜻으로 '閒(한)'을 쓰기 때문에 '閑暇(한가)'와 '閒暇(한가)'는 같이 쓰인다.

'危(위)'는 '높다'라는 뜻이 변하여 '안정되지 못하다'라는 말로 쓰였다. '居安思危(거안사위)'에서 '危(위)'는 '위험' 또는 '위급'을 뜻한다. '危害(위해)'라는 낱말에서는 '위험하게 하다'라는 뜻의 사동용법으로 쓰였다.

'殆(태)'는 '위험하다'는 뜻이다. '거의'라는 뜻으로 쓰인다.

귀천
貴賤

　'貴(귀)'는 사물의 값이 '비싸다'라는 뜻이다. '賤 (천)'과 반대되는 말이다.

貴賤 귀천
貴重品 귀중품

　이것이 '尊貴(존귀)하다'라는 뜻으로도 쓰이고 '중시 하다'라는 의미로 확대된다.

貴賓 귀빈
貴公子 귀공자

　'賤(천)'은 사물의 값이 '싸다'는 뜻이다. 이것이 사회 적인 지위가 없거나 '卑賤(비천)하다'는 뜻으로 쓰였다. 또한 가치가 없고 보잘것 없는 것을 가리키기도 한다.

貧賤 빈천
賤待 천대
卑賤 비천

아속
雅俗

　'雅(아)'는 원래 새의 이름이다. 그러나 이것이 '바르 다'라는 뜻으로 쓰이면서 새의 이름으로는 '鴉(아)'가 쓰인다. '雅'는 '正(정)'과 같은 뜻으로 '통속적이거나 저속하지 않다'는 의미로 쓰였다.

優雅 우아
高雅 고아

| 風雅頌 풍아송 | 『詩經(시경)』의 문장 체제를 가리키기도 한다. |

習俗 습속	'俗(속)'은 사회상의 관습 또는 氣風(기풍)을 말한다.
風俗 풍속	
世俗 세속	'雅'와 반대되는 뜻으로 '低俗(저속)'·'通俗(통속)'·
俗世 속세	'俗氣(속기)'의 의미가 있다.

공사
公私

公平 공평	'公(공)'은 '私(사)'와 반대되는 글자로 '공공의' 또는
公用 공용	
公務員 공무원	'공공의 것'을 가리킨다. 이것이 '公正(공정)하다'는 뜻
	으로 쓰였다.

公爵 공작	고대 5등급 작위 중의 첫번째 직위를 '公'이라고 했
齊桓公 제환공	다. 관직에서 제일 높은 직급으로, '卿(경)' 위의 것을
	가리킨다.

共有 공유	'公共(공공)'에서 '共(공)'은 원래 두 손을 모은 모습
共用 공용	
共産主義 공산주의	의 글자로서 '공동' 또는 '함께 소유하다'라는 뜻을 가
	지고 있다.

'公有(공유)'는 '公有地(공유지)'처럼 개인의 것이 아

니라 어떤 공적 조직이나 기구의 것이라는 의미이다.
'共有(공유)'란 남과 함께 가진다는 뜻으로 위의 어휘와
는 다르다. '公用(공용)'과 '共用(공용)' 역시 '공공의
용도'라는 뜻과 '함께 소유하다'의 뜻처럼 각각 다르다.

'私(사)'는 '개인적인 것'을 말한다. 부사로는 '몰래'
라는 뜻도 있다.

私私 사사
私的 사적
私生活 사생활

친소
親疏

'親(친)'이란 '骨肉(골육)'·'血親(혈친)'을 가리킨다.
오른편에 '見(견)'이 들어 있는 것은 '관심 있게 서로를
보살피다'라는 의미가 포함된 것이다.

親父 친부
親戚 친척
親舊 친구

'疏(소)'의 초기 글자를 보면 어린 아이가 어머니의
몸으로부터 빠져나오는 모양이다. 이것이 나중에 '分離
(분리)'라는 의미로 쓰였다. 切親(절친)하지 않아 관계가
멀다는 의미로도 쓰인다.

疏遠 소원
疏密 소밀

'疏'는 '드물다'·'稀少(희소)하다'라는 뜻으로 '密
(밀)'과 반대되는 말이다.

疏忽 소홀

疏通 소통	강물의 흐름이 잘 소통되게 한다는 의미로 '통하다'라는 의미가 있다.
上疏 상소	이런 의미에서 신하가 황제에게 올리는 글도 '疏'라고 했다.

'疏'는 '註解(주해)' 또는 '註釋(주석)'의 일종인 고대 문체의 이름이기도 하다. 옛 문장에 주석을 붙여 가며 설명을 해놓은 글을 '疏'라고 했다.

'疏'는 '疎(소)'와 같이 쓰이는 글자이다.

취사
取捨

攻取 공취	'取(취)'는 '가지다' 또는 '점유'·'소유'의 뜻이 있
取扱 취급	다. '버리다'라는 뜻의 '捨(사)'와 반대되는 뜻을 가지고
取得 취득	있다. '取捨選擇(취사선택)'에서 '取'와 '捨'는 '갖는
取材 취재	것'과 '버리는 것'이라는 뜻이다. '공격하여 점령하다'
爭取 쟁취	는 뜻도 있다.
喜捨 희사	
四捨五入 사사오입	
捨生取義 사생취의	
求乞 구걸	'求(구)'는 '찾다'라는 뜻이다. '求'의 결과가 '得(득)'
求愛 구애	이다. 이것이 '要求(요구)'라는 뜻으로 확대되었다. '請
渴求 갈구	求(청구)하다'라고 할 경우 '請(청)'과 '求(구)'는 다소

차이가 있다. '請'은 상대방에게 '나로 하여금 무엇을 할 수 있게 해달라'는 것이고 '求'는 '상대방에게 직접 무엇을 해달라'는 뜻이다.

'得(득)'은 '얻다'라는 뜻으로, '잃다'라는 뜻의 '失(실)'과 반대되는 글자이다. 이것이 '長點(장점)'이라는 뜻으로도 쓰였다.

利害得失 이해득실
得道 득도
拾得 습득

손익 損益

'利(리, 이)'는 '날카롭다'라는 뜻이다. '銳利(예리)하다'라고 할 때의 '利'가 원뜻이다. '鈍(둔)'과 반대되는 이 글자는 나중에 '이해득실'의 '利益(이익)'이라는 말로 쓰였다. '銳利(예리)'의 '銳(예)'는 '뾰족하다'라는 뜻이고, '利'는 '날이 날카롭게 선 것'을 말한다. '뾰족한 끄트머리'라는 뜻으로는 '尖銳(첨예)'가 있다.

利器 이기
利潤 이윤
利子 이자
便利 편리
利害得失 이해득실

'益(익)'은 그릇을 뜻하는 '皿(명)'에 '물이 넘치다'라는 뜻의 글자로서 오늘날의 '溢(일)'과 같다. '넘치다'라는 의미가 고대에는 '많다' 또는 '부유하다'라는 뜻으

多多益善 다다익선
權益 권익
收益 수익

로 쓰였다.

損益 손익　　이는 '증가하다'라는 뜻으로, '損(손)'의 반대말이기
도 하다. 이렇게 '利益(이익)'으로만 쓰이다 보니 원래
의 '물이 넘치다'라는 의미로는 나중에 '水(수)'가 붙어
서 '溢(일)'자가 생겨났다.

害惡 해악　　'害(해)'는 損害(손해)나 傷害(상해)를 가하는 것을 말
加害 가해　한다. 이것이 障碍(장애)가 되도록 한다는 뜻으로 '妨害
公害 공해　(방해)'라는 말이 생겼다. '방해'는 '誹謗(비방)하다'라는
災害 재해　의미의 '毁謗(훼방)'과는 다소 다르다.

毁損 훼손　　'毁(훼)'는 '파괴하다'·'상해를 입히다'라는 뜻이다.
그 뜻이 '다른 사람을 나쁘게 말하다'라는 것으로 변했
다.

凶計 흉계　　'凶(흉)'은 땅 속으로 빠진 모양을 형상화한 글자이
凶作 흉작　다. '吉凶(길흉)'의 '吉(길)'과 반대되는 말이다. 굶주림
吉凶禍福 길흉화복　의 재앙을 가리키는 '饑荒(기황)'이라는 의미에도 쓰여
凶事 흉사　서 '凶年(흉년)'이라는 말이 생겼다. '凶惡(흉악)'이라는
의미에서 '凶(흉)'과 '兇(흉)'은 비슷하지만 '兇'에는
'두려워하다'라는 뜻이 있어서 '민심이 兇兇하다'라고
할 경우에 쓰인다.

명암
明暗

　'幽(유)'는 '어둡다'·'깜깜하다'는 뜻으로, '밝다'는
뜻의 '明(명)'이나 '나타나다'라는 뜻의 '顯(현)'과 반대
되는 말이다. 이것이 '감추어지다'·'숨다'라는 뜻으로
쓰였다.

　'幽人(유인)'은 '隱士(은사)'·'隱者(은자)'라는 뜻이
다. '幽'는 '왕비를 幽閉(유폐)하다'에서처럼 '拘禁(구
금)·監禁(감금)하다'라는 뜻으로 쓰인다. '隱'은 '숨
다'·'감추다'라는 뜻이다.

隱匿 은닉
隱遁 은둔
隱居 은거

　'冥(명)'은 '어둡다'는 뜻이 '깊다' 또는 '심원하다'는
뜻으로 확대되었다. '冥界(명계)'는 '죽은 다음의 세계'
를 가리킨다.

冥福 명복

　'幽'와 '冥'은 동의어이지만 '幽'에는 '그윽하다'는 의
미가 있는 반면 '冥'에는 '어둡다'는 뜻만 있다.

본말
本末

草根木皮 초근목피
根幹 근간

'根(근)'은 나무의 뿌리 중 땅속에 있는 부분을 말한다.

根本 근본
本末 본말
本分 본분

'本(본)'은 '나무 줄기의 아랫부분'을 가리킨다. 즉 드러난 밑동 뿌리를 지칭한다. '原來(원래)'라는 의미로 '本來(본래)'가 있다.

末端 말단
末葉 말엽
端末機 단말기
末梢神經 말초신경

'末(말)'은 '나뭇가지 끝'을 말하는 것으로 '本(본)'과 상대되는 말이다. '끄트머리'라는 뜻이 있다. 주로 지엽적이고 천박하거나 작은 것 등 '중요하지 않은 것'을 가리킨다.

시종
始終

初級 초급
初志一貫 초지일관

'初(초)'는 '처음'이라는 뜻이다. 옷을 만들 때 칼로 재단을 시작하기 때문에 '刀(도)'가 들어갔다.

'始(시)'역시 '처음'이라는 뜻으로 '終(종)'과 상대되
는 말이다.

始終如一 시종여일
始作 시작
開始 개시

'終(종)'은 '끝'이다. 실의 '끄트머리'를 뜻하며, '冬
(동)'은 의미와 소리값을 동시에 보여준다.

終了 종료
終結 종결
終身刑 종신형

'了(료)'는 '종결되다'·'끝나다'라는 뜻이다.

完了 완료

정사
正邪

'正(정)'은 '偏(편)'과 반대되는 말로서 '치우치지 않
다'라는 뜻이다. '기울다'라는 의미의 '斜(사)'·'邪
(사)'와 반대되는 뜻으로 쓰일 때에는 '기울지 않다'라
는 뜻이다.

正義 정의
正鵠 정곡
正當 정당
正面 정면
査正 사정
訂正 정정

어떤 일의 '책임자'를 말하기도 한다.

樂正 악정

매년의 첫째 달을 의미하는 명사이기도 하다.

正月 정월

'政(정)'은 '正'과 같은 글자이다. '통치하는 업무'를
총칭하는 말이지만, 주로 '나라를 통치하고 관리하는
것'을 가리킨다.

政治 정치
國政 국정

整理 정리 整頓 정돈	'整(정)'은 '正'에서 파생된 글자이다. '질서가 있는 상태'를 가리키며 '亂(란)'과 반대되는 말이다. '우수리가 없다'라는 뜻으로 돈의 액수 뒤에 붙인다.
邪惡 사악 奸邪 간사	'邪(사)'는 '기울어지다'라는 뜻이다. 이 뜻이 '정직하지 않다'라는 의미로 쓰였다. 중국 사람들의 의식으로 보면 '기울어지거나 치우친 것'은 '악한 것'이다. 따라서 '斜(사)'는 '邪'와 같이 쓰인다.

호오
好惡

好人 호인 選好 선호 友好 우호 愛好 애호	'好(호)'는 '예쁘다'는 뜻이다. '好色(호색)'의 원뜻은 '예쁜 얼굴'이다. '惡(악)'과 반대되는 뜻으로 '좋다' 또는 '좋아하다'라는 의미가 있다.
善行 선행 善心 선심 善意 선의	'善(선)'은 '좋다'·'아름답다'는 의미의 글자이면서 도덕적인 의미로도 쓰였다.
罪惡 죄악 惡黨 악당 惡漢 악한	'惡(악)'은 '善(선)'과 반대되는 의미로, '좋지 않은 언행'을 말한다.

또한 '好(호)'와 반대되는 뜻으로 '못생긴 모습'을 말한다.

醜惡 추악

'싫어하다'라는 의미로 쓰일 때에는 '惡(오)'라고 읽힌다.

嫌惡 혐오

이동
異同

'如(여)'는 '어디를 향해서 가다'라는 뜻이었지만 '비슷하다' 또는 '같다'라는 뜻으로 더 많이 쓰인다. 한문에서는 '만약'이라는 의미도 있다. 그 외에 형용사의 어미나 접속사로도 쓰였다.

如前 여전
如實 여실

'若(약)'은 '비슷하다'라는 뜻이 '같다'라는 뜻으로 쓰였다. '萬若(만약)'이 그 경우이다. 한문에서는 '어떤 모습'이라는 형용사 어미 또는 '너'라는 대명사로 쓰였다.

若干 약간

'同(동)'은 '같다'라는 뜻이다. '異(이)'와 반대되는 의미의 이 한자는 '同一(동일)'·'同種(동종)'의 의미로 쓰였다. '共同(공동)'이라고 할 경우 '共'과 '同'은 다르다. '共'의 반대말은 '分(분)'이고 '同'의 반대말은 '異

同感 동감
同封 동봉
同寢 동침
混同 혼동

(이)'이다.

特殊 특수
殊勳 수훈

'殊(수)'는 '죽다'라는 뜻이었지만 나중에 '다르다'는 의미로 쓰이게 되었다. 이것이 '특별하다' 또는 '탁월하다'거나 '출중하다'는 의미로 쓰였다.

特異 특이
相異 상이
異物質 이물질

'異(이)'는 '同(동)'과 반대되는 말로 '같지 않다'라는 뜻이다. '기괴하다'라는 뜻의 '怪異(괴이)' · '奇異(기이)'가 그 예다.

승강
昇降

進陟 진척

'陟(척)'은 '오르다' · '올라가다'라는 뜻이다. '언덕'을 가리키는 'ㅏ(부)'가 있는 것으로 보아서 알 수 있듯이 산이나 언덕을 오르는 것을 의미한다.

下降 하강

'降(강)'은 높은 곳에서 낮은 곳으로 내려오는 것이다. '陟(척)'과 반대되는 글자로서 '내려가다' 또는 '낮아지다' · '떨어지다'의 뜻으로 쓰인다. '항'으로 읽을 경우에는 '降伏(항복)' · '投降(투항)'의 의미로 쓰인다.

'落(락)'은 '초목이 시들다' 또는 '꽃이 지다'라는 뜻이다. 이것이 '떨어지다'라는 의미로 확대되었다.

　사람이 사는 지역을 일컫기도 한다.

落下 낙하
下落 하락
急落 급락
騰落 등락

村落 촌락
部落 부락

　'隕(운)'은 높은 곳에서 '떨어지다'라는 뜻이다.

隕石 운석

　'登(등)'은 낮은 데서 높은 데로 '올라가다'라는 의미이다. '登龍門(등용문)'은 물고기가 용이 되어 오른다는 비유의 故事(고사)가 성어로 된 경우이다.

登山 등산
登攀 등반

　'臨(림, 임)'은 높은 곳에서 낮은 곳을 '바라보다'라는 한자이다. '居高臨下(거고림하)'라는 성어는 위에서 아래를 바라본다는 뜻이다. 높은 곳에서 낮은 곳으로 내려온다는 뜻으로 '光臨(광림)'이 있다.

　'만나다'라는 뜻으로 쓰일 경우에는 '臨時(임시)'가 있다. '臨時'의 원뜻은 '때에 맞추어'라는 뜻이다. 그림이나 글씨를 보고 模倣(모방)·模寫(모사)하는 것을 '臨書(임서)'·'臨帖(임첩)'이라고 한다.

　고대에는 여러 사람들이 靈柩(영구) 앞에 모여 소리내어 우는 것을 뜻하기도 했다.

君臨 군림
臨迫 임박
臨時 임시
臨機應變 임기응변
臨戰無退 임전무퇴

臨終 임종

여탈
與奪

生死與奪 생사여탈
與件 여건
與否 여부
與信 여신
授與 수여

'與(여)'는 '주다'라는 뜻으로 '빼앗다'라는 의미의 '取(취)' 또는 '奪(탈)'과 반대되는 것이다. '참가하다'라는 뜻으로는 '參與(참여)'가 있다. 고대 한문에서는 '~와(과)'의 의미나 조사로 쓰였다.

奪取 탈취
奪權 탈권
强奪 강탈

'奪(탈)'은 '빼앗다'라는 뜻이다. 이 한자는 보다 추상적인 의미로 쓰였다.

免疫 면역
免除 면제
免許 면허
赦免 사면

'免(면)'은 '몸을 피하거나 피하게 하다'라는 뜻이다. 이 뜻이 '석방하다'라는 의미로 '赦免(사면)'으로 쓰이고, '직위를 박탈하다'라는 의미로는 '免職(면직)'이 있다.

'予(여)'는 '나'를 가리키는 '余(여)'와 같이 쓰이는 글자이지만, '與'처럼 '주다'라는 의미로도 쓰인다.

미추
美醜

'麗(려)'는 한 쌍의 짝을 이루는 것을 말한다. 이것이 '아름답다'라는 뜻으로 쓰이다 보니 원래의 의미로 쓰기 위해 나중에 '사람 亻(인)'이 붙여졌다.

伉儷 항려

오늘날에는 '아름답다'라는 뜻으로만 쓰인다.

華麗 화려
秀麗 수려

'美麗(미려)'라고 할 경우 '美(미)'와 '麗'는 다 아름답다는 뜻이지만 '美'는 모든 의미의 아름다움에 다 쓰이는 반면, '麗'는 옷이나 건축물·그릇·용모 등 시각적인 아름다움에 국한되어 쓰인다.

'嘉(가)'는 '좋다' 또는 '아름답다'라는 뜻이다. 이것이 '칭찬하다'·'찬미하다'라는 뜻으로 쓰였다.

嘉尙 가상

'醜(추)'는 '더러움'이나 '못생긴 것'을 뜻한다. 술을 뜻하는 '酉(유)'에 귀신을 뜻하는 '鬼(귀)'가 붙었다.

醜惡 추악
醜雜 추잡

'鄙(비)'의 원뜻은 '변경지역의 마을'을 가리킨다. '더럽다'라는 뜻으로 쓰인다. '鄙陋(비루)하다'는 의미이다.

鄙劣 비열
野鄙 야비

陋醜 누추
固陋 고루

'陋(루)'는 '골목이나 집 등이 비좁은 것'을 가리킨다. 이것이 '예의를 모르거나 지식이 천박하다'는 뜻으로 확대되었다.

汚穢 오예

'穢(예)'는 원래 '잡풀이 무성한 것'을 뜻하는 한자이다. 이것이 '더럽다'라는 뜻으로 쓰이게 되었다.

조야
朝野

朝會 조회
高麗朝 고려조
朝鮮朝 조선조

'朝(조)'는 '아침'이라는 뜻으로, '저녁'이라는 뜻의 '暮(모)'나 '夕(석)' 등의 글자와 반대되는 말이다. 동사로 쓰일 경우에는 신하가 군주를 찾아뵙는 것을 의미한다. '朝'는 군주를 찾아뵙는 장소 즉, '朝廷(조정)'을 의미하기도 했으며 이 뜻이 확대되어 한 왕조가 흥망하는 일정 기간을 표시하기도 한다.

朝貢 조공

'朝'는 고대 周(주)나라 예법에 제후가 천자를 배알하는 것을 의미하기도 했다.

野生花 야생화
野生動物 야생동물

'野(야)'는 '郊外(교외)'나 '들판'을 가리키며 이것이 확대되어 '도시의 것이 아닌 것'을 가리키거나 '집에서 키우는 것이 아닌 것'을 말한다.

'조정 밖의 것'이라는 뜻으로 쓰인다. '거칠고 다듬어 在野 재야
지지 않은 것'을 '野'라고 해서 '文(문)'과 반대되는 뜻
으로 쓰였다. "야하다"라고 하는 말의 '야'는 '요염하
다'는 뜻의 '冶(야)'이다.

승패
勝敗

'勝(승)'은 '억제하다' 또는 '자제하다' · '극복하다' 不勝枚擧 불승매거
의 뜻이다. 고대 한문에서 '不勝(불승)'은 '억제하지 못
하다'라는 뜻으로 쓰인 것이다. '다하다'라는 뜻으로도
쓰였다.

전쟁에서 '승리하다'라는 뜻으로는 '敗(패)'와 상대적 勝利 승리
인 의미로 쓰인다. 勝算 승산
勝戰鼓 승전고

또 '아름답다' · '우아하다'의 의미도 있다. 名勝 명승

'敗(패)'는 '무너지다' · '망가지다'라는 뜻이다. '勝' 失敗 실패
과 반대되는 뜻이기도 하지만 '成(성)'과도 반대의 의미 敗亡 패망
가 된다. 음식물이 썩어서 맛과 질이 변화된 것을 가리 腐敗 부패
키기도 한다.

敗北 패배 敗因 패인 敗殘兵 패잔병	'勝敗(승패)'와 '勝負(승부)'의 경우, '敗'와 '負(부)'는 동의어로서 모두 전쟁에서 '진 것'을 뜻한다. 그러나 '負'는 일반적으로 '勝負'라고 할 경우에만 쓰이고, 단독으로 쓰일 경우는 '敗'라고 한다.
完成 완성 達成 달성 成就 성취	'成(성)'은 '사실로 나타나다'·'실현되다'라는 뜻이 '완성되다'라는 뜻으로 확대되었다. 또한 '成功(성공)' 이라고 할 때처럼 '敗'와 상대되는 개념으로 쓰였다.

강유
剛柔

堅持 견지 堅實 견실 中堅 중견	'堅(견)'은 '딱딱하다'·'굳세다'라는 뜻으로 '脆弱(취약)하다'의 '脆(취)'와 반대되는 말이다. 한자 생성 초기에는 '强硬(강경)하다'라고 할 때의 '硬(경)'이라는 글자가 없었다. 그런 의미로는 '堅(견)'을 썼다. '堅固(견고)하다'고 할 경우 '堅'자는 밑에 '흙 土(토)'가 있는 것으로도 알 수 있듯이 '땅이 단단한 것'을 말한다.
凝固 응고 固陋 고루	'固(고)'는 요새나 성곽이 단단하게 수비가 되어 있는 경우처럼 지형의 방비가 잘 되어있는 것을 가리킨다.

이것이 '방비를 굳게 하다'라는 뜻으로 '固守(고수)' 등 에 쓰였다. 이 '固'자는 '원래' 또는 '당연한'이라는 뜻 으로도 쓰인다.

固有 고유

'堅(견)'의 반대말은 '脆(취)'이다. '剛(강)'의 반대말 은 '柔(유)', '强(강)'의 반대말은 '弱(약)'이다.

진위
眞僞

'假(가)'에는 '빌리다'라는 뜻이나 '의지하다'·'빙자 하다'는 뜻이 있다. '眞(진)'과 반대되는 뜻의 글자로 이 한자에는 '거짓'이라는 의미가 있다. '만약에'라는 의미로 쓰이기도 한다. 고대 한문에서 '假(가)'와 '借 (차)'는 '빌리다'라는 의미로는 비슷한 말이지만 '빌려 쓰다'라는 의미로는 '假'를 썼다.

假面 가면
假死狀態 가사상태
假令 가령
假說 가설

'虛(허)'는 '텅 비다'라는 뜻으로, '가득 차다'라는 뜻 의 '盈(영)'과 반대되는 말이다. 이것이 '진실되지 못하 다'·'사실이 아니다'라는 뜻으로 쓰인다.

空虛 공허
虛榮 허영
虛僞 허위

行爲 행위	'爲(위)'는 '作爲(작위)적이다'의 경우처럼 무엇인가 를 '하다' 또는 '조작하다'라는 뜻이다. '위하다'라는 의미의 이 글자는 고대 한문에서 '被(피)'의 의미나 조 사로도 쓰였다.

'作(작)'이나 '爲'는 모두 '하다'라는 뜻이지만 '일어 나다'·'창조하다'라는 뜻으로 쓰일 경우에는 '振作(진 작)'·'創作(창작)'이라고 할 뿐 '爲'는 사용하지 않았

<table>
<tr><td>僞惡 위악
僞善 위선</td><td>다. 이런 뜻이 일반적인 의미의 '하다'로 쓰이면서 '조
작하다'·'거짓'이라는 원뜻은 'ㅓ(인)'이 붙은 '僞(위)'
로 쓰게 되었다.</td></tr>
<tr><td>虛僞 허위</td><td>'僞'는 '人爲的(인위적)'이라는 뜻에서 '거짓'·'불성
실'이라는 뜻으로 변했다.</td></tr>
</table>

집산
集散

離別 이별 離婚 이혼	'離(이)'는 '分離(분리)'·'分散(분산)'의 뜻이다. '合 (합)'과 반대되는 이 글자는 오히려 '맞닥뜨리다'라는 뜻도 있다. 이 경우의 '離'는 '罹(이)'와 같은 의미로 쓰 였다. '罹'는 새가 그물에 걸린 것을 형상화했다. 극도
罹災民 이재민	의 불행한 일을 당한 것을 뜻한다.

'合(합)'은 '닫히다'· '만나다'라는 의미이다. '열다' 라는 뜻의 '開(개)'와 반대되는 이 글자는 '딱 들어맞 다'라는 '附合(부합)'의 의미로 쓰이고 '會合(회합)하다' 라는 의미로 쓰였다. 고대 중국어에서는 쌍방의 군대가 교전을 벌이는 것을 지칭하기도 했다.

合格 합격
合當 합당
合併 합병
競合 경합

'集(집)'은 많은 새들이 나무 위에 모여 있는 형상의 글자이다. 이것이 '모이다'라는 뜻으로 쓰였다.

고대에는 詩文(시문)을 모아서 책으로 만든다는 뜻으 로 쓰였으며, '成就(성취)'· '成功(성공)' 등의 뜻으로도 쓰였다.

集散地 집산지
離合集散 이합집산

詩文集 시문집
集大成 집대성

'會(회)'는 '모이다'라는 뜻이다. 이것이 '機會(기회)' 라는 뜻으로도 쓰인다. '會(회)'는 '연말에 결산하다'라 는 뜻이 변하여 '계산하다'· '장부를 정리하다'라는 뜻 으로 쓰인다. '會者定離(회자정리)'는 '만난 것은 반드 시 헤어진다'는 뜻의 성어이다. 이는 '去者必返(거자필 반)'과 함께 동양 사상의 균형적 사고 방식을 보여준다.

會合 회합
會議 회의
集會 집회
會計 회계
會計司 회계사

'散(산)'은 '흩어지다'· '한가롭다'라는 뜻이다. '가 루'· '분말'이라는 의미로도 쓰인다.

散文 산문
散策 산책
散藥 산약

성쇠
盛衰

興盛 흥성
旺盛 왕성
茂盛 무성
興亡盛衰 흥망성쇠

'盛(성)'은 제사를 지내려고 곡식을 그릇에 담은 모습의 글자이다. 이것이 '豊盛(풍성)하다'는 뜻으로 쓰였다. '衰退(쇠퇴)'의 '衰(쇠)'와 반대되는 말이다.

窮乏 궁핍
耐乏 내핍

'乏(핍)'은 '먹을 양식이 부족하다'는 뜻이다. '缺乏(결핍)'에서 '缺(결)'은 '질그릇의 한 부분이 깨어져 나간 것'을 가리키는데, 두 글자 모두 '未洽(미흡)'하고 '不足(부족)'하다는 뜻이다.

豊饒 풍요

'饒(요)'는 '풍족하다'는 뜻이다.

衰弱 쇠약
衰退 쇠퇴
衰落 쇠락

'衰(쇠)'는 '힘이 衰退(쇠퇴)하다'라는 뜻으로 '盛'의 반대말이다. 이것이 '老衰(노쇠)하다' 또는 '감소하다'라는 뜻으로 쓰였다.

완급
緩急

'緩'은 '느리다', '늦추다' 라는 뜻이다. 이것이 '부드럽고 관대하다' 의 의미로도 확대되었다.

緩慢 완만
緩衝 완충
緩和 완화

'急(급)'은 성격이 조급하고 인내심이 없는 것을 말한다.

急遽 급거
急騰 급등

'急'은 '緩(완)'과 반대되는 뜻으로 급박한 상황을 의미하기도 한다. '빠르다'라는 의미로도 쓰인다.

緩急 완급
緊急 긴급
危急 위급
急激 급격

3 비슷하게 짝을 이룬 한자어

해석
解釋

'解(해)'는 원래 동물을 잡아 해체한다는 의미의 글자이다. 이것이 어떤 사물의 매듭이나 엉긴 것을 푼다는 의미로 쓰이게 된다.

解體 해체
解決 해결

또한 어떤 이치를 '해석하다'라는 뜻으로 쓰인다.

理解 이해
了解 요해
解讀 해독

'釋(석)'은 원래 쥐고 있거나 등에 지고 있던 물건을 '풀어 놓는다'는 뜻이다. 이것이 '분해하다'라는 뜻으로 쓰였다.

解釋 해석
釋放 석방
保釋 보석
註釋 주석

'解(해)'와 '釋(석)'은 둘 다 '풀어지다'라는 의미에서 비슷하다. 맺히거나 묶였던 것이 '풀어진다'는 뜻으로 쓰이고 또 '분석하다'·'해설하다'라는 의미로도 쓰인다. 그러므로 '註解(주해)'나 '註釋(주석)'은 같은 뜻이다.

그러나 '釋放(석방)'이라고 할 때에 '放(방)'은 이들과 다른데 '放'의 원뜻은 어떠한 사물을 놓아 '흩어지게 하다'라는 의미이다.

追放 추방
放牧 방목
放置 방치
放蕩 방탕

지식
知識

知識 지식
知覺 지각

'知(지)'는 '알다'·'이해하다'라는 뜻이다.

識者 식자
認識 인식
有識 유식

'識(식)' 역시 '알다'라는 뜻이지만 판단과 분별을 통한 '앎'이다.

'識'에는 '기록하다' 또는 '표시하다'라는 의미가 있다. 이 경우에는 '著者(저자) 識(지)'에서처럼 '지'로 읽는다.

'知'와 '識' 그리고 '記(기)'는 다소 차이가 있다.

'知'는 단순하게 '알다'라는 말이지만 '識'은 비교적 깊이 있게 '파악하다'라는 의미이다. '識'은 '기억하다'라는 의미의 '記'와 같이 쓰이는데 '記'는 '識'의 결과로서 나타난 것이다.

비유
比喻

　'比(비)'의 고대 한자의 모습은 사람이 옆으로 서 있는
모습을 좌우로 중첩시켜 놓은 꼴이다. 이는 한 사람이
다른 사람의 뒤를 따라 간다는 뜻이다. 따라서 원래의
의미는 일단의 무리가 원칙 없이 결탁해 있다는 의미이
다.

　'比'는 '함께 벌려놓은 것'을 의미하는 글자에서 '比 比率 비율
較(비교)하다'라는 뜻으로 변했다.

　'喩(유)'는 '파악해서 이해하다'라는 의미의 글자이다. 比喻 비유

효율
效率

　'效(효)'는 '내어놓다'·'수여하다'라는 뜻이다. 이것 效能 효능
이 추상적으로 쓰일 경우에는 '공헌하다'라는 뜻으로 效用 효용
特效 특효
쓰인다. '結果(결과)'를 의미할 때에는 '果(과)'와 함께

效法 효법   '效果(효과)'라고 쓴다. 이런 구조로는 '藥效(약효)·效
用(효용)·效驗(효험)' 등이 있다. 고대 한문에서는 '모
방하다'·'본받다'라는 뜻이 있다. '効(효)'는 '效'의 俗
字(속자)이다.

效率 효율   '率(솔)'은 '~에(을) 따라서'라는 뜻이다. 『中庸(중
稅率 세율
生産率 생산율 용)』의 '率性(솔성)'이라는 말은 '본성에 따라서 행동하
다'라는 뜻이다. 가볍게 행동하는 것을 '輕率(경솔)'이라
고 한다. '이끌다'라는 뜻의 '統率(통솔)'로도 쓰인다.
    일정한 표준을 가리키는 말로 쓰일 때에는 '率(률,
율)'이라고 읽는다.

규칙
規則

規則 규칙   '規(규)'는 오늘날의 '컴퍼스'와 같은 것으로 '圓(원)
法規 법규
을 그리는 도구'를 가리킨다. 이것이 '法度(법도)'나 '基
準(기준)'이라는 의미로 쓰였다.

法則 법칙   '則(칙)'은 기준이나 모범이라는 뜻이다.
準則 준칙
    앞뒤의 문장 내용을 이어주는 것으로 우리말의 '則

(즉)'이다. 이 경우 오늘날에는 '卽(즉)'으로 쓰인다. 이 외에도 규칙·규범에 관련된 다음과 같은 한자들이 있다.

'檢(검)'은 '법칙'·'법도'·'방식'이라는 뜻이다. 이것이 '檢査(검사)하다'나 '點檢(점검)하다'라는 뜻으로 확대되었다.

檢事 검사
檢證 검증
檢定 검정

'準(준)'은 '물이 수평을 이룬 것' 또는 건축에서 쓰이는 공구 '水準(수준)'을 뜻하는 말로, '標準(표준)'이나 '法則(법칙)'이라는 의미로 쓰였다.
'准(준)'과 '準'은 異體字(이체자)로, 같은 뜻이지만 '批准(비준)'이라고 할 경우에는 '准'을 쓴다.

基準 기준
準據 준거

'軌(궤)'는 원래 '마차 바퀴 사이의 거리' 또는 '바퀴자국'을 의미한다.

軌道 궤도
挾軌列車 협궤열차

'範(범)'은 그릇 등을 주조하는 데 쓰이는 대나무로 된 '모형'을 가리킨다. 이것이 '기준이 되는 틀'이라는 뜻의 '模範(모범)' 또는 '法式(법식)'이라는 의미로 쓰였다.

規範 규범
範圍 범위

'式(식)'은 '모범이 되는 틀이나 모형'을 말한다.

形式 형식
樣式 양식
儀式 의식

창조
創造

創製 창제
開創 개창
創業 창업
創始 창시

'創(창)'은 '傷處(상처)'를 뜻하던 말이다. '전쟁에서 다친 상처'를 가리키는 말이었지만 '창조하다'라는 뜻으로 쓰이면서 '상처'라는 뜻은 '瘡(창)'으로 바뀌었다.

造詣 조예

'造(조)'는 어느 지점까지 '가다' 또는 '다다르다'라는 뜻으로, '목적지에 이르는 것'을 가리킨다. 최정상에 이른다는 의미의 성어 '登峰造極(등봉조극)'에서 '造'는 이렇게 쓰인 것이다.

造成 조성
製造 제조
造花 조화
造物主 조물주

한문에 나오는 '造次(조차)'라는 말은 '순식간에' · '서둘러서'라는 뜻이며, 나중에 '마음대로 하다' · '거칠게 처리하다'라는 뜻으로 쓰였다.

오늘날에는 대부분 '만들다'라는 뜻으로 쓰인다.

모사
摹寫

'摹(모)'는 그림 등을 '베껴 그리다'·'모방하여 그리다'라는 뜻이다.

'寫(사)'는 '쏟아 붓다'라는 뜻이다. 나중에 '글을 쓰다'라는 의미로 사용되면서 원래의 의미는 '瀉(사)'로 바뀌었다. 오늘날에는 대부분 '쓰다'·'그리다'라는 의미로 쓰인다.

描寫 묘사
複寫 복사
泄瀉 설사

寫生 사생
寫眞 사진
筆寫本 필사본

완비
完備

'完(완)'은 '완벽하다'·'흠잡을 데가 없다'는 뜻이다. 나중에 '完全(완전)'의 의미로 쓰였다. 고대에는 '完了(완료)'의 뜻은 없었고 '修繕(수선)하다'라는 뜻이 있었을 뿐이다.

補完 보완
完結 완결
完璧 완벽
完遂 완수

具備 구비
備考 비고
備蓄 비축
備置 비치

'備(비)'는 '완비하다' · '갖추다'라는 뜻이다.

이것이 '防備(방비)하다' 또는 '準備(준비)하다'라는 뜻으로 쓰였다. '完(완)'이나 '備'는 모두 다 '갖추다'는 뜻이다. 그러나 '備'는 수량 상에서 이것저것 고르게 갖추었다는 뜻에 쓰이고, '完'은 어떤 한 사물이 결함 없이 완전한 모습을 갖추었다는 뜻으로 쓰인다.

단서
端緒

端正 단정

'端(단)'은 '올바르다' · '정직하다'는 뜻이다.

極端 극단
末端 말단
尖端 첨단

'사물의 양쪽 끝'도 '端'이라고 한다.

'緒(서)'는 '실의 한 끝'을 말한다.

端緒 단서
緒論 서론
緒言 서언

'緒論(서론)'은 '序論(서론)'과 동의어로 쓰이는데, '緒'에는 '실마리'의 의미가 있고 '序'에는 '순서', '차례'의 의미가 있어 서로 다른 글자이다. '序'는 '序列(서열)', '序幕(서막)'에서처럼 '순서'를 가리키는 말로 쓰인다. '序文(서문)'이 책의 앞부분에 쓰는 글이라면, 뒷부분에 쓰는 글은 '跋(발)'이라고 한다.

전복
顚覆

'顚(전)'은 머리의 맨 윗부분인 '정수리'를 말한다. '쓰러지다' 또는 '뒤집어지다'라는 뜻도 있다.

顚覆 전복
本末顚倒 본말전도
七顚八起 칠전팔기

'覆(복)'은 '반대'라는 뜻이 '뒤집어지다'라는 뜻으로 변했다. 그 외에도 '덮다'·'다시 한 번 점검하다' 또는 '회신하다'라는 뜻이 있다. '復(복)'·'覆(복)'·'複' 중에서 '反復(반복)'은 한번 간 길, 또는 한 행위를 '다시 하는 것'이며, '反覆(반복)'은 '이리 엎어졌다, 저리 제쳐졌다 한다'는 뜻이다. '複(복)'자는 '重複(중복)'이라고 할 경우에만 쓰인다.

復刊 복간
復舊 복구
復習 복습
覆蓋 복개
覆面 복면
反復 반복
翻覆 번복
複數 복수
複雜 복잡
複合 복합

가능
可能

'可(가)'는 '객관적 상황이 '가능하다'·'괜찮다'라는 뜻이다.

不可 불가
許可 허가

可笑 가소 　　강조의 의미로도 쓰인다.

能力 능력 　　'能(능)'은 '할 수 있다'라는 뜻으로 쓰였다.
性能 성능
技能 기능 　　'技能(기능)'은 '기술적 능력'이라면 '機能(기능)'은
才能 재능 '기계적 성능'을 뜻한다.

　　'能'과 '可(가)'는 다르다. '能'이 '능력이 미치는 정
도'를 말하는 것이라면, '可'는 '객관적인 상황이 허락
하다'라는 뜻이다.

잔폭
殘暴

殘忍 잔인 　　'殘(잔)'은 '상해를 입히다'·'살해하다'라는 뜻이다.

殘金 잔금 　　'남다'라는 뜻으로도 쓰인다.
殘餘 잔여
敗殘兵 패잔병

　　'暴(폭)'은 원래 '햇볕을 쪼이다'라는 뜻인데, 이것이
'사납다'라는 뜻으로 쓰이면서 원뜻은 '曝(폭)'자로 쓰
暴露 폭로 게 되었다.

暴風 폭풍 　　그러나 '暴'에도 원래의 뜻이 남아서 '햇볕에 드러나
暴雪 폭설 다'는 뜻으로 쓰이기도 한다.
暴雨 폭우
　　급작스럽고 강력한 것을 표현하기도 한다.

'暴(포)'라고 읽을 경우 '흉악하고 잔인한 것을 가리킨다.

凶暴 흉포
殘暴 잔포
橫暴 횡포
暴惡 포악

설립
設立

'設(설)'은 '안배하다' 또는 '건립하다'라는 의미이다. '만약에'라는 뜻으로 '假令(가령)'처럼 쓰이기도 했다.

設置 설치
建設 건설
設使 설사
設令 설령

'立(립, 입)'은 사람이 서 있는 형상의 글자로서 어떤 일이 '곧바로 이루어지다'라는 뜻과 '건립하다'라는 뜻이 있다.

設立 설립
立脚 입각
立場 입장

수명
壽命

'壽(수)'는 '오래 살다'라는 뜻이다.

長壽 장수
壽命 수명
萬壽無疆 만수무강

'命(명)'은 '명령하다'라는 뜻이 '使命(사명)'이라는 의

召命 소명

미로 확대되었다.

命運 명운
宿命 숙명
延命 연명

'運命(운명)'이라는 의미로도 쓰인다.

'生命(생명)'을 가리킨다.

'命令(명령)'이라고 할 때 '命(명)'과 '令(령)' 두 글자는 모두 '시키다'라는 뜻이 있지만 '命'에는 윗사람이 아랫사람에게 시킨다는 의미가 강한 반면 '令'은 일반적인 시킴을 가리킨다.

中書令 중서령
縣令 현령

또한 어떤 임무를 총괄하는 책임을 맡은 관리를 의미하기 때문에 고대에는 '令'자가 들어간 직책이 많았다.

秦漢(진한) 시기에는 '家戶(가호)'가 1만 개가 넘는 지역의 책임자를 '令(령)'이라 하였고 그보다 적은 지역의 책임자는 '長(장)'이라고 했다.

추이
推移

推戴 추대
推進 추진
推理 추리
推算 추산
推測 추측

'推(추)'는 손으로 어떤 물체의 뒤를 '밀어서 앞으로 나아가게 하는 것'이다.

'推移(추이)'는 '옮겨가다'라는 뜻으로 쓰인 경우이다.

'넓히다'라는 뜻으로도 쓰인다.

'薦擧(천거)하다'라고 쓰일 경우도 있다.

推薦 추천

'移(이)'는 '옮겨가다'·'이동하다'라는 뜻이다. 문서 등을 '전달하다'라는 뜻으로도 쓰인다.

移徙 이사
移住 이주
移管 이관

'推敲(퇴고)'의 경우에는 '퇴'로 읽는다. 唐(당)대의 시인 賈島(가도)는 '僧敲月下門(승고월하문)'이라고 시구를 짓다가, '推'를 '敲'로 하는 게 어떨까 고민하던 중, 대문호인 韓愈(한유)의 권고로 '敲'로 정했다. 이것이 글을 지을 때 字句(자구)를 고치고 다듬는 일을 가리키게 되었다.

영화
榮華

'榮(영)'은 '꽃' 또는 '꽃이 피다'라는 뜻이다. 이것이 추상적인 의미로 쓰여서 '화려하다' 또는 '무성하다'라는 의미로 확대되었다.

'빛나다' 또는 '영광스럽다'라는 뜻이 있어서 '辱(욕)'

榮華 영화
繁榮 번영
榮枯盛衰 영고성쇠

榮辱 영욕

과 반대의 뜻이다.

榮辱 영욕   '華(화)' 역시 '꽃' 또는 '꽃이 피다'라는 뜻이다.

華麗 화려   나중에 '花(화)'가 쓰이면서 이 글자는 추상적인 의미
豪華 호화
로 바뀌었다.

精華 정화   사물 중에서 핵심적이고도 뛰어난 것을 뜻한다.

나라의 首都(수도)를 '京師(경사)'라고도 했지만 드물
게는 '京華(경화)'라고도 했다.

희롱
戲弄

麾下 휘하   '戲(희)'의 본뜻은 군대에서 대장을 표시하는 '커다란
깃발'을 가리킨다. 이를 나중에는 '麾(휘)'라고 썼다.

遊戲 유희   오늘날에 '戲'는 '우스갯소리'를 뜻한다.
戲曲 희곡

弄談 농담   '弄(농, 롱)'은 '손으로 가지고 놀다'라는 뜻이 '遊戲
(유희)'라는 의미로 확대되었다. '戲弄(희롱)'에서 '戲'는
주로 '행동을 중심으로 언어도 포함'하는 반면, '弄'은
주로 '손으로 하는 동작'을 가리킨다.

증여
贈與

'贈(증)'은 남에게 재물 따위를 '주다'라는 뜻이다.

'말'을 전해 주는 것도 '贈'이라고 한다. 사람이 죽은 다음에 그의 생전의 공로를 기려서 작위를 수여하는 것을 말하기도 한다.

'封(봉)'과 '贈'은 둘 다 '작위를 주는 것'이지만 '封'이 살아 있을 때 주는 것이라면, '贈'은 죽은 뒤에 주는 것이다.

'與(여)'는 단순히 '주다'라는 뜻이다.

寄贈 기증
贈與 증여
追贈 추증

賦與 부여
寄與 기여

변화
變化

'變(변)'은 '變動(변동)'·'變化(변화)'·'改變(개변)'에서처럼 '바뀌다'라는 뜻이다. 자연 재해의 재앙이나 인간 사회의 반란과 같은 것은 '事變(사변)'이라고 했다.

과거에는 '한국전쟁'을 '6·25사변'이라고 불렀다.

變更 변경
變故 변고

화學 화학   '化(화)'는 '변화하다'라는 뜻이다. 형태가 바뀌는 것을 '變(변)'이라고 한다면, 속성과 성분까지 바뀌는 것을 '化'라고 한다. 나무를 베어 책상을 만들면 '變'이고, 숯을 만들면 '化'이다.

    '天地造化(천지조화)'란 '창조해서 변화하게 하다'라는 뜻이지만 '造化(조화)'는 '造物主(조물주)'의 의미로도 썼다. '化'에는 '敎化(교화)하다'라는 뜻이 있다.

感化 감화
德化 덕화

개혁
改革

改善 개선
改過遷善 개과천선

    '改(개)'는 '변경하다' 또는 '바꾸다'라는 뜻이다.

    '更(경)'과 '改(개)'는 '바꾸다'라는 의미에서 비슷하지만 '更'에는 단순히 '대체하다' · '교체하다'라는 뜻이 있는 반면, '改'에는 '개선하다' · '개량하다'라는 의미가 강하다.

革帶 혁대

    '革(혁)'은 '털을 제거한 짐승의 가죽'을 말한다.

變革 변혁
革命 혁명
革新 혁신

    '옛것이나 낡은 것을 제거하고 새것으로 바꾸다'라는 뜻으로 쓰인다.

현저
顯著

'顯(현)'은 '顯著(현저)'의 경우처럼 '빛을 발하다'라는 뜻인데, 사회의 고위계층을 의미하기도 한다.

富貴顯達 부귀현달

'著(저)'는 '드러나다'라는 뜻이다.
'글을 쓰다'라는 뜻으로 쓰인다.
'붙다'라는 의미로 쓰일 경우 '착'이라고 읽으며 '着(착)'과 같이 쓰인다.

顯著 현저
著書 저서
著者 저자
着地 착지
到着 도착

도적
盜賊

'盜(도)'는 '훔치다'라는 뜻이 명사가 되어 '훔치는 사람', 특히 '좀도둑'을 가리킨다.

盜賊 도적
竊盜 절도
盜掘 도굴
盜癖 도벽

'賊(적)'은 '남을 해치다'라는 의미가 확대되어 '살해'를 의미하거나 '파괴하는 사람'을 말한다.

海賊 해적
賊反荷杖 적반하장

逆賊 역적 　　　'盜(도)'와 '賊(적)'은 이처럼 '물건을 훔치는 행위'와 '파괴·살해'의 의미로 나뉘는데, '賊'은 '亂臣賊子(난신적자)' 등에 쓰인다.

剽竊 표절 　　　'竊(절)'은 '훔치다'라는 뜻이다.
竊念 절념 　　　고대 한문에서는 '남몰래'라는 의미로 쓰인다.

强盜 강도 　　　'竊盜(절도)'라는 두 글자는 각각 '훔치다'라는 의미에
竊取 절취 서 동의어이지만 '盜(도)'는 명사로도 쓰이는 반면 '竊(절)'은 동사로만 쓰인다.

폐기
廢棄

　　　'廢(폐)'는 '버리다'·'멈추다'라는 뜻이다. '中道而廢
（중도이폐)'는 '하던 일을 중간에 멈추고 안 하다'라는 뜻
廢物 폐물 이다. 이것이 '쇠퇴했다'거나 '쓸모 없어졌다'는 뜻으로
廢棄 폐기 쓰이게 되었다.

廢位 폐위 　　　고대에는 직위를 없앤다는 뜻으로 쓰이기도 했다.

殘廢 잔폐 　　　肢體(지체)의 障碍(장애)를 가진 사람을 가리키기도
했다. 피로가 극에 달하여 더 이상 움직일 수 없는 상태

에도 '廢'를 썼다.

'棄(기)'의 金石文(금석문) 글자를 보면 삼태기 안의 갓난아기를 두 손으로 잡아 거꾸로 바쳐 들고 있는 모양이다. 이는 원시 사회에서 딸이나 遲進兒(지진아) 등을 버리던 악습이 반영된 글자이다.

抛棄 포기

쓰레기 등을 불법으로 '投棄(투기)하다'라고 할 경우에도 쓰인다.

반복
反復

'反(반)'은 '뒤집혀지다'·'되돌아오다'라는 뜻이다.

이 말이 고대 한문에서 '反亂(반란)'의 의미로 쓰였다. 이 경우 원래의 '反'은 '叛(반)'으로도 함께 썼다.

'反'이 '반대'라는 의미로 쓰이게 되자 '되돌아온다'는 뜻으로 쓰이는 글자는 밑에 '辶(착)'을 붙여서 '返(반)'이라고 썼다.

反省 반성
反對 반대
反轉 반전

叛亂 반란
叛逆 반역
謀叛 모반
返還 반환
返納 반납
返送 반송
返品 반품

'復(복)'은 '돌아온다' 또는 '돌아간다'는 뜻이다. 어떤 행위가 발생하고 다시 원위치로 돌아간다는 의미로 쓰

往復 왕복
恢復 회복
復位 복위

復職 복직	였다. 그러므로 앞에 발생된 행위는 '往(왕)'이고 나중에 발생한 행위는 '復(복)'이다.
復興 부흥 復活 부활	이 '復'자는 '다시'라는 뜻의 '再(재)'자와 같은 의미로 쓰이면서 '再次'라는 의미로 쓰일 경우 '부'로 읽힌다. 고대 한문에서 '돌아온다'는 뜻으로 '反復(반복)'이라고 할 때 '反'과 '復'은 거의 비슷한 뜻이지만 '反'의 의미가 비교적 광범위하게 쓰인다.

대체
代替

代身 대신 新陳代謝 신진대사	'代(대)'는 '대체하다'·'바꾸다'라는 의미이다. 순번을 바꿔 가며 교체한다는 뜻이다.
近代 근대 當代 당대	왕조의 한 朝代(조대)를 뜻하기도 하고, 父子(부자)가 한 번 바뀌는 세대를 가리킨다.
代代 대대 現代 현대	'世代(세대)'라고 할 경우 '世'는 父子가 서로 이어 가는 과정의 한 단위인 반면, '代'는 王朝(왕조)의 단위이다. '世'는 일반적으로 30년을 한 단위로 하는 글자이다. 이것이 '一生'·'한 平生'이라는 말로 확대되었다. '世'의 경우 父子가 대를 잇는다는 의미로 '世襲(세습)'이 있다. '時代'라는 의미로는 '世上'이 있다.

'替(체)'는 '못쓰게 되다' 또는 '쇠미해지다'라는 뜻으로 隆盛(융성)'의 隆'과 반대되는 글자이다.

나중에 '代替(대체)하다'라는 의미로 쓰였다.

交替 교체

사업
事業

'事(사)'는 '일'이라는 뜻으로 쓰일 경우에는 '軍事(군사)'·'事務(사무)' 등의 단어가 있지만, 동사로 쓰일 경우에는 '從事(종사)하다'라는 의미로 쓰이거나 군주·부모 등을 모시는 일을 가리킨다.

事師 사사
事大主義 사대주의

'業(업)'은 '일'이라는 뜻과 함께 '사업' 또는 '業績(업적)'을 말한다.

職業 직업
失業 실업
學業 학업
業報 업보
授業料 수업료

'企業(기업)'의 企'는 발뒤꿈치를 들고 있는 모습의 글자이다. 이것이 '서다'·'企圖(기도)하다'의 뜻으로 쓰인다. '企業'은 '사업을 기도하다'라는 의미가 그 조직 자체를 가리키게 된 경우이다.

용봉
龍鳳

登龍門 등용문   '龍(용)'의 어원에 관해서는 다양한 학설이 있지만 일반적으로 서로 다른 토템을 숭배하는 여러 부족이 통합되는 과정에서 생긴 종합형 동물 모형이라고 보고 있다.

대개 악어의 입, 사슴의 뿔, 낙타의 머리, 소의 코, 호랑이의 이빨, 독수리의 발톱, 조개 껍질 같은 배, 갈기형의 꼬리, 물고기의 비늘과 수염, 맹수의 다리 등이 조합되어 있다.

'鳳(봉)'은 고대 한자에서 '바람'을 가리키는 '風(풍)'과 같이 쓰였다. 바람을 관장하는 神(신)의 새이기도 하다. 이 신비의 새는 나중에 吉祥(길상)의 상징이 되었다. 수컷을 '鳳(봉)'이라 하고, 암컷을 '凰(황)'이라 한다. 나중에는 '鳳'도 여성을 상징하게 되었다.

색채
色彩

'色(색)'은 '얼굴의 표정'을 말한다. '顏色(안색)'이라
고 할 경우 '顏'은 이마를 가리키고 '色'은 얼굴의 표정
을 가리킨다.

　나중에 여성의 '외모'를 가리키는 말로 쓰인다. '색
채'·'색깔'이라는 의미도 있다.

女色 여색
好色 호색

　'素(소)'는 '색깔이 없는 것', 특히 '염색이 되지 않은
직물'을 말한다. 이것이 '희다'는 뜻으로 쓰였다.
　'꾸밈없다'는 뜻으로 쓰이기도 한다.
　예전과 다름없이 '줄곧'이라는 의미로 '平素(평소)'가
있다.

素服 소복

素朴 소박

　'白(백)'은 '흰색'을 가리킨다. 그 외에도 윗사람에게
'알리다'·'말씀드리다'라는 뜻으로 쓰였다. 또는 옛날
에 서신을 보낼 때 동년배나 아랫사람에게 스스로를 겸
손하게 표현하는 말로 자신의 이름 뒤에 붙여 썼다.

白書 백서

主人白 주인백

　'玄(현)'은 붉은 빛을 띠고 있는 '검은색'을 말한다. 이

玄妙 현묘

것이 '드러나지 않다' 또는 '심오하다'라는 의미로 쓰였
다.

'丹(단)'은 '朱砂(주사)'라고 하는 도색용 재료이다. 붉
은색을 띄기 때문에 '붉은색'을 대표하는 글자가 되었
다. 예전에는 황제가 내리는 조서를 붉은색으로 쓰던
전통이 있어서 조서를 '丹書(단서)'라고도 했다. 고대에
는 다양한 색깔로 그린 그림을 '丹靑(단청)'이라고 했
다. 漢나라 이후에 도가의 방사들이 단사 등으로 만든
약을 '丹'이라고 했다. 나중에는 약재를 제련해서 만든
약품의 총칭이 '丹'이 되었다.

丹藥 단약

銀丹 은단

粉紅色 분홍색

'紅(홍)'은 '丹'보다는 옅은 빛깔의 붉은색을 가리키
는 말이다. 원래 진한 붉은색은 '赤(적)'·'朱(주)'·'丹
(단)' 등으로 썼으며 옅은 붉은색은 '紅(홍)'으로 썼다.

赤十字 적십자

'赤(적)'은 붉다는 뜻이다. 글자의 뜻만으로는 '벌거
숭이 어린 아이'를 가리키는 '赤子(적자)'라는 말은 갓
태어난 '嬰兒(영아)'를 가리킨다. 고대 한문에서는 '백
성'을 '赤子'라고도 했다.

'朱(주)'·'赤(적)'·'丹(단)'·'紅(홍)'의 한자들은 모
두 '붉은색'을 가리키는 글자이다. 이중에서 正色(정색)

은 '朱'이며, '朱'보다 옅은 색이 '赤', '赤'보다 옅은 색
이 '丹', '丹'보다 옅은 색이 '紅'이다. 中古(중고) 시기
이후로 구별이 다소 모호해졌다.

'靑(청)'은 우물 주위에 돋아난 '풀'과 그 색깔을 가리   靑丘 청구
킨다. 옛날 사람들은 봄을 동쪽에 속한다고 여겼으며,   靑雲 청운
색깔로는 '靑'이라고 했다. 그리고 봄을 주관하는 신을   靑瓷 청자
'靑帝(청제)'라고 하였으며, 따라서 봄을 '靑春(청춘)'이
라고 했다. 이것이 나중에 '나이'를 가리키거나 또는
'젊은 나이의 사람'을 가리키게 되었다.

'碧(벽)'은 '엷게 푸른색'이고 '蒼(창)'은 '진한 푸른   碧眼 벽안
색'이다.   碧海 벽해

'蒼(창)'·'靑(청)'·'碧(벽)'·'綠(록)'·'藍(람)'의 한   蒼天 창천
자들은 모두 '파란색' 계열의 글자이다. 이 중에서 가장   蒼空 창공
진한 색은 '蒼'이며 '蒼'보다 옅은 색이 '靑', '靑'보다
옅은 색은 '碧', '綠'은 앞의 세 글자와 달리 '草綠(초
록)'을 가리킨다.

'藍(람)'은 원래 우리말로 '쪽'이라는 풀의 이름으로,   靑出於藍 청출어람
염색을 하는 데 쓰는 염료를 가리켰다. '藍色(남색)'이
라는 것은 현대에 와서 생긴 낱말이다.